西永 亮

初期ルカーチ政治思想の形成

——文化・形式・政治

国立大学法人小樽商科大学出版会

目次

第四章　「悲劇」の問題：ルカーチの共産党入党の決断における倫理と政治……一二五

第五章　「革命」の問題：自由の創設と暴力——ルカーチとR・ルクセンブルク……一六一

略号一覧

本書で使用したテクストの略号については、（ ）内のアルファベットが出典を表わし、アラビア数字が原書の、漢数字が邦訳書の頁数を表わす。また引用文中の〔 〕内は引用者による補足を表わす。ただし、引用の際には、前後の文脈や解釈の関係上、邦訳にしたがっていない場合がある。なお、引用文中における強調は、とくに断りがないかぎり原文のままである。Th・マンのテクストからの引用については、ローマ数字は原書と邦訳書のそれぞれの巻数を、アラビア数字と漢数字は原書と邦訳書のそれぞれの著作集の頁数を表わす。とくに小説からの引用については、著作集以外のものを使用している場合がある。使用したテクストは以下の通り。

G・ルカーチ（Georg Lukács）：

SF ------ *Die Seele und die Formen: Essays*, Egon Fleischel, 1911. 川村二郎・円子修平・三城満義禧訳『魂と形式』、『ルカーチ著作集』一、白水社、一九六九年所収。

AG ----- "Von der Armut am Geiste: Ein Gespräch und ein Brief," 1912 in *Georg Lukács Werkauswahl in Einzelbänden*, hrsg. von Frank Benseler und Rüdiger Dannemann, Bd. 1, Aisthesis Verlag, 2011. 池田浩士訳「精神の貧しさについて——対話と手紙」、『ルカーチ初期著作集』第一巻、三一書房、一九七五年所収。

DN ----- *Dostojewski: Notizen und Entwürfe*, 1914/15, hrsg. von J. C. Nyíri, Akadémiai Kiadó, 1985.

IK ----- "Die deutsche Intelligenz und der Krieg," 1915 in *Zeitschrift für Germanistik*, Okt. 1990.

TR------ *Die Theorie des Romans: Ein geschichtsphilosophischer Versuch über die Formen der großen Epik*, 1916, Deutscher Taschenbuch Verlag, 1994. 大久保健治訳『小説の理論——大叙事文学の諸形式についての歴史哲学的試み』、『ルカーチ著作集』二、一九六八年所収。

GS------ "Georg Simmel," 1918 in BD（「**複数の思想家に共通のテクスト**」参照）. 川村二郎訳「ゲオルク・ジンメル」、『ルカーチ著作集』一所収。

BMP --- "Der Bolschewismus als moralisches Problem," 1918 in *Taktik und Ethik: Politische Aufsätze I 1918–1920*, hrsg. von Jörg Kammler und Frank Benseler, Luchterhand, 1975. 池田浩士訳「倫理的問題としてのボリシェヴィズム」、『ルカーチ初期著作集』第四巻、三一書房、一九七六年所収。

TE------ *Taktik und Ethik*, 1919 in *Georg Lukács Werke*, Bd. 2, Luchterhand, 1968. 池田浩士訳『戦術と倫理』、『ルカーチ初期著作集』第三巻、一九七六年所収。

PuK ---- "Pressefreiheit und Kapitalismus," 1919 in *Taktik und Ethik: Politische Aufsätze I*. 池田浩士訳「報道出版の自由と資本主義」、『ルカーチ初期著作集』第四巻所収。

AN ----- "Alte und neue Kultur," 1919 in *Taktik und Ethik: Politische Aufsätze I*. 池田浩士訳「古い文化と新しい文化」、『ルカーチ初期著作集』第二巻、三一書房、一九七五年所収。

FP ----- "Zur Frage des Parlamentarismus," 1920 in *Georg Lukács Werke*, Bd. 2. 池田浩士訳「議会主義の問題によせて」、『ルカーチ初期著作集』第三巻所収。

SA ------ "Spontaneität der Massen, Aktivität der Partei," 1921 in *Georg Lukács Werke*, Bd. 2. 池田浩士訳「大衆の自然発生性、党の行動性」、『ルカーチ初期著作集』第三巻所収。

GK ---- *Geschichte und Klassenbewußtsein: Studien über marxistische Dialektik*, 1923 in *Georg Lukács Werke*, Bd. 2. 城塚登・古田光訳『歴史と階級意識』、『ルカーチ著作集』九、一九六八年所収。

SPR ---- "Carl Schmitt: Politische Romantik. II. Auflage München u. Leipzig, Duncker & Humblot, 1925," 1928 in *Georg Lukács Werke*, Bd. 2. 池田浩士訳「カール・シュミット『政治的ロマン主義』第二版」、『ルカーチ初期著作集』第四巻所収。

TM ---- *Thomas Mann*, 1948 in *Georg Lukács Werke*, Bd. 7, Luchterhand, 1964. 青木順三訳『トーマス・マン』、『ルカーチ著作集』五、一九六九年所収。

VTR ---- "Vorwort von 1962" zu TR. 大久保健治訳「序」、『ルカーチ著作集』二所収。

VLW ---- "Vorwort" zu *Georg Lukács Werke*, Bd. 2. 池田浩士訳「その判定は安んじて歴史にゆだねよう――『歴史と階級意識』新版への序文（一九六七）」、池田編訳『論争・歴史と階級意識』、河出書房新社、一九七七年所収。

GD ---- *Gelebtes Denken: Eine Autobiographie im Dialog*, 1971, Red.: István Eörsi, Suhrkamp, 1980. 池田浩士訳『生きられた思想――対話による自伝』、白水社、一九八四年。

N・エリアス（Norbert Elias）：

PZ ---- *Über von den Prozeß der Zivilisation: Soziogenetische und psychogenetische Untersuchungen*, Erster Band, die Neuausgabe, Suhrkamp, 1997. 赤井慧爾・中村元保・吉田正勝訳『文明化の過程』上、法政大学出版局、一九七七年。

SD------ *Studien über die Deutschen: Machtkämpfe und Habitusentwicklung im 19. und 20. Jahrhundert*, hrsg. von Michael Schröter, Suhrkamp, 1989. 青木隆嘉訳『ドイツ人論——文明化と暴力』、法政大学出版局、一九九六年。

G・ジンメル（Georg Simmel）：

WK----- "Vom Wesen der Kultur," 1908 in *Gesamtausgabe*, hrsg. von Otthein Rammstedt, Suhrkamp, Bd. 8. 酒田健一訳「文化の本質について」、『ジンメル著作集』一二、白水社、一九七六年所収。

PK------ *Philosophische Kultur. Gesammelte Essais*, 1911 in *Gesamtausgabe*, Bd. 14. 円子修平・大久保健治訳『文化の哲学』、『ジンメル著作集』七、一九七六年所収。

KE------ *Der Krieg und die geistigen Entscheidungen. Reden und Aufsätze*, 1917 in *Gesamtausgabe*, Bd. 16. 阿閉吉男訳『戦争の哲学』、鮎書房、一九四三年。

KK ----- "Der Konflikt der modernen Kultur," 1918 in *Gesamtausgabe*, Bd. 16. 生松敬三訳「現代文化の葛藤」、『ジンメル著作集』六、一九七六年所収。

C・シュミット（Carl Schmitt）：

PT------ *Politische Theologie: Vier Kapitel zur Lehre von der Souveränität*, 1922, 2. Aufl., 1934, Duncker & Humblot, 1996. 長尾龍一訳『政治神学——主権論四章』、『カール・シュミット著作集』I、慈学社、二〇〇七年所収。

RK------ *Römischer Katholizismus und politische Form*, 1923, 2. Aufl., 1925, Klett-Cotta, 1984. 小林公訳『ローマカトリック教会と政治形態』、『カール・シュミット著作集』I所収。

PR------ *Politische Romantik*, 2. Aufl., 1925, Duncker & Humblot, 6. Aufl., 1998. 大久保和郎訳『政治的ロマン主義』、みすず書房、一九七〇年。

BP------ *Der Begriff des Politischen: Text von 1932 mit einem Vorwort und drei Corollarien*, Duncker & Humblot, 1963. 田中浩・原田武雄訳『政治的なものの概念』、未来社、一九七〇年。

K・マンハイム（Karl Mannheim）：

KD----- "Das konservative Denken: Soziologische Beiträge zum Werden des politisch-historischen Denkens in Deutschland," 1927 in *Wissenssoziologie: Auswahl aus dem Werk*, hrsg. von Kurt H. Wolff, Luchterhand, 1964. 森博訳『保守主義的思考』、ちくま学芸文庫、一九九七年。

Th・マン（Thomas Mann）：

Gesammelte Werke in dreizehn Bänden, Fischer Taschenbuch Verlag, 1990.
『トーマス・マン全集』、新潮社。

F・ニーチェ（Friedrich Wilhelm Nietzsche）：

UB----- *Unzeitgemäße Betrachtungen* in *Sämtliche Werke*, Kritische Studienausgabe in 15 Bänden, Bd. 1, Deutscher

Taschenbuch Verlag / de Gruyter, Neuausgabe, 1999. 小倉志祥訳『反時代的考察』、『ニーチェ全集』4、ちくま学芸文庫、一九九三年。

M・ヴェーバー（Max Weber）：

OE------“Die „Objektivität“ sozialwissenschaftlicher und sozialpolitischer Erkenntnis,” 1904 in *Gesammelte Aufsätze zur Wissenschaftslehre*, 7. Aufl., J. C. B. Mohr, 1988. 富永祐治・立野保男訳、折原浩補訳『社会科学と社会政策にかかわる認識の「客観性」』、岩波文庫、一九九八年。

PG------“Die protestantische Ethik und der “Geist” des Kapitalismus,” 1904–05 in *Gesammelte Aufsätze zur Religionssoziologie I*, 9. Aufl., J. C. B. Mohr, 1988. 大塚久雄訳『プロテスタンティズムの倫理と資本主義の精神』、岩波文庫、一九八九年。一九〇四—一九〇五年に公刊された原論文は、*Die protestantische Ethik und der “Geist” des Kapitalismus: Textausgabe auf der Grundlage der ersten Fassung von 1904/05 mit einem Verzeichnis der wichtigsten Zusätze und Veränderungen aus der zweiten Fassung von 1920*, herausgegeben und eingeleitet von Klaus Lichtblau und Johannes Weiß, 3. Aufl., Beltz Athenäum, 2000. 梶山力訳・安藤英治編、未来社、一九九四年。

ZB------“Zwischenbetrachtung: Theorie der Stufen und Richtungen religiöser Weltablehnung,” 1916, “Die Wirtschaftsethik der Weltreligionen: Vergleichende religionssoziologische Versuche,” in *Gesammelte Aufsätze zur Religionssoziologie I*. 大塚久雄・生松敬三訳「世界宗教の経済倫理 中間考察——宗教的現世拒否の段階と方向に関する理論」、『宗教社会学論選』、みすず書房、一九七二年所収。

WB----- “Wissenschaft als Beruf,”1917 in *Gesammelte Aufsätze zur Wissenschaftslehre*, 1988. 尾高邦雄訳『職業としての学問』、岩波文庫、一九三六年。

PB------ “Politik als Beruf,”1919 in *Gesammelte Politische Schriften*, 5. Aufl., J. C. B. Mohr, 1988. 脇圭平訳『職業としての政治』、岩波文庫、一九八〇年。

EWW -- “Einleitung,” 1920, “Die Wirtschaftsethik der Weltreligionen,” in *Gesammelte Aufsätze zur Religionssoziologie I*. 大塚・生松訳「世界宗教の経済倫理 序論」、『宗教社会学論選』所収。

H・アレント（Hannah Arendt）：

UR ----- *Über die Revolution*, Piper, 1965. 志水速雄訳『革命について』、ちくま学芸文庫、一九九五年。但し邦訳は英語版からのもの。

VA------ *Vita activa oder Vom tätigen Leben*, Piper, 1967. 志水速雄訳『人間の条件』、ちくま学芸文庫、一九九四年。但し邦訳は英語版からのもの。

CR------ *Crises of the Republic*, Harvest/HBJ, 1969. 高野フミ訳『暴力について』、みすず書房、一九七三年。

PF ------ *Between Past and Future*, 1961 with additional text, Penguin Books, 1977. 引田隆也・齋藤純一訳『過去と未来の間』、みすず書房、一九九四年。

R・ルクセンブルク（Rosa Luxemburg）：

RR------ “Zur russischen Revolution,”1918 in *Gesammelte Werke*, Bd. 4, Diez, 1974. 伊藤成彦訳「ロシア革命のた

めに」、伊藤成彦・丸山敬一訳『ロシア革命論』、論創社、一九八五年所収。

複数の思想家に共通のテクスト：

BD ----- *Buch des Dankes an Georg Simmel: Briefe, Erinnerungen, Bibliographie*, hrsg. von Kurt Gassen und Michael Landmann, Duncker & Humblot, 1958.

EL ----- *Paul Ernst und Georg Lukács: Dokumente einer Freundschaft*, hrsg. von Karl August Kutzbach, Verlag Lechte, 1974. このうちルカーチのエルンスト宛の手紙の一部の邦訳（ただし英訳版から）として、池田浩士訳「パウル・エルンストへの手紙」、『ルカーチ初期著作集』第四巻所収。

序論

一　ルカーチへの近年の関心

G・ルカーチ（一八八五—一九七一）の思想は、その最初期から同時代的な影響力をもち続けてきた。なかでも『歴史と階級意識——マルクス主義弁証法に関する諸研究』（一九二三年）は、二〇世紀の大衆社会に適合すべくマルクス主義を再定式化し、「ロシア」の教条的イデオロギーとは一線を画す「西欧」マルクス主義の起源という評価を獲得している。

もっとも、ルカーチの思想の影響力は二〇世紀の全体を通して継続したわけではない。むしろ、それへの関心は急速に薄れていった。それにはさまざまな理由が考えられるであろうが、思想的な観点から見れば、次の二点が容易に指摘されよう。第一に、いわゆる「フランクフルト学派」の形成・発展であり、第二に、フランスの思想家L・アルチュセール（一九一八—一九九〇）の登場である。前者についていえば、たとえばTh・W・アドルノ

（一九〇三―一九六九）の『否定弁証法』（一九六六年）は、（アウシュヴィッツの経験を強く意識しつつ）『歴史と階級意識』に見出される歴史の主‐客の「同一性」としてのプロレタリアートというような考え方に異議を唱えた。また後者に関しては、『マルクスのために』（一九六五年）が、マルクスの思想をヘーゲル主義的要素から切り離す読解を提示した。つまり、両者ともに、ルカーチが強調した社会認識の方法としてのヘーゲル的弁証法の有効性に対する根本的な批判を含意していたのである。フランクフルト学派やアルチュセールの思想が浸透していくにつれ[1]て、もちろん冷戦期における自由主義もしくは資本主義に対する批判の思想的拠り所として一定の関心が断続的に向けられはしたが、ルカーチの思想への関心は薄れ、冷戦構造の崩壊後はほとんど忘れ去られたかに見えた。

　しかしながら、近年、ルカーチへの関心が少しずつではあるが確実に復活している。一九九七年以来の、国際ゲオルク・ルカーチ協会（Internationale Georg Lukács Gesellschaft）による年報の定期的刊行[2]を別とすれば、二〇〇〇年代にかぎってみても、まずルカーチ自身の新しい『選集（*Werkauswahl*）』の公刊開始が挙げられる[3]。これによって、本書が対象とするルカーチの主要著作『魂と諸形式』、『小説の理論』、および『歴史と階級意識』が改めて比較的容易に接近可能なものとなる。特筆されるべきは、初期ルカーチの思想を理解するうえで非常に重要なテクストである「精神の貧しさについて――対話と手紙」（一九一二年）が、初版の雑誌掲載以来約一〇〇年ぶりに、初めて再版されたことである[4]。

　また、『選集』の公刊開始に続いて、フェミニズム論やジェンダー論などをはじめとして現代思想全般にわたって活躍し、現代政治理論の領域においても注目されているＪ・バトラーが、『魂と諸形式』の英訳版（二〇一〇年）に「序文（Introduction）」を寄せた[5]。ここにおいて彼女は、本書（第二章）と同様に、初期ルカーチの思想における「形式」の概念に注目している。また、同書の「後書き（Afterword）――形式の遺産」を書いたＫ・

テレザキスは、本書でもルカーチ政治思想の形成にとっての重要な課題として論じられることになる「無形式性（formlessness）」を、われわれと現代社会との関係を把握するための鍵として提示している。[6] この二つのテクストは、したがって、単に英訳作業の付随物というだけではなく、独立したルカーチ論という性質をも有しているように思われる。

ルカーチ本人のテクストの編集、再版、翻訳などの動きと並んで重要なのは、A・ホネットによる「物象化」概念の再検討である。[7] 彼はルカーチの物象化論を、「承認」という現代の政治思想研究において重要な論点に即して批判的に検討する。もちろん、結果としてルカーチの思想の問題点が多く指摘されるのだが、しかし、現代社会の病理に対する批判理論としての意義の再検討がなされたという事実は看過されるべきでない。

これとの関連において注目するべきは、このホネットの講演に対する三人の応答者のうちの二人がバトラーとR・ゴイスだということである。[8] つまり、前者に関しては、すでに言及した『魂と諸形式』への「序文」の寄稿と併せて考えるならば、彼女のルカーチへの関心は必ずしも一時的で気紛れなものというわけではないと推察される。ゴイスについていえば、日本にも紹介されている近年の著作において、本書（第五章）と同様に、「公共性」の観点からルカーチの政治思想が扱われている。[9] もちろんゴイスは、その著作においても、ホネットの講演についてのコメントにおいても、『歴史と階級意識』を時代遅れで問題含みのテクストと見なしているが、それでも現代の政治思想研究の文脈（「承認」や「公共性」といったテーマ）にルカーチの思想を位置づけ直したうえで批判的な検討を加え、なおかつそれに一定の意義を認めるという姿勢は、本書と共通する。

政治思想（史）研究におけるルカーチへの言及の重要な事例としてもう一つ挙げられるべきは、M・リラのものである。L・シュトラウスの政治哲学史研究に多少なりとも影響を受けている彼の仕事において、ルカーチは、

M・ハイデガーおよびC・シュミットとともに、二〇世紀の全体主義的政治と親和的であった思想家として言及されている[10]（ちなみに、本書第三章で主題的に扱われることになるTh・マンの『非政治的人間の考察』も、リラによって類似の政治的関与の書として扱われている）。つまり、ルカーチは、その問題性とともに、二〇世紀政治思想を代表する思想家とみなされており、さらに、本書（第四章）で検討されるような、彼の思想における「政治的神学」あるいは「神学－政治問題」[11]の存在が示唆されているのである。かくして、ゴイスとリラの著作（奇しくも公刊年は同じ二〇〇一年）は、その目的や方法が大きく異なるにもかかわらず、ルカーチの思想を単にマルクス主義の枠内に限定するのではなく、より広い現代的な観点から、二〇世紀政治思想として理解しているのである。

ホネット、バトラー、ゴイス、リラの仕事に（あるいはラクラウとムフのものにさえ）共通していると考えられるのは、忘却の淵に追いやられていた思想的伝統をそのまま放置して、次々に新しいものへと飛び移るのではなく、現代においてその伝統を絶えず検討し直すという、過去との継続的な格闘である。そのなかで、ルカーチ政治思想の特質と問題点が新たに抉り出される。なるほど、新しい時代には新しい政治学が必要である。しかし、新しい政治学は過去の思想との対決を通じてのみ生まれる。

二　問題の所在と方法

しかし、いま挙げた事例はいずれも、ルカーチの政治思想に関する体系的な分析と呼ぶにはほど遠いものであることもまた事実である。そもそも、従来のルカーチ研究は、一般的に思想家としてのルカーチへの関心に導かれて展開してきた。というのも、ルカーチの波乱に満ちた人生それ自体が関心の対象になったことに加えて、彼の仕事が社会理論や政治思想に限定されるわけではなく、哲学、文学、美学など広範囲に及ぶものであったからである。ルカーチに関する最新の二つの論文集も、それらのサブタイトルが示すように、政治学、哲学、文学、美学などさまざまな領域における研究によって構成されている[12]。それでは、彼の思想が政治思想として論じられる場合はどうであっただろうか。冒頭でも述べたように、ほとんどの場合、『歴史と階級意識』が「西欧マルクス主義」の書物として扱われるに留まった[13]。

確かに、ルカーチは一九一八年にハンガリー共産党に入党して以来一貫してマルクス主義者であり続けた。それゆえ、彼の思想をマルクス主義として規定することはもちろん誤りではない。しかしながら、第一次世界大戦とロシア革命の勃発から『歴史と階級意識』に至るまでの時期に、彼は数多くの政治的テクストを執筆し発表しているのである。ここで「政治的」というのは、戦争と革命に関するという意味においてである[14]。しかも、その戦争と革命は、一九世紀的ヨーロッパ文明を崩壊させたとされる、つまり「破局の時代」（ホブズボーム）としての二〇世紀の幕開けの意義をもつとされる政治的出来事であった。このように考えるならば、彼の思想を、二〇世紀政治思想としてとらえ直す必要があるのではないだろうか。「西欧マルクス主義」を単にマルクス主義の二〇世紀的発展形態としてではなく、二〇世紀政治思想の一類型として位置づける視点が必要なのではないだろうか。[15]

本書は、ルカーチの思想を二〇世紀政治思想として提示し、その特質と問題点について（再）検討することを目的とする。そのために、二つの方法を採用する。第一は、美学者であったルカーチがいかにして政治へと思想的に関与していったのか、その思想的変遷に着目する。それによって、その変遷なかで理論化される「政治」とはいかなる意味をもつのか、またどのような政治思想的争点がそれに関連するのかが明らかになるであろう。したがって、本書のテーマは、彼における政治思想の形成になる。

このテーマに取り組むために、本書が対象とする時期は極めて限定的なものとならざるをえない。というのも、すでに述べたように、彼が直接的に政治的なテクストを執筆し発表したのが、第一次大戦とロシア革命の勃発前後から、共産党入党とハンガリー革命政権への参加を経て、『歴史と階級意識』の公刊を含むヴィーンでの亡命生活までの期間（一九三〇年にモスクワに移住）に集中しているからである。したがって、政治的テクストを執筆する以前の美学的著作のうち、その後の政治思想の形成にとって決定的に重要となる『魂と諸形式』（ドイツ語版は一九一一年）が本書の時期的な出発点となる。つまり、本書の対象時期は一九一〇—二〇年代である。[16]

この時期のルカーチの政治思想の形成という問題設定は、しかしながら、一つの難問に直面する。それはつまり、ルカーチ自身は、たとえばプラトンの『ポリテイア』、ホッブズの『リヴァイアサン』、J・ロールズの『正義の理論』などのような、体系的な政治思想と呼ばれうるテクストを残さなかったという事実である。したがって、本書は彼の政治思想を再構成しなければならない。そのために、第二の方法として、政治思想（史）研究の対象として今日ある程度定着していると思われる、ルカーチと同時代の政治思想家たち——G・ジンメル、M・ヴェーバー、C・シュミット、Th・マンなど——との関連において、彼の政治思想を再構成する。それゆえ、本論全体の展開は必ずしも完全に時系列に即しているわけではないが、(17)このような代償を払ってでもこの方法を採用することによって、重要な政治思想的争点——文明、文化、形式・型、ロマン主義、決断、規律、責任倫理、政治的神学、公共性など——にルカーチの思想も深く関係しており、したがってそれは一つの二〇世紀政治思想として理解されるべきであることが明らかになるであろう。

三　構　成

本書の構成は次の通りである。

第一章は、一九一〇—二〇年代におけるルカーチ政治思想の形成の思想的背景として、「文化」の問題を論じる。本書が対象とする時期に、ドイツでは文化哲学が隆盛を極めていた。人間の営為全般を「文化」としてとらえ、そして近代化のなかでそれはいくつかの「領域」に分化すると考えられていた。いわゆる「文化諸領域」という発想である。本書でも扱われるジンメル、ヴェーバー、あるいはシュミットらも例外ではなく、そうした思考様式を批判し克服しようとする場合であっても、そうした文化哲学は少なくとも出発点として前提されており、それを無視することは困難であった。

戦争と革命への関与のなかで進展するルカーチの政治思想形成にとって、「文化」の問題がとくに重要になるのは、第一次世界大戦を「西欧文明」の侵入から「ドイツ文化」を防衛するための戦争として賛美する、ドイツ知識人たちによる「文化戦争」論においてである。つまり、ドイツにおいてそれまでは非政治的な概念であった「文化」が、この時期に政治的な意味をもつのである。しかも、ルカーチがその知的キャリアの最初期から影響を受けていたジンメル自身が、この「文化戦争」論に連なるような戦争肯定の主張を展開する。したがって、ルカーチの政治思想形成について検討するための出発点として、ジンメルの文化哲学に着目することが有効である。そして、そこで明らかにされるその内実——「魂」あるいは「生」と「形式」との総合、両者の「疎外」、「葛藤」、「パラドクス」、「悲劇」など——は、本書全体に関連する論点となるであろう。

第二章は、ジンメルが「文化」概念のもとで提起した思想的課題である「形式」の問題について検討する。彼によれば、現代とは、形式から疎遠になった生が剥き出しのまま放置されている、したがって新しい文化が形成されないままに宙吊りの状態に陥っている時代である。この、もはやないといまだないの不安定な状況を、「無形式性」として受けとめたのがシュミットであった。とくに彼はそれをロマン主義の「オッカジオナリスムス」のなかに見出す。そして、ルカーチはそうしたシュミットのロマン主義批判を高く評価するのである。したがって本章では、シュミットとの思想的関連において、ルカーチの政治思想的課題が、シュミットと同様に新しい「形式」の発見であることが明らかになると同時に、ルカーチの思想における「政治的なもの」の意義の一つが理解されるであろう。

第三章は、第一次大戦をめぐるマンとの思想的関係について検討する。ルカーチは、ジンメルと並んでマンの「文化戦争」論をも批判するのだが、翻ってマンの方は、自らの戦争擁護の立場をルカーチの『魂と諸形式』を援用することによって弁明するのである。そこにおいて、「文化」の危機は「市民性」の没落として議論し直される。両者の思想的関係について検討することによって、市民性が没落していくなかで「形式」を意志する「倫理」を、ルカーチがどのように考えていたかが明らかになる。その「倫理」(〈区別・決断の倫理〉)は、キルケゴール、ドストエフスキー、ヴェーバー、そしてシュミットの思想と重要な関連をもつ。また、本章の最後では、ルカーチとマンに共通する、市民性の没落の「記念碑」という「反時代的」な考察をめぐって、その源泉と考えられるニーチェの哲学にもとづきながら、ルカーチの知のあり方を批判的に分析する。

第四章は、ルカーチの思想において「政治」が決定的な構成要素になる経緯を、共産党入党の決断をめぐる彼自身のテクスト群の読解を通じて明らかにする。ここでは、『魂と諸形式』においてすでに重要な概念であった「悲劇」が、ルカーチの思想において政治的なものとして再編成される過程が解明されるであろう。それは、ヴェーバーの主張する「責任倫理」と、シュミットのいう「政治的神学」と極めて共通した性質をもつようになる。そして、本章で見るように、政治の悲劇性というルカーチの認識が第一次大戦の勃発を契機に生まれたものであることから、彼の思想を二〇世紀政治思想として理解する必要性が最終的に確認される。

第五章は、そのような時代背景と思想的課題を受けて形成されたルカーチの政治思想のなかでも、彼にとって直接的に政治的なテーマであった革命に関する思想に焦点を合わせて、それをマルクス主義思想の展開という従来の問題圏においてではなく、H・アレントの「公共性」としての政治的なものの観点から再検討する。というのも、彼女の公共性論は独自の革命論と不可分の関係にあり、彼女にとって革命とは現代における「公共性」の再生の試み（とその失敗）という意味で政治的な現象だからである。そして、その革命論のなかで、アレントはR・ルクセンブルクのボルシェヴィズム批判を高く評価する。したがって本章では、ルカーチのルクセンブルク批判を「公共性」の観点から分析することによって、彼の政治思想の現代的な意義を再検討する。

最後に結論では、第一に、一九一〇―二〇年代におけるルカーチ政治思想の形成の時代背景として、「文化」の問題がどのような意義をもっていたか、そして「文化」が新しい「形式」の発見という思想的課題とどう関係しているかが、総合的に確認される。第二に、ルカーチの思想における「政治的なもの」の主要な特質とそれに関連する問題点が批判的に分析される。したがって、本書の副題は「文化・形式・政治」である。

注

（1）現代政治理論の領域で重要な位置を占めるラクラウとムフの共著は、アルチュセールの思想に（批判的に）依拠しつつ、やはりルカーチの思想の限界を指摘している。Cf. Ernesto Laclau and Chantal Mouffe, *Hegemony and Socialist Strategy: Towards a Radical Democratic Politics*, 1985, 2nd ed., Verso, 2001, pp. 68–69. 西永亮・千葉眞訳『民主主義の革命――ヘゲモニーとポスト・マルクス主義』、ちくま学芸文庫、二〇一二年、一六七―一六八頁。なお、同書の第二版（二〇〇一年）に付した序文で著者たちは、一九六〇年代はアルチュセール主義、グラムシへの新たな関心、フランクフルト学派に見られるように、マルクス主義的理論の「豊潤で創造的な時代」であったが、それらの理論と資本主義の現実とのギャップが増大したために、一九七〇年代半ばにはマルクス主義は「袋小路」に入り込んでしまった、としている。*Ibid.*, p. viii. 邦訳、一一頁。

（2）Frank Benseler et al. (Hgg.), *Jahrbuch der Internationalen Georg-Lukács-Gesellschaft*, Peter Lang und Aisthesis Verlag, 1997ff.

（3）Frank Benseler und Rüdiger Dannemann (Hgg.), *Georg Lukács Werkauswahl in Einzelbänden*, Aisthesis Verlag, 2009ff. 二〇一三年一一月現在、第一巻と第二巻が公刊されており、全六巻の予定である。

（4）*Werkauswahl*, Bd. 1, 2011.

（5）Judith Bulter, "Introduction" to György Lukács, *Soul and Form*, translated by Anna Bostock, edited by John T. Sanders and Katie Terezakis, Columbia University Press, 2010. これはドイツ語に翻訳されて『選集』にも収録されている。Butler, "Einleitung," übersetzt von Michael Halfbrodt, in *Werkauswahl*, Bd. 1.

(6) Katie Terezakis, "Afterword: The Legacy of Form" to Lukács, *Soul and Form*, p. 217.

(7) Axel Honneth, *Verdinglichung: Eine anerkennungstheoretische Studie*, Suhrkamp, 2005. 辰巳伸知・宮本真也訳『物象化——承認論からのアプローチ』、法政大学出版局、二〇一一年。

(8) Axel Honneth, *Reification: A New Look at an Old Idea*, with commentaries by Judith Butler, Raymond Geuss, Jonathan Lear, edited and introduced by Martin Jay, Oxford University Press, 2008.

(9) Cf. Raymond Geuss, *Public Goods, Private Goods*, Princeton University Press, 2001, ch. V. 山岡龍一訳『公と私の系譜学』、岩波書店、二〇〇四年、第五章。

(10) Mark Lilla, *The Reckless Mind: Intellectuals in Politics*, New York Review of Books, 2001, Afterword. 佐藤貴史・高田宏史・中金聡訳『シュラクサイの誘惑——現代思想にみる無謀な精神』、日本経済評論社、二〇〇五年、終章。

(11) シュトラウス的な意味での「政治的神学」あるいは「神学‐政治問題」については、ハインリッヒ・マイアー(Heinrich Meier)の一連の仕事を参照。

(12) Timothy Bewes and Timothy Hall eds., *Georg Lukács: The Fundamental Dissonance of Existence Aesthetics, Politics, Literature*, Continuum, 2011; Michael J. Thompson ed., *Georg Lukács Reconsidered: Critical Essays in Politics, Philosophy and Aesthetics*, Continuum, 2011. これらもまた、ルカーチの思想への関心が近年復活しつつあることを示すものである。

(13) たとえば、「政治思想(史)」という語をタイトルに含む著作で例外的にルカーチの思想を取りあげているものとして次のものがある。藤原保信・白石正樹・渋谷浩編『政治思想史講義〔新装版〕』、早稲田大学出版部、一九九八年。それには、「Ⅷ 現代政治思想の展開」という箇所があり、その構成は「1 ニーチェとウェーバー」、「2 西欧マルクス主義とフランクフルト学派」、「3 公的空間と対話的理性」、「4 実存主義の政治思想」、「5 構造主義とポストモダン」となっている。いうまでもなく、ルカーチの政治思想は、2において、「物象化」および「主体的マルクス主義」という項目のもとで扱われている。

(14) これから見るように、ルカーチの思想を政治思想として論じる場合、M・ヴェーバーやシュミットなどとの関連が重要になるが、そのときに「政治的」という語は、単に政治的出来事という事実に関係していることを意味するのではなく、ヴェーバー的な意味での「政治的」なもの、シュミット的な意味での「政治的」なものというように、それぞれに固有の思想的な意味が込められる。いずれにせよ、このことはルカーチの思想が「政治的」であることを確証するであろう。

(15) もちろん、本書にとって非常に参考になった先行研究も存在しないわけではない。それらについては、各章で言及する。

(16) 本書では、ハンガリーでのルカーチの思想の位置づけや意義については検討されない。この点については、cf. David Kettler, *Marxismus und Kultur: Mannheim und Lukács in den ungarischen Revolutionen 1918/19*, Luchterhand 1967. 徳永恂訳『若きルカーチとハンガリー革命』、『ルカーチ著作集』別巻、白水社、一九六九年所収; Antonia Grunenberg, *Bürger und Revolutionär: Georg Lukács 1918–1928*, Europäische Verlagsanstalt, 1976; Mary Gluck, *Georg Lukács and His Generation 1900–1918*, Harvard University Press, 1985; Éva Karádi und Erzsébet Vezér (Hgg.), *Georg Lukács, Karl Mannheim und der Sonntagskreis*, 1980, übersetzt von A. Friedrich, Sendler, 1985; John Lukacs, *Budapest 1900: A Historical Portrait of a City and Its Culture*, Weidenfeld & Nicolson, 1988. 早稲田みか訳『ブダペストの世紀末――都市と文化の歴史的肖像』、白水社、一九九一年; ルカーチ、テーケイ他（羽場久浘子・松岡晋・家田修・南塚信吾・丸山珪一訳）『ルカーチとハンガリー』、未来社、一九八九年。

(17) もっとも、各章ごとの議論は基本的に時系列的に進む。

第一章　「文化」の問題：「文化戦争」から「文化革命」へ――ルカーチとジンメル

本章では、ルカーチの政治思想形成における「文化」の問題の意義を理解するために、まずは第一次大戦の勃発をドイツ知識人たちが「文化戦争」として受けとめた経緯を明らかにすることから始めよう。

一　「西欧文明」と「ドイツ文化」の対立としての「文化戦争」

第一次大戦の勃発は、周知の通りひろくヨーロッパの知識人たちに大きな衝撃を与えたが、なかでもドイツでは、その出来事が「文明」と「文化」の対立という認識枠組みにおいて熱狂的に歓迎された。それは西欧文明に対してドイツ文化を防衛する「文化戦争（Kulturkrieg）」とみなされたのである。この「文化戦争」という主張において、西欧（主に英仏）の「文明」は商業主義的、外見的、機械的、合理的なものとして批判されるのに対して、ドイツの「文化」は精神的、内面的、有機的、道徳的なものとして理想化される。それと並行して、「一七八九年の理念」に対抗して「一九一四年の理念」が喧伝される。[1]「文明」と「文化」を対置し、前者よりも後者が優位になるよう序列化し、かつ前者を西欧に、後者をドイツに帰属させようとする傾向がドイツ知識人層のなかに出現した過程を、N・エリアス[2]は文明と文化の「社会的」対立から「国民的」対立への移行という観点から分析している。

エリアスは「文明化（Zivilisation）」という概念を「ヨーロッパの自己意識」の表現として規定する。つまりそれは、一七、八世紀以来のヨーロッパ社会が、それ以前の社会もしくは同時代の「より原始的」な社会よりも進化してもっていると信じているものの総体を、あるいはそれに対するヨーロッパ社会の「誇り」を概念化したものである（PZ. 89／六八―六九）。しかし文明化概念は、それ自体としてはあくまで「すべての人間に共通する」もの、人間性や理性といった普遍的なものに導かれる。したがって、現在では野蛮で未開な人間や社会も未来において「文明化」されうる。この意味において文明化は一つの運動、一つの「過程」であり、しかもよりよき未来への「進歩」の過程である（PZ. 90, 91-92／六九、七〇―七一）。それは基本的には外に対して開かれたものである。[3] それに対して「文化（Kultur）」とは、イギリスとフランスで通用してきた「文明化」が意味するのと同様の自己意識をドイツ語で表現するものである（PZ. 90／六九）。しかし文化概念は、文明化とは対照的に、人類共通のものではなく、国民や民族などの特定のグループの「独自性」や「差異」を強調する。したがってそれは自らを「限定」し「閉鎖（Abschließen）」する（PZ. 91-92, 113／七〇―七一、九五）。

文明と文化の対立という認識は、エリアスによればすでにカントの『世界市民的見地における普遍史の理念』（一七八四年）に見出せる。[4] 芸術や学問などの「文化」は真に「道徳的」なものであるのに対して、「文明化」は人間に「社会的な礼節」、「名誉心」、あるいは「外見的な上品さ」しかもたらさないというカントの文明批判を、[5] エリアスは一八世紀末に形成されつつあったドイツの中流市民階層の代弁者である知識人層による、上流階層の宮廷貴族の外見的な振舞いに隠された名誉心に対する批判として読み解く。つまりこの場合に文化と文明の対立は、ドイツの社会内部での階層的対立と関連しており、その意味で「社会的」対立なのである。もちろん、宮廷貴族は主にフランス語を話し、フランスを模範として自らの振舞いを「文明化」しようと努めていたのに対して、知識人層はドイツ語を用いていたので、この「社会的」対立にはすでにフランス対ドイツという「国民的」な対立の萌芽が見られるが、しかしこの段階では依然として前者が全面に出ていた（PZ. 95-96／七五―七六）。

ここで重要なのは、この社会的対立のなかで「文化」の概念が抽象的で非現実的な性質を帯び、人間の内面や精神的事柄を意味するようになったというエリアスの指摘である。西欧諸国と比較して国内の民主化と産業化が遅れたドイツの教養市民層は、まず第一に、国家の支配に影響をもちうるほどの政治権力を獲得できず、政治的領域から排除されていた。その結果として、彼らの理念である文化の概念は基本的に「非政治的」、ときに「反政治的」な性質すらもつようになった（cf. SD. 164-165／一四八―一四九）。そのような概念にもとづく彼らの活動は、たとえ上流の支配階層に批判的なものであっても、あくまで絶対主義的国家の許容範囲内に限定される。また第二に、公衆（Publikum）として自分たちの活動を経済的に支援しうる商業市民層の未発達という状況にも直面していた彼らは、商工業を「物質的」なものとして蔑視するようになる。そのなかで文化概念は、具体的で現実的な政治・経済活動とは関係をもたない、学問や芸術などの「精神的」な業績――「浅薄さ、儀礼、外面的なお喋り」に対置される「内面化、感情の深さ、書物への沈潜、個人的人格の陶治・教養《ビルトゥンク》」――という内容を指示するようになる。つまり、政治的にも経済的にも孤立した彼らにとって、現実から離れた精神内容が「避難所」となり、また彼らの「誇り」の源泉ともなる。[6] この意味において、政治・経済と区別される「文化」はドイツ知識人層の「自己意識」に他ならないのである[7]（PZ. 96, 108-110, 119-120／七六、九〇―九二、一〇二―一〇三）。

文明と文化の「社会的」対立が「西欧」対「ドイツ」という「国民的」対立に移行する過程、言い換えれば、ドイツ知識人層の「自己意識」としての文化が「国民意識」と結びついて政治化する過程について、エリアスはその主要な要因としてイギリス、フランス、ドイツ間の緊張の度合いという国際的な要因（PZ. 401, Anm. 2／七八）以上に、ドイツ中流階層の台頭という社会的な要因を重視する。一九世紀後半の急速な産業化のなかで、市民階層は支配階層へと台頭することによって国民意識の担い手となる。それに応じて彼らの自己意識が国民意識の意味内容を規定することになり、文化概念はそのヒューマニスティックな含意を失い、「ドイツ的自己意識」へと国民化する。その結果として、文化概念の閉鎖的性格が前面に出て、これまで社会内部の宮廷貴族の振舞いを特徴づけていた文明概念は、ドイツと区別される西欧を指示するものへと転換するのである[8]（PZ. 126／一〇八; SD. 176–177／一六〇—一六一）。

「西欧文明」対「ドイツ文化」という認識枠組みがドイツ知識人層のあいだに成立する過程で働いたもう一つ重要な要因に、一九世紀末から二〇世紀初頭にかけてのドイツ内での急激な工業化にともなう大衆化現象がある。工業化の進展の結果として、より下流の商業市民層と産業労働者が台頭し、社会構造が平準化・水平化すると、これまで文化的エリートである教養市民層の避難所にして誇りの源泉であった教養や文化への「大衆」の侵入が意識される。ここから他ならぬドイツにおいて「文化の危機」が叫ばれるようになる[9]。自分たちの教養や文化が大衆の脅威に晒されていると感じた知識人層は、「文化の復興」のために、自分たちが守るべき文化とは何かを回顧的に自己分析・自己批判するようになる[10]。それと同時に「文明批判」は、ドイツ教養市民層の「文化の危機」という不安、自己批判的意識がドイツの外側である西欧へと屈折して投影されたものとして展開される[11]。

以上のように、「文明」と「文化」をナショナリスティックに対置すると同時に、大衆化による「文化の危機」という意識を共有したドイツ知識人層は、そこからの脱出口として、文化再生への道として、第一次大戦の勃発を熱狂的に歓迎する。この知識人層の戦争熱を、ルカーチは戦争勃発直後からいちはやく批判する。というのも、この戦争熱に罹った知識人のなかに、ルカーチが強く影響されていたジンメルやTh・マンなどがいたからである。

当時ルカーチがドイツ的文化圏に属しながらも「文化戦争」論に対して批判的距離をとることができた決定的な理由は、彼がロシア革命とロシア文学、とりわけドストエフスキーへの関心から「ロシア」という理念に傾倒していたからである。そして、この理念にもとづいて彼独自の「文明批判」の言説と、「文化革命」としてのロシア革命という構想が展開されることになる。

本章の以下では、ジンメルの「文化戦争」の言説に対するルカーチの批判[12]、およびそれにもとづく彼の「文化革命」の構想を分析することによって、第一次大戦期における「文化戦争」から「文化革命」への展開がいかにルカーチ政治思想の形成過程の重要な部分をなしているかが示される。二〇世紀は社会の大衆化・水平化の条件下で「全体戦争」と「世界革命」によって幕開けした時代であるといわれる[13]。すでに見たように、「文化戦争」論はドイツ文化が急速な大衆化に晒されているという危機意識を背景としている。そしてこれから詳細に検討するように、それを批判するルカーチもまた「文化」概念を保持しつつ、それを「魂」という観点から、彼の理解する意味での「ロシア」の理念に接合させ、西欧対ドイツという図式を相対化しながらロシア革命を文化的に正当化していく。ルカーチの「文化戦争」論批判と「文化革命」構想は、ひろく二〇世紀政治思想の文脈に位置づけられてはじめて理解されるように思われる[14]。

以上の目的を果たすために、まずルカーチが多大な影響を受けたジンメルの「文化」概念を確認し、そこからジンメルの「文化戦争」論を検証する（二）。次にルカーチの戦争批判を分析し（三）、その批判を可能にする、「西欧」だけでなく「ドイツ」とも区別される「ロシア」という視座から構想されたルカーチの「文化革命」論を明らかにする（四）[15]。そして最後に、その後のルカーチの思想的展開に鑑みて、「文化」概念のもとでの「西欧」・「ドイツ」・「ロシア」の連関を整理する（五）。

二　ジンメルにおける「文化戦争」の言説
――「文化の悲劇」から「ドイツの内的変化」へ

G・ジンメル（一八五八―一九一八）にとって文化をめぐる問題は、単純に文明と文化の対置という枠組みには収まらない。ここに彼の文化社会学・文化哲学の特徴があり、またそれがルカーチを魅了した[16]。それでは彼にとって文化とは何であるか、そしていかにして彼は「文化戦争」の言説に与したのか。

二―一　文化の概念――「魂」の発展過程における主‐客の総合

まず文化は「自然」と区別される。人間は「自然状態（Naturzustand）」から、自然に対して自らの意志と知性、技術を介入させることで発展し、「文化状態（Kulturzustand）」に到達する。しかし文化は、たとえば自然のままでは酸っぱい実しかつけない木に人間が食用の果物を実らせる、つまり「栽培する（kultivieren）」こととは異なる。果物は依然として木という自然的事物の本質に内在した可能性が実現したものにすぎない。文化は人間の「魂（die Seele）」にかかわる。魂は同一の状態に留まるものではなく、より高次での完成を目指して発展する。魂の自己完成の方向は、他ならぬ魂自身の本質のなかにつねにすでに内包されている。「人間の魂だけが、その目標が魂独自の本質の目的論のなかに包含されているような発展の可能性を含んでいる」（WK. 367／九九）。それゆえ、自然は所与としての事物や生物の「因果的」発展の領域であるのに対して、文化は人間の「目的論的」活動の領域である。「文化形成（Kultivierung）」とは、人間の魂の内的完成を、単なる自然的成長に委ねることなく、人間の意志や知性、技術を用いることによって達成することに他ならない（cf. WK. 364–367／九六―九九）。それはいわば「魂のおのれ自身への道」である（PK. 385／二五四）。

ここで重要なのは、その文化概念にとって「人間の外部にある何か」が本質的な構成要素とされていることである。「確かに文化達成（Kultiviertheit）は魂の一状態ではあるが、しかしそれは、合目的的に形成された客体を利用し尽くす途上で到達される状態である」（WK. 368／一〇〇）。文化は「魂の道がそれ自体は主観的でも魂的でもない価値と系列を経由して行く」場合にはじめて達成される（PK. 389／二五八）。人間の外部にある客体とは、自然的事物ではなく人間の活動が産出した事物であり、「精神が客体化したもの」である。そして、それは一定の「事象的（sachlich）」な価値秩序に属する（PK. 391／二六〇）。魂は人間の客観的所産を媒介しなければならず、外界を遮断した直接的＝無媒介的な自己実現は文化達成ではない。「最も純粋で最も深い意味における文化達成は、魂がおのれ自身からおのれ自身へ、われわれの最も真なる自我の可能性からその現実性へ向かうあの道を、もっぱらおのれの主観的に人格的な諸力によって進むところでは、与えられない」（PK. 388–389／二五七）。このように、ジンメルにとって文化は外面的なもの、客観的なものに対して閉鎖的なものでは決してなく、それとの相互作用において発展するものであり、その意味で一つの「過程」――「文化過程（Kulturprozeß）」ともいわれる――なのである。

したがって、文化には二つの側面がある。一つはその主観的な側面、つまり精神の自己発展である。もう一つはその自己発展のなかで精神が自らを客体化したもの、つまり人間の活動による所産であり、精神がおのれの完成の途上で媒介しなければならない事物の発展である。前者は「主観的文化」、後者は「客観的文化」と呼ばれる（WK. 371–372／一〇五―一〇六）。

ここで注意すべきは、客観的文化のなかに、文化諸領域で産出される法律、芸術作品、学問的成果、労働生産物等に加えて、「作法、判断のなかにあらわれる趣味の典雅さ、個人を社会の歓迎すべき一員たらしめる礼儀のしつけ」(WK. 368／一〇一)などの習俗や社会的規範が含まれていることである。つまり、そうした社会的承認の獲得に必要とされる振舞いが、文化に対立しそれを堕落させるどころか、魂の内的発展に不可欠の要素とされているのである。それゆえ、外面的な礼儀作法を身につけず、ただ純粋に内面的自由や魂の自己実現を追求するならば、それは文化とは呼ばれない。逆にいえば、魂が自らの外部を経由しておのれ自身の完成を追求するという「迂回路」を嫌う「非常に内面的な性質の人びと」は、文化に対して憎悪を抱きかねないとさえジンメルは述べる(WK. 368／一〇二)。もちろん他方で、社会習俗への順応が主観的な魂の発展過程へと帰還せず、それに何ら貢献することなく、その意味で純粋に外面的なものにすぎない場合には、それはやはり文化とは呼ばれない。礼儀作法や良い趣味をただ外面的にのみ身につけた人間は、以前よりも「洗練された」、あるいは「教養豊かに」なったとしても、決して「文化に達した」とはみなされない(PK. 388, 401／二五六、二七一)。このようにジンメルは、当時のドイツ知識人層の慣用語法における文化＝内面・閉鎖性と文明＝外見・開放性の単純な二元論的対置にはしたがわず、主体と客体、内面と外面の「織りあわせ」、「調和」あるいは「総合」として文化を概念化するのである。

ジンメルの文化概念に関して最後に確認されるべきは、客観的文化の「普遍性」ないし「公共性」である。文化諸領域で産出される所産は、それを産出した者だけの魂の発展にかかわるのではなく、それ以外の人びとの魂にも影響を及ぼす。「ある所産がその産出者の主観的な魂の性質から切り離されていればいるほど、つまりそれが客観的な、それ自体として妥当している秩序のなかへ位置づけられていればいるほど、……それだけいっそうそれは普遍的な手段として、多数の個人の魂の養成に取り入れられるのに適したものとなる」(WK. 370–371/一〇四——強調引用者)。たとえば、極めて偉大で天才的な芸術家が創造した最高度の芸術作品は、その芸術家一人に固有の人格性が顕現したものであり、「それが他の顕現と分ちあう事柄」は後景に退くがゆえに、文化の名に値しない。それは「孤独な完成品」(PK. 400/二七〇)に留まる。文化は「主体からもっと距離をとったところで客体化されている、より普遍的、より非人格的な業績」に属しており(WK. 371/一〇四—一〇五)、複数の魂の養成、複数の生過程に奉仕すべく「公的精神」によって使用される(PK. 402/二七二)。それは、それぞれ独自に発展している多数の魂を繋ぎあわせる、いわば「橋」(PK. 399/二六九)である。この点でも、ジンメルにとって文化は限定的なものでも閉鎖的なものでもない。

二—二　文化の悲劇——「疎外」における主-客の対立

しかしながら、ジンメルは文化形成の過程で主体と客体が対立しあい、相互に疎遠なものとならざるをえないと考える。その結果として、客観的文化が過度に発達して主観的文化を圧倒する。ここにジンメルにとっての文化の危機がある。

精神は、法、芸術、宗教、経済、学問などの文化諸領域で形象物(Gebilde)を産出することによって自らを客体化する。しかし、これらの形象物は一度産出されると、自らの出自である魂から独立し一定の法則性を獲得する。ここから形象物は主体に対立するようになり「疎遠な(fremd)」ものとなる(PK. 385/二五三)。ここに「文化のパラドクス」がある。なぜなら、主観的な生は自らの内的完成のために外的な形象物を経由しなければならないにもかかわらず、その形象物が「自足的な閉鎖性(Abgeschlossenheit)」に達してしまうからである(PK.

389／二五八)。主観的生と形象物との関係性としては、もはや前者に対して後者が及ぼす、「活気を固定しさらには硬直させる無気味な反作用」があるだけである(PK. 390–391／二六〇)。

主体と客体の疎遠ないし敵対の拡大にともなって、文化諸領域の事象的性質が前景化してくる。形象物の「文化価値」は、人格性への貢献という観点ではなく、それぞれの文化領域に固有の評価基準から事象に即して評価されるようになる。「〔文化諸領域の〕系列があの主観的な魂の発展のなかに組み込まれるのかどうか、組み込まれるとすればどのような価値をもってなのかは、純粋に事象的な、これらの系列にのみ妥当する規範によって測定されるこれらの系列の意義とは全く関係がない」(PK. 398／二六八)。それゆえ、ある形象物の「文化価値」と「事象価値」とのあいだに不一致が生じる。ここから文化諸領域が自律化し、相対的に自立化する。つまり、たとえば政治のための政治、芸術のための芸術、学問のための学問、経済のための経済[17]などが発達する。もはや文化的所産は、主観的な魂の発展とは無関係に、その客観的な事象価値だけが顧慮されて産出・受容される。ここに「事象への情熱」、「事象への純粋な没頭」が生まれる(cf. PK. 397–400／二六六—二七〇)。このように過度に事象化した文化状況は「生から切り離された専門主義」と特徴づけられる(PK. 413／二八四—二八五; cf. WK. 370／一〇三)。

主観的魂に対して疎遠なまま客体の世界が肥大化し、それに応じて文化諸領域が事象化する現象がジンメルのいう「疎外(Entfremdung)」であり、具体的には「分業」として現われる(PK. 405／二七五)。ここで重要なのは、社会的規範をめぐってもその文化価値と事象価値が合致しなくなるということである。社会の一員たるにふさわしい振舞いや知識は個人の内面的発展から完全に切り離され、単に「社会的に良い作法」という意義しかもたなくなる。それはもはや行為主体にとっては外的強制でしかなく、彼はそこに内面的抑圧を感じざるをえない。ここから、社会習俗全般に敵対し閉鎖的に構える、「ただ人格的力の理念だけを問う者、あるいはいかなる外的要因も介入することが許されない個人的‐内面的な発展だけを問う者」（PK. 399／二六八）が現われる。[18] ここに、一つの「個性」としての人間と社会の「単なる関節」としての人間とのあいだの「社会的葛藤」が出現する（PK. 404／二七四）。

以上のように、ジンメルは文化を「総合」と「疎外」の両面をもつ「逆説的」なものととらえる。しかしこのことは換言すれば、「疎外」という文化の危機は「総合」によって克服されることはないということを意味する。疎外は文化発展の過渡的な一段階ではなく、文化の本質に内在している傾向である。それは文化の「宿命」であり、したがってそこに「文化の悲劇」がある。

文化要素の一般的宿命とはすなわち、客体はその発展の固有の論理――概念的、自然的論理ではなく、文化的な人間作品としての客体の論理――をもっており、その論理の帰結において、客体は人間の魂の人格的発展に適合できたであろう方向から逸れてしまうということである。……ここで問題となるのは、事物の事象的関連、事物の文化的形成の内在的論理である。この論理は強制的に発展を支配し、人間はいまやこの強制の単なる担い手でしかなくなる。これが文化の本来的な悲劇である。というのも、悲劇的な宿命――悲しい宿命や外部から破壊する宿命とは違って――とわれわれが呼ぶのは、やはりおそらく次のことだからである。すなわち、本質に対して敵対的に向けられた無化する力が、他ならぬこの本質自体の最深の層から発生しているということである。（PK. 410–411／二八一―二八二）

主体と客体のあいだには「根底的な疎遠さ（die radikale Fremdheit）」が横たわっており、それを「その最深の根底において克服することはできない」（PK. 390／二五九）。文化の内的本質には、「未完性の魂としてのおのれから完成された魂としてのおのれへ至る魂の道を分裂させる諸形式」が内在している（PK. 415／二八六）。主体と客体のあいだに架かる「橋」は、「完成不可能な、あるいは完成されたとしても繰り返し取り壊される橋」でしかない（PK. 389／二五八）。したがってジンメルにおいては、たとえばルソーのように、文明の観点からは未開で野蛮とされる「自然状態」を逆に理想化し、それを未来に投影しつつ、魂と魂が直接に触れあうことのできる新たな「文化状態」を構想したり、[19] マルクスのように、ある決定的な歴史的瞬間に革命的行為によって、疎外された客観的世界を破壊しようと目論んだり、[20] あるいは同時代の文化的保守主義者のように、外面的世界の強制（「文明」）に対抗して内面における自由の実現や人格性の陶冶（「文化」）を追求しようとするなど、文化的危機から脱出する可能性は基本的に否定されている。[21]

二―三　緊急事態における「ドイツの内的変化」――文化概念の内面化と国民化

にもかかわらずジンメルは、第一次大戦の勃発に直面したとき、戦争という例外状況のなかで、これまでの自らの文化社会学的観察を平和時にのみ妥当するものとして相対化する。それによって、疎外や事象化は悲劇的な宿命であるのをやめ、あくまで日常生活でのみ現象する文化状況としてとらえ直され、生の哲学に特徴的な日常からの跳躍が主張される。

ジンメルによれば、個人と全体がそれぞれ独立して存在し、両者の連関が「分業」という仕方で成立するのは「平穏な日常」においてでしかない。戦争は「共通の根底」の自明性を動揺させ、それに依拠していた分業体制における「機械的分割」を消失させた（KE. 14–15／六―七）。つまり、これまで「宿命」として体験されていた事柄が突然弱体化したのである（KE. 13／三）。これによって、「われわれの本質の有機的性格」が再び感じられるようになる。この「生の根底の動揺」の時期は、「生の新しい有機化、すなわち生の全体性の変更」が行なわれる転換点を示している（KE. 14–15／六―七）。そして、動揺をうけるのは「ドイツ」における魂であり（KE. 13／三）、生が有機的な連関を取り戻す「全体」は、人類でも個々の具体的な個人間の関係でもなく「国民」である（KE. 14／五）。つまり、この緊急事態はドイツ国民の文化的再生の好機なのである。しかもこの場合、その文化発展はもはや自らの外部を媒介することはない。「個人は、分化した（differenziert）行為または存在という水路を通ってようやく全体のなかに入り込むのではなく、完全に無媒介＝直接的に、一挙に入り込むのである」[22]（KE. 15／八）。このようにジンメルは、日常の現実から離れることによって自らの文化概念を純粋に内面化しかつ国民化し、この文化概念にもとづいて第一次大戦を擁護する。

ここにおいてジンメルの主張は、外部に対して自らを閉じたドイツの内的自由の追求としての「文化戦争」という通俗的言説と一致する。この戦争においてドイツは単にフランスだけでなくいわば世界全体と対立しており、このドイツの「ヨーロッパ的孤独」を「外国は理解しない」。そこで懸けられているのは「物質的」または「領土的」な利害や、あるいは「名誉」といった外面的なものではなく、一つの「理念」であり、精神と魂にかかわる。したがって、ドイツの生と存在を「客観的に」正当化することは許されない。ここでジンメルは、敢えて「客観的な諸価値を非事象化する（verunsachlichen）危険」を冒し、「絶対的な決断」としての「ドイツへの意志」にすべてを委ねるべきだと訴える（KE. 22–23／二二―二七）。

客観的文化の事象化――文化諸領域の分化と自律的発展――は戦争という例外状況における国民の純粋に主観的な意志と決断によって克服されうる[23]。しかし、ジンメルにとって問題は「文化戦争」に留まらない。というのも、彼が戦争に期待するのは、すでに見たように、ドイツ的「生の新しい有機化、すなわち生の全体性の変更

（Änderung）」であり、個人と国民全体とのこれまでとは「全く別の（ander）種類の統一」だからである（KE. 14-15／七――強調引用者）。つまり、古き良きドイツ文化への回帰ないしその復活ではなく、全く新しいドイツの出現が目指されているのである。

たとえこの出来事〔＝戦争〕がどのような結末に達しようとも、われわれは、われわれの未来を、これまでとは別のドイツ（ein anderes Deutschland）という根底と土壌のうえで体験するだろう。この別のドイツがどのような形式と内実をもつかを、積極的に規定しようとする者はいないだろう。しかしおそらく、まさにわれわれがこの別のドイツがどのようなものであるかを知らず、ただそれが存在することだけを知っているがゆえに、それだけ強く、それだけ一般的に、このいわば分化していない理念（undifferenzierte Idee）がわれわれを支配するのである。すなわち、この戦争に入り込んだときのとは別のドイツが、戦争から生まれるだろう。（KE. 13／三―四）

平和時に疎外されていたのとは全く異なる新しいドイツをもたらしうるこの戦争は、これまでの戦争とは「異なった意味」をもつ。つまりこの戦争は「神秘的な内面」を有し、「魂の確かな深さ」に向かっている。そしてそのなかで「われわれの内的実存の革新（Erneuerung）」が果たされ、「新しい人間」が到来する（KE. 29／三九）。これは戦争である以上に、一つの革命ですらある。この意味において、ジンメルは文化戦争から「文化革命」を構想したと理解することができよう――もっとも、その「形式と内実」を「積極的に規定する」ことはないが[24]。

三　ルカーチの戦争批判

三―一　「事象化」の延長としての戦争

ジンメルの文化概念と文化的危機の意識に非常に強く影響を受けていたにもかかわらず――あるいはむしろそれゆえに――、ルカーチは「ドイツ知識階級と戦争」（一九一五年執筆、一九七三年公刊、一九九〇年改訂版）[25]においてジンメル（やTh・マンら）の名を挙げながらドイツ知識人層の戦争への熱狂を批判する。彼によれば、彼らの「感激」には「明瞭なあるいは積極的な内実」が一切欠けている。それは「安堵の体験」、つまり「これまで耐えがたいものとして感じられてきた状態からの解放の体験」でしかなく、その安堵と解放の後に実現されるべき特定の目標、またその実現形式が不明瞭なままである。戦争はそれがただ「緊急事態」であるという理由だけで肯定され、平穏な日常性において妥当してきたことに替わる「絶対的に新しい何か」、「新しい世界」が到来することがただ期待されているだけである。「あたかも戦争について肯定されているのは、積極的な何かではなく、戦争がそこにあること（Dasein）、それが従来の実存に対して別のものとしてあること（Anderssein）であるかのようだ」（IK. 601）。しかしそのなかにあって唯一規定可能なものがある。それはすべての「分化（Differenzierungen）」の止揚である。それによって、戦争前に抑圧的と感じられていた「文化とその担い手との隔離」、すなわち文化的疎外が消失し、各個人の「真の人格性」の回復を可能にする「新しい友愛的ゲマインシャフト」が出現するだろうと想定されている。そしてここには知識人層自体も含まれている。というのも、彼らは一つの階層として他の諸集団から孤立していたからである。このようにルカーチは、ドイツ知識人層の戦争熱の本質を、文化的疎外の克服と人格性の強調に見出し、それをドイツ知識人層の自己意識の表現としてとらえるのである（cf. IK. 601–602）。

しかし、ルカーチの戦争批判の核心は「新しい英雄主義の出現」という問題にある。たとえば『商人と英雄』の著者ゾンバルトは、この戦争に文化的疎外を突破しうる「新しい英雄類型」を見出す。この類型をルカーチは彼とは全く逆の意味で理解する。ルカーチによれば、この戦争における英雄は「無名の」英雄でしかない。つまり、彼はただ日々命じられるままに「質素で事象的な（sachlich）目立たない義務遂行」を行なっているだけで、自らの没落を犠牲にしても「彼の人格性が栄光の輝きによって取り囲まれる」ことなどないのである。「夥しい大衆」の一員として「近代的な戦争遂行」に携わるなかで、兵士の英雄主義からは栄光と名誉欲が完全に剥脱される。なぜなら、戦場での実態（Sache）把握には「あらゆる人格性の完全な放棄」が要求されるからである。この状況こそ戦争における「事象化（Versachlichung）」に他ならない（IK. 602）。

> 英雄であることはもはや何か貴族主義的な例外状況とはみなされない。すなわち、この戦争においては、あらゆる兵士が（彼の理念にしたがえば）英雄であり、そして身体的な業務遂行の能力があればあらゆる男が兵士なのである。これによって、この英雄類型の事象性（Sachlichkeit）から生まれた質素さと――意図的な――輝きの喪失とが増大する。（IK. 603）

「新しい英雄主義」と主張されているものは、ルカーチにとって本質的に新しい何かでは全くなく、ドイツに特有のものでもない。彼がこの戦争に見るのは、日常性を打破し、これまでとは別のドイツをもたらすような緊急事態であるどころか、日常性において進行する文化的疎外と事象化の継続なのである。

三―二　ルカーチから見たジンメル文化哲学の本質――「日常的な生」の悲劇

ルカーチはジンメルの文化哲学に関する独自の見解を提示することによって、ジンメルの戦争擁護論が彼の文化哲学の本質と矛盾していることを示唆する。ルカーチによれば、ジンメルの哲学的精神の意義は「まだ発見されていない哲学的状況」を把握し表現することである。ならば、戦争という例外状況にこれまでにない新しい何かを見出し、日常を超越する歴史的瞬間での決断に懸けたことは、ジンメルの哲学の本質が発揮されたことを意味するのか。そうではない。彼の文化哲学の本質は、あくまで「日常的な生の極めて些細な、極めて非本質的な現われを哲学の相のもとに見る能力」にこそある。これによって、日常的な生は見通しのよいものとなり、その背後にある「永遠の形式連関」が見えるようになる（GS. 172／三〇八）。

この理解にもとづいて、ルカーチはジンメルの文化哲学の本質を、他ならぬジンメル自身の文化概念にしたがって、日常的な生の悲劇という認識に見出す。彼はジンメルを「印象主義の真の哲学者」と呼び、その意味を「生」と「形式」の逆説的、悲劇的関係という観点から説明する。

印象主義は、壮大な、堅固な、そして永遠の諸形式を、生に暴力を加えるものとして、生の豊かさ、多彩さ、充溢、およびポリフォニーに暴力を加えるものとして感じる。それはつねに生の賞賛者であり、あらゆる形式を生に奉仕させる。しかし、そのことによって形式の本質は問題をはらんだものになった。偉大な印象主義者たちの英雄的かつ悲劇的な企てはまさに次のことにある。すなわち、彼らは形式から逃れることはできず、形式は彼らの本質的な実存の唯一可能な媒体であるのに、彼らはそうした形式に、その使命と矛盾し、それを廃棄するような事柄を絶えず要求し、強制するのである。つまり、もし形式が閉鎖的で、自己支配的で、おのれのうちに完成していることをやめるならば、その形式は形式であるのをやめることになる。奉仕し、生に向かって開かれている形式などというものは存在しえない。（GS. 173／三〇九）

生と疎遠になり、自己完結した形式は、生に対して暴力的な作用を及ぼす。しかしながら、文化形成において生はおのれにとって外的な形式を媒介せずに存在することはできない。客観性を喪失し、生に従属するだけの形式は文化的意味での形式ではない。それゆえ、形式を生に対して完全に開かせようとするジンメルの試みは「悲劇的」なものと理解されなければならない。

にもかかわらず、ジンメルは戦争のうちにすべての外的なもの、形式的なものの消失と、日常からの生の跳躍とを期待した。しかもその際に「生の豊かさ、多彩さ、充溢、およびポリフォニー」よりも国民の文化的単一性を確かに優先した。このとき、生と形式の悲劇的な不調和という観点からジンメルの文化哲学を忠実に理解していたルカーチには、ジンメルが自らの文化哲学を裏切ったように見えたに違いない。

四　ルカーチの「文化革命」の構想――「魂のゲマインシャフト」

しかしながら、ルカーチの戦争批判の目的は、単にジンメルの自己矛盾を指摘することではなかった。彼もまた一種の「文化革命」を構想していたのである。この観点から、戦争において疎外と事象化は単に継続しているだけでなく、その限界にまで達したと認識される。この事態を彼は「罪業の完成」（フィヒテ）と呼ぶ（TR. 137／一五二）。したがってルカーチも限界状況の認識を共有する。[26] ただし、彼の文化革命の構想において、新しい文化の出現を期待させた政治的出来事はロシア革命である。

四―一　「西欧文明」と「ロシア」の対立――ドストエフスキーへの「倫理的」関心

第一次大戦を文化的危機の延長さらには完成としてとらえ、そこに「人格性の完全な従属」と「英雄主義の根絶」を観察したルカーチは、ロシア革命における「テロリストの英雄」に新しい何かを期待する。そこには第一次大戦とは「完全に別の性質のパトス」、つまり「規定されて肯定された目標のパトス」がある。しかもこの英雄主義はある特定の国家に固有のものではなく「国際的な何か《インターナショナル》」である（IK. 603）。

この立場からルカーチの最終的なジンメル批判がなされる。彼はジンメルへの追悼文（一九一八年）においてこう診断する。ジンメルは生と形式のあいだの「戯れ」に留まり（GS. 175／三一二）、「断片」しか構想できない（GS. 175／三一三）。なぜなら、生が「全体性」において包括されていないからである（GS. 174／三一一）。しかし、いまや必要なのは、ジンメルによって知覚可能となった「生の充溢」を、「すべてを包括する新しい形式」のなかで永遠化することである（GS. 173／三一〇――強調引用者）。つまり、生の多様性を損なわずに統合する、「多様に有機化されしかも統一的な体系」が発見されなければならない（GS. 174／三一一）。「中心の喪失」、「確固不動の（übergangslos）決断に対する無能力」こそジンメル哲学の限界である。この意味で、ジンメルは「過渡的哲学者（Übergangsphilosoph）」である（GS. 172／三〇八）。

こうジンメルを批判するルカーチは、文化的疎外と事象化が「完成」した限界状況において、新しい文化形式がロシア革命に出現したと認識し、それをもたらした革命家たちの英雄的パトスを評価する。つまり彼は、ジンメルが進んだのと同じ道を「ロシア」という観念を経由して進むのである。かくして「西欧文明」がルカーチにとっても批判の対象となる。(27)

中欧諸国（＝ドイツとその同盟国）がロシアを打倒する見込みは十分あり、それが帝政《ツァーリスムス》の崩壊をもたらしうる、それは了解しよう。西欧がドイツに勝利する可能性もいくぶんあり、その結果としてホーエンツォレルン家とハプスブルク家が没落しても、同様に私は了解する。しかしその場合次の問いが生じてくる。すなわち、誰がわれわれを西欧文明から救ってくれるのか。（VTR. 5／一一―一二）

「ロシア」という理念にもとづいた「西欧文明」批判の背景には、ロシア文学、とりわけドストエフスキーへの関心がある。(28) ルカーチは「ロシア的テロリズムの心理学（Psychologie）」としてドストエフスキーに関する新しい本の執筆に着手し、それまで従事していた「美学」の休止を告げる（EL. 64）(29)。つまり、彼にとってロシア文学はもはや「芸術作品」としてではなく、「魂（die Seele）」にかかわる「倫理的問題(30)」として重要であり、そこに革命家の「新しい人間類型」を求めるのである（EL. 65–66）。この問題関心からルカーチは「ドストエフスキーは新しい世界に属する」（TR. 137／一五二）と主張する。

ここで注目すべき重要な点は、ドストエフスキー研究のなかでルカーチが「ロシア」対「西欧」という対立図式を明確に打ち出していることである（DN. 142–150）。その一環として、インド、ドイツ、ロシアが「魂」という観点から比較される。

一、インド：アートマンとの同一性：個性の消失
二、ドイツ：固有の魂——神との関連において
三、ロシア：固有の魂——神によって意志され創造された、これまでとは別の多様な魂のゲマインシャフト
（DN. 143）

このように、ルカーチにとって「ロシア」は、「ドイツ」を含む「西欧」における個人主義的「魂」とは異なっ

た、複数の魂の有機的結合という新しい文化を意味する。この文化革命を実現する革命家の英雄的パトス、テロリズムの倫理の内実は、P・エルンストとの交流のなかで明らかにされる。

四―二 「魂から魂へと通じる道」――テロリズムの文化的正当化

まず、ルカーチはエルンストに第一次大戦への熱狂に対する自らの批判的態度を説明する。[31]戦争のなかで国家という「形象物（Gebilde）」の力は増大しているように見え、また実際にそれは客体化した精神として一つの現実ではある。しかし、「真の倫理」にとって唯一本質的なのは「われわれの魂」である。この認識こそ「私にとっての戦争体験」である。したがって、ヘーゲルのように形象物に「形而上学的な厳粛さを授け」てはならない（EL. 66–67／二七五―二七六）。[32]これに応えてエルンストは、ルカーチとは対照的に戦争を好意的に評価し、当時のドイツ知識人の多くと同様に国家主義的な態度を表明する。「国家は一つの力以上のものであり、そのなかで私たちの本質の一部が実現するのだと思います。……私がいいたいのは、私の上に（über）ある事物として国家に「形而上学的な厳粛さを授け」たいということではありません。そうではなく、私の自我（Selbst）の一部が同時に国家のなかに（in）あるのです」（EL. 72）。[33]戦争において国家は「拡張された自我」となり、自我と国民の「調和」が実現する（*ibid.*）。

ルカーチはすぐさま再反論を試みる。エルンストが国家を「自我」の一部とするならばそれは正しい。しかし、それを「魂」の一部とするならば間違いである。「自我」とは一つの「方法論的」概念にすぎない。エルンストのように「自我」を「魂」と混同する、つまり主体を「実体化」してしまうと、それに対応して客体（形象物）も実体化されて「形而上学的」なものになってしまうのである。しかしながら、ここで翻ってルカーチの考えを見るならば、彼も魂と形象物の悲劇的な葛藤のうちに禁欲的に（あるいは戯れながら）留まりはしない。彼はエルンストとは逆に「魂」を「形而上学的」なものとして位置づけることによって、「調和」を求めるのである。その場合の「魂」は唯我論的なものではない。必要なのは「魂から魂へと通じる道」を見つけることである。つまり、複数の魂からなる新しい文化的共同体が建設されねばならない。この魂の領域にこそ「絶対的な優位性」があり、それ以外の形象物は「派生的」なものでしかない（EL. 73／二七六―二七七）[34]。

それでも「生を完全に葛藤のないものにする」ことはできない、と同じ手紙のなかでルカーチはいう。彼にとって唯一宿命的な葛藤は、「魂を分かれ道（Scheideweg）に立たせる葛藤」である。それは国家や社会習俗などの形象物に対する市民的義務という「第一倫理」と、魂の命令という「第二倫理」とのあいだの葛藤である（EL. 73–74／二七七, cf. DN. 158–177）。つまり、ここでルカーチは、市民たるに相応しい社会的規範への外的服従と、魂の誠実な内的自由との葛藤[35]を問題化するのである。しかし、彼はこれを「西欧」の一般市民にではなく、「ロシア」の革命的英雄に委ねる。なぜなら、市民は現行の法や習俗を優先するのに対して、革命家という「政治的」人間の場合には、魂は単におのれ自身にではなく、他の魂に、換言すれば「人類」に向けられていると考えられるからである。しかも、革命という例外状況のなかで、すでに魂の領域が外的世界よりも優先されているがゆえに、日常生活を成り立たせる市民的義務（「第一倫理」）は顧慮される必要がない。したがって、革命的テロリストは「汝殺すなかれ」という自らの魂の命令に背く、その意味で自身の魂を犠牲にすることによって、他の魂（人類）を救済することが可能であるとされる。ここに「魂から魂へと通じる道」が見出される。このように日常的な生からの超越において、英雄的犠牲の名のもとに、新しい魂の共同体の建設が構想されるのである。

五　「西欧」・「ドイツ」・「ロシア」をつなぐ「文化」
――あるインターナショナリズム

ドイツ知識人の多くは「西欧文明」と「ドイツ文化」の対立という、それ自体ドイツの国民的自己意識にもとづいて、第一次大戦を「文化戦争」として正当化する。その意義は、対外的に見れば、開放性と普遍性を装う西欧文明の拡張に対して、ドイツ文化の「独自性」を閉鎖して防衛することにあり、対内的には、大衆化の危機に瀕したドイツ文化の再生にある。そのなかでジンメルの文化的「疎外」論は、主体と客体が相互に敵対的、閉鎖的になる過程を明らかにする、その意味でその敵対関係は両者の相互作用の一つの効果であることを論じるものである。にもかかわらず、戦争の勃発に際して彼もまた、外に対して閉鎖的な国民的一体性をあらかじめ前提にする、換言すれば結果を原因と取り違えることで、「文化の危機」を克服しようとする。それゆえ、外的世界にかかわる一切を排した、純粋に主観的で内面的な生の跳躍、意志への決断が最終的な拠り所となる。そして、この文化戦争を通じた「これまでのとは別のドイツ」の到来という一種の「文化革命」が（曖昧な仕方ではあるが）構想される。

これに対してルカーチは、戦争に文化の危機の克服ではなく完成を見出す。その際に彼が依拠するのは、ロシア革命とロシア文学への関心から確立された「ロシア」対「西欧」という図式である。つまり、「ロシア」という視座から「西欧」と「ドイツ」の対立は相対化され、文化的疎外と事象化は両者に共通の現象として認識されるのである。したがって、文化的危機の克服は、ドイツを含む西欧とは別の「新しい世界」としてのロシアという理念に期待される。この観点から見れば、文化戦争論でいわれる魂の内的な自己実現は、実のところ国家や社会習俗という形象物に対する市民的義務の事象的な遂行でしかない。ロシア革命にこそ、多様な魂の有機的統一という新しい文化が出現しているのであり、この意味でそれは「文化革命」と理解されうる。そしてロシア的文化が真に「国際的」で「人類」共通のものだというルカーチの認識には、進歩の限界に達した西欧文明に替わってロシア的理念が今後の世界に普遍化するだろうという予感が含意されている。

第一次大戦後、ルカーチは主著『歴史と階級意識』（一九二三年）によって、社会の大衆化状況（階級社会から大衆社会への転換）に適合しうる形へと「マルクス主義」を定式化した点で、二〇世紀を代表するマルクス主義思想家として評価される。そこでは、「自己意識」としての「文化」は「プロレタリアートの階級意識」にとって替えられる。しかし、そのことは同時に、冷戦期に入りスターリニズムとの親和性をめぐる批判も呼び起こすことになる。それに対抗して、同書がマルクスの哲学をカント、フィヒテ、ヘーゲルというドイツ哲学の流れに位置づけて解釈する点が着目され、単に「ロシア」の公式イデオロギーではない「西欧」マルクス主義（"Western Marxism"）の起源という評価も定着する。しかしながら、ワイマール期以降冷戦期にかけて確立されたこれらのルカーチ像による忘却の淵から、第一次大戦期の「文化戦争」から「文化革命」への展開、およびその基底にある「西欧」・「ドイツ」・「ロシア」の観念的連関をいま一度すくいだし再検討することは、ルカーチの思想をマルクス主義よりもまず二〇世紀政治思想という枠組みにおいて理解することの必要性を明らかにするとともに、ヨーロッパ文明の危機が意識されはじめる二〇世紀初頭の政治思想的状況を解明するうえでも不可欠の作業であるように思われる。

第一次大戦以降、ルカーチがマルクスに傾倒して『歴史と階級意識』に至る過程においても、「文化革命」の構想は重要な役割を担い続ける。[36] ところが、同時に、「西欧」・「ドイツ」・「ロシア」の連関について、ルカーチの思想に変質も見られる。このことを最もよく表わすテクストとして「古い文化と新しい文化」(一九一九年)が挙げられる。ここにおいては、「西欧」対「ロシア」の図式は影を潜め、「資本主義的」文明と「共産主義的」文化との対立が強調される。しかも、その新しい文化は、「自己目的としての人間」という「古典期ドイツ観念論」の遺産を理念とすると主張されるのである(AN. 142/二〇——強調引用者)。かくして、『歴史と階級意識』への道の途上で、カント以降のドイツ哲学における人間的自由の理念が「文化」概念の本質をなし、それが「西欧」と「ロシア」の対立を越えるヒューマニスティックな普遍性を獲得する。

注

(1) 第一次大戦期ドイツにおける「文化戦争」論に関する基礎的研究として、cf. Hermann Lübbe, *Politische Philosophie in Deutschland: Studien zu ihrer Geschichte*, Benno Schwabe & Co. Verlag, 1963. 今井道夫訳『ドイツ政治哲学史——ヘーゲルの死より第一次世界大戦まで』、法政大学出版局、一九九八年; Klaus Schwabe, *Wissenschaft und Kriegsmoral: Die deutschen Hochschullehrer und die politischen Grundfragen des Ersten Weltkriegs*, Musterschmidt-Verlag, 1969.「文化戦争」と「文明批判」の言説に関するその後の研究史については、cf. Barbara Beßlich, *Wege in den ›Kulturkrieg‹: Zivilisationskritik in Deutschland 1890–1914*, Wissenschaftliche Buchgesellschaft, 2000, S. 16–27. より広く知識社会学的な研究として、cf. H. Stuart Hughes, *Consciousness and Society*, 1958, the Transaciton Edition, Transaction Publishers, 2002. 生松敬三・荒川幾男訳『意識と社会——ヨーロッパ社会思想 1890–1930』、みすず書房、一九七〇年; Fritz K. Ringer, *The Decline of the German Mandarins: The German Academic Community, 1890–1933*, Harvard University Press, 1969. 西村稔訳『読書人の没落——世紀末から第三帝国までのドイツ知識人』、名古屋大学出版会、一九九一年。邦語研究としては、野田宣雄『ドイツ教養市民層の歴史』、講談社学術文庫、一九九七年、第一章参照。また、「文明」と「文化」(および両者の対抗関

係）の概念史について、cf. Michael Pflaum, "Die Kultur-Zivilisations-Antithese im Deutschen," in *Kultur und Zivilisation* in *Europäische Schlüsselwörter*, Bd. III Max Hueber, 1967; Jörg Fisch, "Zivilisation, Kultur," in Otto Brunner, Werner Conze, und Reinhart Koselleck (Hgg.), *Geschichtliche Grundbegriffe: Historisches Lexikon zur politisch- sozialen Sprache in Deutschland*, Bd. 7, Klett-Cotta, 1992.

（2）エリアスの仕事全体を二〇世紀的暴力（ナチズム）という観点から整理したものとして、奥村隆『エリアス・暴力への問い』、勁草書房、二〇〇一年参照。奥村もいうように、エリアスにとって「野蛮」は「文明」の「例外」ではなく、文明に内在するものである（同書、二一二頁）。この意味において、エリアスの文明化論はそれ自体で独自の「啓蒙の弁証法」に迫ろうとする試みであると考えられる。

（3）もちろん、この文明化の普遍性と開放性が、現実には対外的「拡張」と「植民地化」として機能しうることをエリアスは指摘する。この意味でも文明化はヨーロッパや強国の「自己意識」なのである。

（4）次のものも参照。Lübbe, *op. cit.*, S. 193. 邦訳、一九二頁。

（5）文明化を見せかけの道徳として批判するカントの議論は、本人も認めるとおりルソーの文明批判に大きく依拠している。この点については、浜田義文『カント倫理学の成立——イギリス道徳哲学及びルソー思想との関係』、勁草書房、一九八一年参照。また、カントの「自律性」概念における名誉の「内面化」と「人格の尊厳」への転換について、川出良枝「精神の尊厳性——近代政治思想における自律的名誉観念の生成」、『思想』二〇〇二年二月号、一三—一六頁参照。

（6）その具体例としてエリアスが言及するのは、ヘルダー、レッシング、ゲーテ、シラー等に代表される一八世紀後半の文芸運動である。ドイツ・ロマン主義とも称されるこの運動を担った中流知識人層は、自らの政治的無力のゆえに「文化という非政治的分野」に後退し、そこに自分たちの「内的自由」の可能性を求めていった。この「受動的な諦め」の姿勢をエリアスは「リベラル」と特徴づける（SD. 166–167／一五〇—一五一）。ドイツ・ロマン主義の横溢した文化的創造性がもつ非政治性（「ドイツ自由主義」）についての認識論的な分析として、小野紀明『美と政治――ロマン主義からポストモダニズムへ』、岩波書店、一九九九年、第一章参照。なお、本書第二章では、ドイツ・ロマン主義の非政治性について、マンハイムの保守主義論を手がかりにさらに検討される。これによって、ルカーチにとってロマン主義が、単に「文化戦争」論に留まらず、自分自身の直接的な思想的課題（形式の喪失）であることが明らかになる。

（7）この考察は、外に対して開放的な「文明化」に比べ、「文化」の閉鎖的な印象を与えるが、これについて少なくともこの段階では一定の注意が必要である。というのも、たとえばカントやシラーにとって、「文化」概念は依然として「人類の発展」というより広い連関を保持しているからである（SD. 161, 163／一四五、一四七）。つまり、国家や国民の利益といった特殊的なものとは異なり、文化は道徳や人格といった人類に共通する一般的な価値を目指すのである。これをエリアスは「文化概念の非政治的あるいは反政治的でさえあるヒューマニスティックな含意」という（SD. 168／一五二）。文化概念がこうした普遍的な人間的価値を含意していたからこそ、カントは国境を越えた「世界市民的」な見地から「普遍」史を叙述できたとも考えられよう（cf. PZ. 38–39／二五）。いずれにせよ、この段階では文化概念はまだ「国民化」していない。

（8）「文化」概念が世界市民的文脈から離れて国民化するのにともない、その「限定」的で「閉鎖」的な側面、「独自性」や「差異」を強調する側面が前景化する過程における、（啓蒙主義的で普遍的な価値を謳ったフランス革命に対する反動としての）ドイツ・ロマン主義や歴史主義が掲げた「個性の原理」の重要性については、cf. Ringer, *op. cit.*, pp. 97–102, 117. 邦訳、六二―六六、七七頁; Christian Graf von Krockow, *Die Entscheidung: Eine Untersuchung über Ernst Jünger, Carl Schmitt, Martin Heidegger*, Ferdinand Enke Verlag, 1958, S. 9–11. 高田珠樹訳『決断――ユンガー、シュミット、ハイデガー』、柏書房、一九九九年、二三―二四頁。また、文化概念の観念的で非現実的な性質を、その後さらに促進したものの一つに新カント派の「観念論＝理想主義的」哲学を挙げるものとして、cf. Hughes, *op. cit.*, pp.

188–191. 邦訳、一三〇―一三二頁; Ringer, *op. cit.*, pp. 94–96, 310–312. 邦訳、六〇―六二、二〇八―二一〇頁。

（9）Cf. Ringer, *op. cit.*, pp. 42–61, 253–254. 邦訳、二八―三九、一七〇頁。

（10）Cf. *ibid.*, pp. 81–82. 邦訳、五一頁。

（11）「〔第一次大戦をめぐるドイツの戦争イデオロギーに見られる〕イギリス憎悪は、基本的に市民の自己逃避の表現、自己憎悪の内から外への投影、あるいは愛憎のしるしであったことは明らかである。ひとが追放したのは、伝統に裏打ちされ自己を意識した市民性、いまだ到達しえない、ないしはすでに失ってしまった市民性であった」。Krockow, *op. cit.*, S. 39. 邦訳、五五頁。Cf. Ringer, *op. cit.*, pp. 185, 187–188. 邦訳、一二五、一二六―一二七頁; Beßlich, *op. cit.*, S. 4.

（12）マンの「文化戦争」論については、本書第三章において、ルカーチのエッセイ集『魂と諸形式』（一九一一年）との関連において検討される。というのも、マン自身が『非政治的人間の考察』（一九一八年）において自らの戦争擁護の立場を、ルカーチのエッセイを援用することによって弁明するからである。そのとき、危機にある「文化」は没落しつつある一九世紀的「市民性」として論じられる。

（13）世紀の分水嶺として一九世紀後半の産業化・大衆化と第一次大戦・ロシア革命とを総合する包括的な「二〇世紀」観の簡潔な整理として、葛谷彩『20世紀ドイツの国際政治思想――文明論・リアリズム・グローバリゼーション』、南窓社、二〇〇五年、序章参照。

（14）序論でも説明したように、本書はこの時期のルカーチの思想を二〇世紀政治思想として扱うが、それはたとえば同時代のハイデガーやシュミットの思想がそのように扱われるのと同様の意味においてである。つまり、本書はルカーチの思想をあくまで一つの問題として想定している。

（15）第一次大戦期ルカーチの思想を「文明」と「文化」の対立との関連において論じているものとして、cf. Agnes Heller, Ferenc Fehér, György Márkus, Sándor Radnóti, *Die Seele und das Leben: Studien zum frühen Lukács*, Suhrkamp,

1977; Éva Karádi, "Einleitung" zu *Georg Lukács, Karl Mannheim und der Sonntagskreis*, hrsg. von Karádi und Erzsébet Vezér, 1980, übersetzt von A. Friedrich, Sendler, 1985; David L. Gross, "*Kultur* and Its Discontents: The Origins of a 'Critique of Everyday Life' in Germany, 1880–1925," in Gary D. Stark and Bede Karl Lackner eds., *Essays on Culture and Society in Modern Germany*, Texas A&M University Press, 1982; Ernst Keller, *Der junge Lukács. Antibürger und wesentliches Leben: Literatur-und Kulturkritik 1902–1915*, Sendler, 1984; J. C. Nyíri, "Einleitung" zu Georg Lukács, *Dostojewski: Notizen und Entwürfe*, hrsg. von Nyíri, Akadémiai Kiadó, 1985; Michael Löwy, "Der junge Lukács und Dostojewski," in Rüdiger Dannemann (Hg.), *Georg Lukács: Jenseits der Polemiken*, Sendler, 1986; Kristóf Nyíri, "Zur Kulturkritik des frühen Lukács," in Udo Bermbach und Günter Trautmann (Hgg.), *Georg Lukács: Kultur-Politik-Ontologie*, Westdeutscher Verlag, 1987; Hans Joas, "Die Sozialwissenschaften und der Erste Weltkrieg: Eine vergleichende Analyse," in Wolfgang J. Mommsen hrsg. unter Mitarbeit von Elisabeth Müller-Luckner, *Kultur und Krieg: Die Rolle der Intellektuellen, Künstler und Schriftsteller im Ersten Weltkrieg*, Oldenbourg, 1996; Mihály Vajda, *Die Krise der Kulturkritik: Fallstudien zu Heidegger, Lukács und anderen*, Passagen Verlag, 1996.

（16） ジンメルとルカーチの関係については、cf. Ute Luckhardt, "*Aus dem Tempel der Sehnsucht*": *Georg Simmel und Georg Lukács—Wege in und aus der Moderne*, Afra Verlag, 1994.

（17） すでによく指摘されているように、ジンメルにとって、マルクスが批判する商品としての経済的客体がもつ「物神的性格」は、文化的疎外の特殊な一事例にすぎない。それは「物理的必然性」ではなく「文化的必然性」の問題である（PK. 408／二七九）。

（18） あるいは逆に、魂を置き去りにして文化的所産の「純粋な事象的完成」だけを追求する「専門への熱狂（Fachfanatismus）のなかに閉じこもった専門家」が出現する（PK. 399／二六八―二六九）。

（19） 「文明」と「野蛮」の対置はいうまでもなく古代ギリシアにおける「ポリス」と「バルバロス」の区別にまで遡り

うるが、これとの関連で現代文化の大衆化という危機について論じているものとして、cf. Hannah Arendt, *Between Past and Future*, with additional text, 1968, Penguin Books, 1977, chap. 6. 引田隆也・齋藤純一訳『過去と未来の間』、みすず書房、一九九四年、第六章。文化諸領域が未分化なギリシアでは、一方でピュシス（自然）、哲学（エロス）、バルバロス（夷狄）と、他方でノモス（法・社会習俗）、ポリス（city）、市民（citizen, Bürger）の区別が決定的な意味をもっており、文明ないし文化といいうるものは後者との結びつきに依拠していた。

（20） Cf. Krockow, *op. cit.*, S. 11–19. 邦訳、二四―三三頁。

（21） 大衆社会における文化的危機について、ジンメルは第一次大戦勃発前まではあくまで「悲劇的な意識」をもって論じ、そこからの脱却やその克服の可能性には言及していないという解釈として、cf. Gross, *op. cit.*, p. 82; Luckhardt, *op. cit.*, S. 175–178. またリンガーは、文化の大衆化に対するドイツ知識人の態度を、近代の西欧文明の所産を全面的に否定する「正統派（orthodoxy）」と、その一部を不可避的なものとして受けいれる「近代派（modernism）」とに分け、ジンメルをテンニースとヴェーバーとともに後者に分類している。Cf. Ringer, *op. cit.*, pp. 162–180. 邦訳、一〇九―一二一頁。

（22） ドイツにおける「ロマン主義」と「生の哲学」との連関については、本書第二章で論じられる。

（23） たとえば学問の大衆化と専門主義は戦争によって打破されると主張される。Cf. KE. 19–20／一七―二〇.

（24） もちろん、ジンメルの戦争論については、それが彼の思想全体（晩年の文化論にかぎらず）においてどのような位置を占めるのかが検討されなければならない。それに加えて、ドレフュス事件の衝撃がドイツの「同化」あるいは「改宗」ユダヤ人にもたらした歴史的・社会的状況も視野に入れられねばならないであろう。このことは、必然的に、ジンメルの思想を他のユダヤ思想家との関連において理解することをも要求するであろう。本章は、ジンメルの戦争論を、「文化戦争」論の系譜において、そして、ルカーチによる批判の観点から検討したにすぎない。ジンメルの戦争論をより包括的な観点から論じているものとして、徳永恂「ヘルマン・コーエンとゲオルク・ジンメルをめぐる「同化」の問題」（上）（下）、『思想』二〇一一年九・一〇月号参照。徳永によれば、ジンメルが「戦争賛美派に廻った」という印象は、「少し注意して読めば、それが誤解であることは明らか」になる。一〇月号、八四頁。本章においても重要な意味をもつドイツ的文化＝ビルトゥンクとの関連を軸に、当時のドイツ・ユダヤ思想家たちにとっての選択肢としてナショナリズム、人文共和国、シオニズムなどと並んで社会主義をも論じている（ルカーチへの言及も含まれる）ものとして、cf. George L. Mosse, *German Jews beyond Judaism*, Indiana University Press, 1985. 三宅昭良訳『ユダヤ人の〈ドイツ〉——宗教と民族をこえて』、講談社、一九九六年。

（25） 一九一五年八月二日付のパウル・エルンスト宛の手紙に、死後公刊されることになるこのテクストへの言及がある。「私は『社会科学〔・社会政策〕論叢』に「ドイツの知識人たちと戦争 Die duetschen Intellektuellen und der Krieg」に関する論文を約束しています」。Georg Lukács, hrsg. von Éva Karádi und Éva Fekete, *Briefwechsel 1902–1917*, J. B. Metzler, 1982, S. 358. "Die deutsche Intelligenz und der Krieg," in *Text und Kritik*, Oktober 1973, *Zeitschrift für Germanistik*, Okt. 1990.

（26） 第一次大戦による「罪業の完成」という時代認識は、第四章で見るように、共産党入党の決断に決定的な役割を果たした「政治の悲劇性」という倫理的意識をルカーチにもたらすことになる。

（27） 「西欧」の合理化された「魂のない世界」に対する批判的視点と、「ロシア」における「新しい人間」、「新しい世界」への積極的関心は、「ヴェーバー・クライス」に共通した傾向であった。Cf. Löwy, *op. cit.*, S. 29. これとの関連において、当時ルカーチの滞在都市ハイデルベルクの意義については、cf. 生松敬三『ハイデルベルク——ある大学都市の精神史』、講談社学術文庫、一九九二年、第四章; Willy Birkenmaier, *Das russische Heidelberg: Zur Geschichte der deutsch-russischen Beziehungen im 19. Jahrhundert*, Das Wunderhorn, 1995.

（28） この時期のルカーチにおけるドストエフスキーの意義については、cf. Zoltan Andor Feher, *Georg Lukács's Role in Dostoevsky's European Reception at the Turn of the Century: A Study in Reception*, University of California, dissertation,

1978; Löwy, *op. cit.*; Andreas Hoeschen, *Das »Dostojewsky«-Projekt: Lukács' neukantianisches Frühwerk in seinem ideengeschichtlichen Kontext*, Niemeyer, 1999.

（29）一九一五年三月二八日付のエルンスト宛の手紙。第三章四末尾および第四章一で見るように、『魂と諸形式』で美学体系の構想を告知したルカーチは、ハイデルベルクで実際にその構想に着手する。しかし、それは完成することなく終わる。これは、第一次大戦とロシア革命の勃発を受けてルカーチの関心が政治にシフトすることと同時的である。それにともない、以前から関心を寄せていたロシア文学、とりわけドストエフスキーの作品が、政治倫理の問題を思考する上で重要な位置を占めるようになる（第四章二および三参照）。体系的なドストエフスキー研究の序論的な性質をもつ著作として公刊されたのが、『小説の理論』（一九一六年）である。

（30）ルカーチが「魂」を「文化」だけでなく「倫理」の問題として考えている背景には、ジンメルやシュテファン・ゲオルゲ以上にキルケゴールの影響がある。第三章参照。

（31）ルカーチとエルンストの関係については、cf. K. A. Kutzbach, “Einleitung” zu *Paul Ernst und Georg Lukács: Dokumente einer Freundschaft*, hrsg. von Kutzbach, Verlag Lechte, 1974; F. Fehér, “Am Scheideweg des romantischen Antikapitalismus. Typologie und Beitrag zur deutschen Ideologiegeschichte gelegentlich des Briefwechsels zwischen Paul Ernst und Georg Lukács,” in Heller et al., *op. cit.*

（32）一九一五年四月一四日付のエルンスト宛の手紙。

（33）一九一五年四月二八日付のルカーチ宛の手紙。

（34）一九一五年五月四日付のエルンスト宛の手紙。

（35）この葛藤は、すでに『魂と諸形式』において、禁欲的な職業倫理とロマン主義的な生との乖離として描かれており、やがて共産党入党の決断に際して、ボルシェヴィズムの暴力をめぐる倫理的葛藤へと引き継がれていく。前者については第三章二を、後者については第四章二を参照。

(36) Cf. David Kettler, *Marxismus und Kultur: Mannheim und Lukács in den ungarischen Revolutionen 1918/19*, Luchterhand 1967. 徳永恂訳『若きルカーチとハンガリー革命』、『ルカーチ著作集』別巻、白水社、一九六九年所収。

第二章　「形式」の問題：ロマン主義批判と政治的形式——ルカーチとシュミット

前章では、ルカーチの政治思想形成における「文化」の問題の重要性が確認された。そのなかで同時に明らかになったのは、ジンメルのいう文化の「パラドクス」、文化の「悲劇」が、「魂」あるいは「生」と「形式」との乖離の必然性を意味することである。そして、ルカーチは『魂と諸形式』というタイトルをもつ書物を、第一次大戦に先立ってすでに公刊している。つまり、「文化」の問題はルカーチに、文化戦争論だけでなく、文化をめぐるパラドクス、悲劇というもう一つの課題を突きつけているのである。

この課題は、具体的には現代における「形式」の喪失、つまり「無形式性」として規定される。このことを本章では、引き続きジンメルの文化哲学を参照しながらも、さらにC・シュミットの政治的神学との関連に焦点を合わせて明らかにする。なぜなら、ジンメル、ルカーチ、そしてシュミットの思想には、現代における形式の喪失＝「無形式性」という問題意識が共通していると考えられるからである。そして、ルカーチとシュミットの両者は、この問題をそれぞれのロマン主義批判において提起する。このことを確認するために、まずは両者の思想的関係について確認することから始めよう。

一　ルカーチとシュミットの思想的関係――ロマン主義と政治的なもの

ルカーチ（一八八五―一九七一）とシュミット（一八八八―一九八五）という二〇世紀を代表する二人の思想家、その問題性を強調していえば、スターリニズムとナチズムという二〇世紀の全体主義と決して無縁ではなかった二人の思想家の関係を、主題的に扱った研究は少ない[1]。事実、同時代を生きていながら、両者のあいだに個人的な交流の痕跡はなく、作品のなかで相手に言及したのもそれぞれ二回にすぎない[2]。

そもそも、ボルシェヴィズムを受けいれたマルクス主義思想家と、ロシア革命を脅威として強く感じた保守的思想家とのあいだに、活発な思想的交流を期待するほうが間違っているかもしれない。ところが、一見して正反対の立場にあるものの、両者の数少ない相互言及の内容は、それぞれの思想の本質を形成する論点に密接に関係している[3]。つまり、ロマン主義と政治的なものに関係しているのである。

一―一　ロマン主義をめぐって

ルカーチは一九二八年、シュミットの『政治的ロマン主義』第二版（一九二五年）の書評を発表する。そのなかで彼は、シュミットによるロマン主義運動の性格づけを紹介する。たとえば、オッカジオナリスムス（Okkasionalismus）という本質（原因 Ursache がきっかけ・契機 Anlaß に、カウザ causa がオッカジオ occasio にとって替えられること）、美感的なもの（das Ästhetischen）の機能の過剰、ブルジョア性、ロマン主義的なものは対象にではなく主観の態度に求められること、可能性が現実性より高次のカテゴリーとして把握されること、等が列挙される。そして彼は、そうした諸特徴の指摘はほとんど「正しい」と評価する（SPR. 696／一一八）。

もっとも、すでに『歴史と階級意識』（一九二三年）や『レーニン』（一九二四年）を公刊し、（ときに教条的な）マルクス主義者となっていたルカーチが、シュミットのロマン主義批判を無批判的に受けいれるはずもない。彼は同じ書評のなかで、シュミットは「ドイツ・ロマン主義者たちはいかなる階層を代表していたのか、彼らの思考構造はいかなる社会的存在に対応しているのか」という問いを提起していないと論難する（SPR. 696／一一九）。この欠陥は、シュミットの用いる「方法」、つまりディルタイやトレルチの「精神史」に由来する。結局、ロマン主義的精神構造が対応するいわゆる下部構造の分析は、マルクス主義的方法を必要とする、というわけである。

しかし、ここで確認されるべきは、マルクス主義者としてのルカーチが、シュミットのロマン主義批判を一定の肯定的評価とともに取りあげたという事実である。ここには、彼自身もかつてロマン主義を非マルクス主義的方法（ルカーチもまたディルタイの「精神史」に影響されていた）によって扱った『魂と諸形式』（一九一一年）と『小説の理論』（一九一六年）に対する自己批判が含意されていると考えることも可能である[4]。しかし、そうであればなおさらのこと、この書評でルカーチは、立場や問題意識の変化にもかかわらず若い頃から一貫して取り組んできた（そしてその後も取り組み続ける）ロマン主義批判という課題を、方法の違いはあれシュミットの『政治的ロマン主義』と共有し、その課題の重要性をシュミットとともに確認している、と理解することができる。

一―二　政治的なものをめぐって

その書評から四年後、シュミットは彼の『政治的なものの概念』第二版のなかで、この作品の本質をなす「敵」概念との関連においてルカーチに言及する。

最後にヘーゲルは、近代の哲学者たちによって通例たいていは避けられている、敵の定義をも立てている。すなわち敵とは、その生きた全体性において否定されるべき異質者として人倫的な（道徳的な意味ではなく、「民族という永遠なもの」における「絶対的な生」から意図された）差異である。いつ頃までヘーゲルの精神が現実にベルリンに住んだのかは一つの問題である。……ヘーゲルはカール・マルクスを経てレーニンへとモスクワに向かっていった。そこで彼の弁証法的方法は、新しい具体的な敵概念、つまり階級敵の概念において、その具体的な効力を実証し、そして自己自身を、つまり弁証法的方法を、合法性と非合法性、国家、さらには敵対者との妥協といった他のすべてと同様に、この闘争の「武器」へと転化した。ゲオルク・ルカーチ（『歴史と階級意識』一九二三年、『レーニン』一九二四年）に、ヘーゲルのこのアクチュアリティが最も強く生きている。（BP.62-63／七六―七七）

第三版（一九三三年）では削除されることになるこの箇所から明らかなのは、シュミットがルカーチの弁証法的マルクス主義に、「経済－技術的なもの」でも「文化的なもの」でもなく、まさしく「政治的なもの」を見ていることである。それに先立ってすでにシュミットは、ロシア革命とボルシェヴィズムの理念を「技術性という反宗教」と表現し、ロシアをアメリカとともに近代ヨーロッパの世俗化の完成態としてとらえて、それらに対する政治神学的な嫌悪を示していた。この意味においては、シュミットにとってマルクス主義は基本的に、合理化と中立化の最終段階に出現した「経済－技術的」思考の典型である。しかしそれでも彼は、文化領域の差異にかかわらず何らかの対立が友・敵の区別をともなう「闘争」へと強化した場合、その対立は「政治的」なものとなると主張する。この観点からシュミットは、ルカーチと並んでマルクス主義一般についても、その「政治的」性質を認める。

マルクス主義的意味での「階級」さえも、それがこの決定的段階に到達する場合、すなわち、それが階級「闘争」を真剣に行ない、相手階級を現実的な敵として扱って、国家対国家であれ、一国家内部の内戦であれ、それと戦う場合には、純粋に経済的なものであることをやめて一つの政治的単位となるのである。この場合、現実的な闘争は、必然的に、もはや経済法則にしたがってなされるのではなく、その政治的な必然性および指向性、連合・妥協等々をもつのである。(BP.38/三四)

かくしてシュミットは、ルカーチの革命論における階級闘争と独裁の概念を、マルクス主義の立場からの「政治的なもの」の理論化として真剣に受けとっているのである。

このように、ルカーチとシュミットは、両者の思想にとって極めて重要なロマン主義と政治的なものという問題を——少なくとも一九二〇年代までは——共有しているのである。

二　ロマン主義から政治的なものへ
——マンハイム「保守主義的思考」を手がかりに

両者の相互言及の内容から明らかになるのは、ルカーチとシュミットが、ロマン主義批判を共通の基盤としてそれぞれの政治思想を展開する、という基礎的事実である。それでは、ロマン主義批判は政治思想の展開においてどのような意義を有しているのであろうか。これを検討するために、ルカーチとシュミットの双方から多かれ少なかれ影響を受けていたK・マンハイム(一八九三—一九四七)の「保守主義的思考」(一九二七年版)を参照したい。

二―一　「振子運動」としてのロマン主義――極端に過剰な主観主義

マンハイムによれば、ドイツ・ロマン主義は近代世界に対するイデオロギー的ならびに政治的な反対（啓蒙とフランス革命に対する反対）であるが、それは単に後ろ向きのものではなく、すでに近代の合理主義を取り込んでいる（「止揚」している）。このようなドイツ・ロマン主義の歴史的特質を彼は「振子運動」に喩える。振子は、最初の運動とそこから戻ってくる次の運動（反動）の往復運動を形づくる。後者は前者とは反対の方向に向かうが、しかしその運動エネルギーは前者から得ている。つまり、最初の運動が近代化であり、次の運動（反動）がドイツ・ロマン主義である。ここからマンハイムは、ロマン主義を「極端に過剰な主観主義」と特徴づける。近代的産物としての主観性が非合理的なまでに、つまり近代的基準に反するほど肥大化したものがロマン主義なのである（KD. 453-454／一〇六―一〇七）。

過剰な主観主義は、ロマン主義運動の担い手が「社会的に自由に浮遊する知識人たち」であることと関係している。彼らは、近代化によってそれまでのヒエラルキー秩序が崩壊し、社会構造の流動化・平準化のなかでもはや自らの社会的出自が経済的な安定を保証しなくなったこと（「疎外」）を受けて、自由な著述活動によって生計を立てるようになった人びとである。「不安定な外的状態と経済的な無故郷性（Heimatlosigkeit）」のなかに放り出された彼らは、「冒険者」のごとく、自由な立場から現実社会の「全体」を具体的に解明する。これをマンハイムはロマン主義の肯定的な側面として評価する。というのも、それは近代以降複雑化する社会過程の全体的解明に貢献するからである。しかし、ロマン主義者たちはそれだけでは食べていけないので、同時にその社会に適応して巧妙に生き延びる「繊細な感受性」を身につける。この側面はマンハイムによって否定的に評価される。処世術として、彼らは自分たちを取り囲む現実社会の一切を正当化し受容するからである(7)（KD. 454–456／一〇九―一一三）。ロマン主義の極端に過剰な主観は、外的世界に対峙したときこうした繊細ではあるが中間的な態度、一般的にはイロニーともいわれうるような態度を示すのである(8)。

二―二　「生の哲学」と弁証法的マルクス主義

マンハイムの保守主義論、そしてその一端としてのロマン主義論の意義は、単に過去の解明に留まらない。それは現代ドイツの思想的状況の生成を明らかにするところにある。というのもマンハイムは、A・ミュラー以降のドイツの思想的展開は「二重の方向」をとり、そのうちの一つが現代の「生の哲学」に行き着く「ロマン主義的路線」であると主張するからである。ここでは、生概念の「内面化」がさらに推し進められる。生の現実性は、外的世界から引き離された「純粋体験」に求められるようになり、ドイツの思想はそれをベルクソンの「生の哲学」からいわば逆輸入して、それがやがて一方で現象学派に、他方でディルタイの歴史主義に結実する。これらに共通するのは、ブルジョア的合理主義（カント主義と実証主義）への反抗である（KD. 483／一六九―一七〇）。

ここでマンハイムは、現代の生の哲学の非政治性を指摘する。これは、ロマン主義のもともとの担い手が自らの政治的基盤を喪失した（「自由に浮遊する」に至るまで「疎外」された）ことに起因する。だからこそ「内面化」の方向へ進むこともできたのであり、その結果として現実政治への直接的行動の能力と意志をもたないのである(9)。このゆえに、そのブルジョア的合理主義への反抗にもかかわらず、「しかし生の哲学は、言葉の最も広い意味において脱政治化されていることによって、変革への直接的な道を見出すことができず、……〔資本主義的合理化の世界とは異なる〕生成しつつある世界との内的関係を放棄してしまった」（KD. 503–505／二〇七―二一二）。

ドイツ精神史の「もう一つ別の道」としてマンハイムが挙げるのが、ヘーゲルを経由して弁証法的マルクス主義に至るものである。ヘーゲルはロマン主義の非合理的な「内面化」に反対して、生を政治的－歴史的世界の具体的問題と結合させることのできる「客観主義」を追求した。これが「弁証法」である。今日この弁証法はマルクス主義に流れ込み、独自の社会理論をもたらしている。現実の具体的な階級闘争に即したこの思考において、ロマン主義的な主観主義から客観主義への移行が完成する。

内面化された「生の哲学」にとっては、この動的基盤が純粋「持続」、「純粋体験」などの何か前理論的なものであるのに対して、ヘーゲルが「一般的」－「抽象的」思考を相対化する際の基盤は、何か精神的なもの（より高次の合理性）であり、そしてプロレタリア的思考のもとでは、階級闘争と経済中心的な社会過程である。この方向においてここでヘーゲルの流れは客観性へ転位したのである。（KD. 505–507／二一六）

このようにマンハイムは、現代ドイツの思想的状況の成立過程を「保守主義的思考」という観点から解明するなかで、ロマン主義的な「生の哲学」と弁証法的マルクス主義（これによってルカーチが意図されていることはいうまでもない）を区別する。ここで確認されるべきは次の二点である。第一に、弁証法的マルクス主義はロマン主義的主観主義に対する批判を含んでいる。第二に、その理由は、ロマン主義が、客観的な社会的現実における具体的な階級闘争を、つまりシュミット的な意味での「政治的なもの」を思考できないからである。[10]

二―三　ロマン主義から政治的なものへ

マンハイムはロマン主義論を展開する際に、シュミットの『政治的ロマン主義』初版への参照を何度か求めている。[11] また、マンハイムは保守主義論のなかでシュミットの『現代議会主義の精神史的地位』（一九二三年）をも参照している。ここで重要なのは、「生の哲学」と弁証法的マルクス主義（ルカーチ）の区別に、シュミットの同書第三章における弁証法的マルクス主義とソレルの対比が反映されているように思われることである。マンハイムは、生の哲学の「脱政治化」に触れた箇所において、それでも生の哲学が今後どのような社会的役割をもつかは分からないと述べ、政治化された生の哲学として、現代の直接行動に訴える諸傾向に着目し、とくにファシズムとサンディカリズムに「飛躍《エラン》」を与えたソレルへの参照を求めるのである（KD. 505／二一二）。つまり、現代ドイツの思想的状況が「生の哲学」——政治的であれ非政治的であれ——と弁証法的マルクス主義とによって規定されているとするマンハイムの時代認識に、シュミットからの影響の跡を見ることが十分に可能なのである。これに関連するより重要なこととして、同書におけるシュミットのマルクス主義理解、とくに弁証法的方法についての理解は、ルカーチを経由した可能性も考えられる[12]。ここから、マンハイムは同時代の思想的状況におけるルカーチとシュミットの関連性を意識しているのではないか、という推測が成り立つ。

このことを示していると思われる箇所がある。すでに見たように、マンハイムは弁証法的マルクス主義の階級闘争論にロマン主義的主観主義からの脱却を確認したが、その現実的な「具体的思考」をめぐって、彼は弁証法的マルクス主義の「保守性」を指摘して次のように述べる。

それから後に、この〔ヘーゲルの〕「具体的なもの」という概念も——このことはその内容においても極めてしばしばそうなのであるが——保守主義的思考の概念的・カテゴリー的装置から社会主義的‐共産主義的思考へと移行する。ブルジョア的‐自由主義的思考に対する「左翼的反対」はその「右翼的反対」と接触点をもち、ブルジョア的‐自由主義的思考には「右」と「左」から具体的思考が対立するのであって、ただ右翼的反対の「具体性」は、左翼的反対のものとはまったく異なった存在論によって基礎づけられている。何かを「具体的に」見るということは、「弁証法的マルクス主義者たち」において、探究されるべき歴史的現象を階級闘争の全体性から理解することを意味する。ここでは階級闘争が「具体的なもの」として、最も現実的なものとして設定されている。（KD.425／四五）

ここでいわれている「ブルジョア的－自由主義的思考」に対する「右翼的反対」、「右からの具体的思考」は、直接的にはヘーゲルを指すが、しかしこれを広義に受けとれば、マンハイムが保守主義的思考の例として言及するボナールとメーストルというフランス・カトリック[13]も該当するであろうし、したがってシュミット自身の政治神学的な自由主義批判もまたここで想定することもできるであろう。つまり、マンハイムはルカーチとの関連性のなかでシュミットの思想にもロマン主義から客観性、具体性への転位を見ていると考えられる。

このように、マンハイムの議論を手がかりに考察するならば、ルカーチとシュミットの共通基盤としてのロマン主義批判の思想史的意義は次のように理解できるであろう。すなわち、ロマン主義ではとらえられない「政治的なもの」についての現実的－具体的な思考を可能にする「客観主義」への志向、これである。[14]

本章の以下では、ロマン主義批判から政治的なもの、客観的なもの、具体的なものへの移行という観点から、『魂と諸形式』、『小説の理論』および『歴史と階級意識』に至るまでのルカーチ政治思想の特質を、同時期のシュミットの政治的神学との対照において解明する。この問題設定のもとで論点となるのは「形式（Form）」概念である。というのも、両者とも近代の合理化された（シュミットにとって「世俗化された」、ルカーチにとって「資本主義化された」）世界に「形式」の喪失を見出し、それをもたらしたものの一つとしてロマン主義を批判するからである。つまり、彼らがロマン主義批判という共通基盤に立って向かう客観的な何かとは、合理的近代の克服に必要な新しい「形式」である。[15]

したがって、次の三では、両者のロマン主義批判が無形式性を時代の問題としてとらえていることを確認する。そのために、改めてジンメルの「文化」概念が参照される。続いて四では、無形式性に陥ったロマン主義のなかで失われた政治的なものとの接触を可能にし、さらには政治的なものを本質とする客観的な「形式」が、一方ではカトリック教会、他方では共産党であることを指摘する。ここに至って、ロマン主義批判および形式への意志という共通基盤のうえで、二人の政治思想家が分岐していく様相が――「再現前」と「媒介」という観点から――描かれるであろう。最後に五では、それぞれの政治思想の特質を「超越」と「内在」における客観主義に見定めることによって、両者の交差する地点、つまり「道徳的」なものとしての政治的なものの地点で、ルカーチの思想の問題点を批判的に検証する。

三 「形式」への意志

「形式」という用語を自らのいくつかの作品のタイトルおよびサブタイトルに用いるルカーチとシュミット。それほど重要な「形式」概念は、それぞれのロマン主義批判においていかに思想的課題として提起されているであろうか。

三―一　シュミットの場合――ロマン主義的無形式性[16]

『政治的ロマン主義』第二版に寄せられた「前書き（Vorwort）」（一九二五年）には、「形式」が時代の重要な問題として提示されている。具体的には、ロマン主義がもたらすと主張される形式の喪失が問題化されている。

ロマン主義運動の担い手は新しいブルジョア階級である。その時代は一八世紀にはじまり、一七八九年に革命的暴力をもって君主制、貴族、および教会に対して勝利を占めたが、はやくも一八四八年七月には再びバリケードの向こう側に立って革命的プロレタリアートに対抗して自らを守った。……デモクラシーとともに、新しいブルジョア公衆の新しい趣味とともに、新しいロマン主義芸術が出現する。それは伝統的な貴族的諸形式と古典的レトリックを人工的な図式と感じ、真なるものと自然的なものを欲求するあまりしばしばあらゆる形式の完全な無化にまで至る。……今日、伝統的な教養および形式の解体は徹底的に押し進められているが、しかし新しい社会はまだ固有の形式を見出していない。それはまだ新しい芸術を創造しておらず、ロマン主義によって始められ、新しい世代が成長するごとに更新される芸術議論と、疎遠な諸形式の無定見なロマン化とのなかで、動揺を続けている。（PR. 14–15／一七―一九）

ここで確認されるべきは、第一に、シュミットにとってロマン主義は、一般的に理解されるように単純に反革命的なものでは必ずしもなく、自らの出現を促す力を革命のエネルギーから受けとっている。つまり、それは――マンハイムの理解と同じく――単に反近代的ではなく、近代化の産物である。[17] 第二に、革命的な推進力をもったロマン主義がその批判の矛先をやがて近代の所産にも区別なく向け、ラディカルな伝統破壊にまで至った結果としてもたらされる「あらゆる形式の完全な無化」は、一七八九年と一八四八年の革命を経て、現代の問題としてとらえられている。ここから、新しい世界に固有の新しい形式を見つけることが現代の課題として打ち出される。そして、この二点を総合するならば、第三に、シュミットによるロマン主義批判は、現代の革命であるロシア革命とそれを支えるボルシェヴィズムを意識していると考えられる。(18)

シュミットによれば、この形式の喪失こそ「オッカジオナリスムス」と密接に関係している。「オッカジオ」の概念は、「生」に「秩序」を与えるものすべてと合致せず、その意味で「解体的」概念である。ロマン主義は「主観化されたオッカジオナリスムス」であり、ロマン主義的主観は革命であれ反革命であれ外的世界のすべてを自らのロマン主義的生産性の単なるきっかけ・契機（Anlaß）として扱う。したがって、このロマン主義的生産性は「すべての伝統的な芸術形式をも単なるきっかけ・契機として扱う。それゆえそれは、絶えず具体的な出発点を探しているにもかかわらず、いかなる形式からもいかなる具体的現実からも遠ざからざるをえない」。これをシュミットは「ロマン主義的無形式性（romantische Formlosigkeit）」と呼ぶ（PR. 18, 20, 118–119, 125／二三―二四、二七、一五二、一五五）。

このようにシュミットは、オッカジオネルなロマン主義的主観が「無形式性」に至ったことを現代の危機と見なし、それを克服しうる新しい形式の必要性を示す。(19)そして、その形式は彼にとって具体的かつ客観的なものでなければならないであろう。

三―二　ルカーチの場合――ロマン主義による文化形成の失敗

ルカーチのロマン主義批判における形式の意義を確認するには、再度ジンメルの文化哲学における形式概念を見なければならない。なぜなら、ルカーチのロマン主義批判は、ジンメルが目指した「文化」の形成を課題として引き受けているからである。

（一） 課題としてのジンメルの「文化」概念

前章で見たように、ジンメルは晩年、現代における「文化の悲劇」について論じる。[20] 改めて確認すれば、彼は、文化を「生」と「形式」の総合、内的・主観的な「生」の外的・客観的な「形式化」と規定する。「文化の悲劇」とは、「生」と「形式」が統一されずに「葛藤《コンフリクト》」の関係に陥ることを意味する。つまり、文化形成において、生はそれにふさわしい形式を見出すことによって外的な表現を獲得するのだが、そのとき外的な形式は生にとって「疎遠な（fremd）」ものという性格を保持し、やがて形式が生を抑圧（「疎外」）してしまう、というのである。しかし、だからといって主観的な生が疎遠な形式をすべて拒否するならば、そこに文化は生まれない。それゆえ、文化形成において生は形式を必要とするがそれによって抑圧されざるをえない。これが生と形式の不可避的な葛藤、すなわち「悲劇」である。

ジンメルによれば、こうした文化の悲劇はとくに現代において深刻な問題となっている。というのも、現代社会に進展している合理化とは、形式が自律化して生とは無関係な独自の法則のもとに運動し、生との疎遠さをさらに深め、外的な「物」としての性質を増大させること（「事象化」）に他ならないからである。そしてジンメルは、今日、生はそのような「物」としての形式を廃棄し、新しい形式、つまり新しい文化を必要としているが、にもかかわらず、いまのところそうした形式を発見できずにいるとし、その無形式的な状況において剥き出しの「生」が時代の中心になっている、と主張する。

これまでの文化変遷にはつねに新しい形式への憧憬が古い形式を突き崩してきたのに対して、いまのわれわれは、この領域における発展の究極的動機として、意識が外見上あるいは事実上新しい諸形象物に向かっている場合でも、やはりその究極的バネとして形式の原理一般に対する敵対性を聴きとることができる。……いまほどに完全に新旧の文化形式のあいだを渡す橋が取り壊され、それ自身において無形式的な生（das an sich formlose Leben）しかその間隙を埋めるものがないかに見えることはかつてない……。（KK. 189, 207／二四九、二七七――強調引用者）

このようにジンメルは、やがてシュミットが「ロマン主義的無形式性」という観点から、そしてマンハイムが「生の哲学」という観点からとらえることになる現代の悲劇的状況を、あたかも先取りするかのように、「文化」の観点から同様に「形式」の喪失および主観的な「生」の肥大化として描写する。すなわち、ジンメルにおいて、「文化の悲劇」とは生の「無形式性」なのである。これが、ルカーチの政治思想形成にとって決定的に重要な課題となる。

（二）『魂と諸形式《フォルム》――諸エッセイ』

「魂と諸形式」というタイトル――これ自体すでにジンメルの文化概念の影響下にあることは一目瞭然である――をもつエッセイ集において、ルカーチはジンメルの問いかけに応えるかのように、現代に適した新しい形式を模索する。このエッセイ集に収めた冒頭のエッセイを「エッセイの本質と形式《フォルム》について」と題し、ルカーチはその冒頭で本作品に「一つの新しい固有の形式」を与えるという目標を掲げる。つまり、このときのルカーチにとって、新しい形式とはエッセイである。しかし、その姿勢は確定されたものではなく、この目標の実現への自信のなさが正直に吐露される。まだ明確な方法と確固たる信念が確立されていないがゆえに、さしあたりエッセイという形式が試みられる。だからこそ、それは単一ではなく複数存在せざるをえない（SF:3／九）。

ここには、一般的な観点から見て多分にロマン主義的な要素が見られる。[21] そもそもエッセイを「形式」とみなすところに難点があるのかもしれない。否、それだけ新しい形式を見出すことが難しい時代なのかもしれない。いずれにせよ、弁証法的方法を確立した後のルカーチは、このエッセイ集を「ロマン主義的」として批判することになるが、[22] その自己批判は必ずしも的外れというわけではない。それでもそれはやはり形式である、とこのときのルカーチは強調する。


「巧みに書かれたものは芸術作品だ」——、それでは巧みに書かれた広告や今日のニュースのたぐいも文学なのか？ ここに僕が見るのは、批評についてのこうした意見のなかで君を不愉快にするものだ。すなわちアナーキーだ。形式を否認すれば、自らを主権者だと思い込んでいる知性は、あらゆる可能性を駆使して自由に戯れにふけることができるというわけだ。しかしここで僕が芸術形式としてのエッセイについて語るとすれば、それは秩序の名においてである。……エッセイには形式がある、その形式が決定的な法律の厳しさをもって、他のすべての芸術形式からエッセイを区別する、こう感じないではおられないからなのだ。（SF:5／一〇—一一）

広告であれ新聞記事であれ、巧みに書かれたものなら何でも区別なく芸術作品としてみなされる現代の状況を、ルカーチは「アナーキー」ととらえ、そのなかで「主権者」を気取る主体はただ戯れに勤しむだけだと嘆く。こうした状況に対してエッセイが「形式」とされるべきなのは、それが「秩序」と「法律」をもたらすからである。

この主張はルカーチをロマン主義と画すものとしてとらえられるべきである。なぜなら、『魂と諸形式』に収めた別のエッセイにおいて、ルカーチは実際にドイツ・ロマン主義を主題的に取りあげ、それを批判しているからである。そのエッセイは「ロマン主義の生の哲学によせて——ノヴァーリス」である。
ここでルカーチはF・シュレーゲルを踏襲して、ロマン主義の出現の背景としてフランス革命、フィヒテ、ゲーテを確認し、ドイツにとって「文化（Kultur）」に至る道は「内なる道」、「精神の革命という道」しかなかったと述べる。それは、フランス革命という実際の革命とは違い、「具体的なもの」を意味しえず、「深さ、繊細さ、迫力ある内面性」へと向かう。そして、現実から離れ内面に沈潜したフィヒテ的「自我」がロマン主義的主観へと結実する。この場合、「ロマン主義の生の哲学の本質」とは「受動的な体験能力の優位」であり、「生の一切の出来事への天才的な適応」という「処世術（Lebenskunst）」である。これによって、ロマン主義者たちは運命を「詩化（Poetisieren）」する。しかしこれは、すべての対立を「より高次の」調和のなかに解消するだけで、運命の「形式化（Formung）」を意味しない（SF: 94–95, 105–106／八三—八四、九三—九四）[23]。かくして、ロマン主義者たちは「生からの離反」を余儀なくされる。

生の事実的現実は、ロマン主義者たちの視界から消え、それとは別の、詩的な、純粋に魂の現実にとって替えられた。……詩と生のあいだに存在する途方もない緊張、その両者に現実的で価値創造的な力を付与する緊張が、それによって彼らから失われた。そして彼らは、その緊張を止揚するどころか、天に向かって英雄的 - 軽率に飛んでいるうちに、あっさり地上に置き忘れてしまったのである。（SF: 108–109／九六）

ロマン主義は、詩の内的世界に閉じこもることによって、生の現実にある対立や矛盾、つまり外的現実を見ることができなくなり、結果的に詩と生の「緊張」を忘却・隠蔽する。新しい文化を目指したはずのロマン主義は、生を限定する形式が文化形成に不可欠であるという「悲劇」を理解することができないのである。そこにおいては、自らが創造した詩的世界と現実の世界との「区別（Scheidung）」がなされることはない。無差別にあらゆるものを素材に取り入れるロマン主義の偉大な詩は「空中楼閣」、「はかない霧」となり、「来たるべき文化への希望という最も深い夢もそれとともに飛び散った」[24]（SE. 110／九七）。ここに文化形成は失敗に終わる。

ロマン主義の無形式性を批判するエッセイとともに『魂と諸形式』に収められた、生にとっての形式の意義を検討するエッセイ、つまり「悲劇の形而上学――パウル・エルンスト」において、彼はこう主張する。「形式は生の最高の裁判官である。裁く力という一つの倫理的なものは、造形することができるということであり、価値判断が造形されたということに含まれている」（SE. 370／三〇一）。ここにおいて、文化形成は芸術や美学ではなく、新しい形式を追求する意志にかかわる「倫理的」な問題であるという、ルカーチ政治思想のもう一つ重要な要素が伺える。形式への意志、それは決断である[25]。

（三）『小説《ロマーン》の理論――大叙事文学の諸形式《フォルム》に関する歴史哲学的試み』（初版一九一六年、第二版一九六三年）

数年後、『小説の理論』においてルカーチは、ヘーゲル的な歴史哲学に即してロマン主義批判をさらに展開する。まず、小説は、ギリシア的全体性・統一が崩壊し、主－客が分裂した近代に特有の形式として位置づけられる。ロマン主義者が小説（der Roman）の概念をロマン主義的なもの（das Romantische）の概念と関連づけることができたのは、小説という形式が主－客の分裂、つまり「先験的な宿なし（die transzendentale Obdachlosigkeit）」の表現であることを意味する。小説の主人公は、ロマン主義的主観として、世界に対する感受性を研ぎ澄ます一方で、生の全体性の形象化・客観化を「探求する者」である。しかし、「探求するという単純な事実が示すのは、目標も道も直接に与えられることがありえないということである」。目標と道が与えられるとすれば、それは主人公の「魂」のなかでしかなく、現実世界との接触を失い心理的に内面化された目標と道は、容易に「犯罪」、

「狂気」となりうる。ここから、小説の形式が「主観的世界の過度な内面性」に対応するものであり、「先験的な故郷喪失（die transzendentale Heimatlosigkeit）の客観化」であることが明らかとなる（TR. 31–32, 51–52, 60／三七、五八―六〇、六八）。つまり、小説は一つの「形式」ではあるのだが、その形式において生と魂はなお方向性を失っているのである。

小説の主人公の成長は、その方向性があらかじめ定められていないがゆえに、一つの「冒険」である。しかも内面性において展開される冒険である。「小説は、内面性という固有価値をもつ冒険の形式である」。冒険者は、客観的世界と対峙するとき憧憬と諦めのあいだを揺れ動く。これが「小説形式の形式的な構成要素」としてのイロニーである。イローニッシュな主観が対峙する世界は、各構成要素が相互に異質で「偶然的（kontingent）」な不連続の世界となる。「そこではすべてがいろいろな側面から眺められる。すなわち、孤立しているかと思えば結びつけられているものとして、価値の担い手かと思えば無価値なものとして、抽象的な隠遁かと思えば具体的な固有の生として、花が枯れるのかと思えば花が咲くこととして、苦悩を与えるのかと思えば苦悩を受けることとして、眺められる」。外的世界が意味をもつのは、それが主観性の「気分の対象」となる場合である（TR. 64, 65, 69, 78／七二、七三―七四、七七、八七――強調引用者）。

このような魂と現実の必然的な不均衡という小説の形式を、ルカーチは二つに類型化する。一つは外的世界よりも魂のほうが狭い場合であり、「抽象的理想主義」と呼ばれる。ここでは、魂は「きわめて純正で不動の信仰」をもつが、内面が外界と緊張関係にあるという問題意識、主‐客の「距離」を現実として体験する能力を欠く。それゆえ、魂はただひたすら能動的に「外へ」向かう活動、「冒険」に身を投じる（TR. 83–85／九二―九五）[26]。もう一つの類型が「幻滅のロマン主義」である。これは外的世界よりも魂のほうが広いものである。ここでは、自らのうちに自己完結した内面性、「すべての生の内容を自らに固有のものから生み出すことのできる生」が、外界との「葛藤《コンフリクト》と闘争（Kampf）を回避する」受動的な傾向が著しく、「形式」は「気分」へと解体し、現実の世界は「無定形な（amorph）」ものにならざるをえない。社会的な生の「客観化」は、魂にとって意味をもたなくなる。かくして、幻滅のロマン主義は「慰めのないペシミズムへの形式の自己解体」に帰結する（TR. 99, 105／一〇九―一一〇、一一七）。

「幻滅のロマン主義」の類型において形式の喪失をもたらす小説に替わって、ルカーチは「形象化の新しい形式」の必要性を訴える。この形式の「変化（Wandlung）」は単に「形式の破壊」に留まらず、「現実の創造」をともなうものでなければならない。これはもはや「芸術」には期待できない。ここでルカーチが結論的にもちだすのが、「ロシア的テロリズムの心理学」としてのドストエフスキー文学なのである。

ドストエフスキーは小説を一切書かなかった。そして彼の作品において可視的となる形象化への志向は、一九世紀ヨーロッパ・ロマン主義とも、またそれに対する多様な、同様にロマン主義的な反動とも、肯定的にも否定的にも何らかかりあわない。彼は新しい世界に属する。（TR. 136–137／一五二―一五三）

四　政治的な形式――教会と党

これまで見てきたように、二人の思想家はロマン主義のなかに形式の喪失を見出し、新しい世界の出現を促す新しい形式を模索する。一方はカトリックとして、ロシア革命とボルシェヴィズムに不安と恐怖を感じながら。他方はドストエフスキーを通じてロシアに期待を寄せて、やがてマルクス主義者として。一九二三年、両者はそれぞれの政治的立場を色濃く反映させた作品を発表する。『ローマカトリシズムと政治的形式《フォルム》』と『歴史と階級意識――マルクス主義弁証法に関する諸研究』である。それらにおいて、ロマン主義を克服しうる客観的、いやシュミットの表現を借りれば「政治的」な形式として提示されているのは、シュミットの場合はカトリック教会であり、ルカーチの場合は共産党である。(27)

四―一　シュミットの場合――カトリック教会

（一）プロレタリアートの無形式性

シュミットは本作品でロマン主義とカトリシズムとの違いを（改めて）強調する。しかし、ここで重要なのは、ロマン主義批判が、現代における経済－技術的思考とカトリシズムとの政治的対立に関連づけられていることである。

現代は技術と経済が進歩し、合理化と文明化が進んだ「魂のない」時代である。一九世紀には、魂を失った状態に対抗する非合理主義的な傾向が、カトリック教会に救いを求めた。この「ロマン主義的逃避」のなかで、カトリック教会は美感的な「消費財」としても享受された（RK. 19–20／一一七―一一八）(28)。しかし、この「ロマン主義的逃避」をそのままカトリシズムと同一視してはならない。なぜなら、カトリシズムには、経済－技術的な合理主義とは異なる独自の「合理主義」があるからである。(29)それは、非人格的でも事象的《ザッハリッヒ》でもなく、「法的論理」にもとづく人間の生の「規範的指導」に関心を寄せる。したがって、それは「道徳的」であり、「キリストの人格」と繋がっている。カトリック教会は「人間の魂の非合理的な闇を明るみに出すのではなく、魂に一定の方向性を与える。それは経済－技術的合理主義のように物質操作の処方箋を与えるのではない」（RK. 21–24／一二九

—一三〇）。

このようなカトリック的合理性の観点から、シュミットはボルシェヴィズムを批判する。つまり、労働者の階級利益を主張するロシアのボルシェヴィズムは、その経済－技術的思考においてアメリカの資本主義と一致する、というのである。

> 〔世界を一つの巨大な発電機として表象する技術的思考においては〕階級の区別は存在しない。現代の産業起業家の世界像は、双子の一方が他方に似ているごとく、産業プロレタリアートの世界像に似ている。それゆえ、彼らが共同して経済的思考に味方して闘争する場合、彼らは互いをよく理解するのである。……偉大な起業家は、レーニンとは別の理想をもっているのではない。その理想とはすなわち、「電化された地球」である。両者は実際のところ、ただ電化の正しい方法をめぐって争っているだけである。アメリカの金融業者とロシアのボルシェヴィキは、経済的思考に味方する闘争において、つまり政治家と法律家に対抗する闘争において、一つになる。……ここに、つまり経済的思考のなかに、カトリシズムの政治的理念に対抗する現代の本質的な対立が存するのである。（RK. 22–23／一二九）

ボルシェヴィズムの経済的思考は、現代の「事象化（Versachlichung）」のなかで人間の精神、人間の「理念」を否定する。ボルシェヴィキは、所与の物質的現実を超越した権威の存在を認めず、経済－技術の内在から自らの規範を導き出す。ここにシュミットは、「プロレタリアート的無形式性（die proletarische Formlosigkeit）」を見出す（RK. 45／一四二）[30]。現代の課題である形式の喪失は、かくしてロシア革命による経済－技術の進展のなかにも指摘されるのである。

（二）　再現前

ボルシェヴィズムの経済－技術的思考に対抗して、シュミットはカトリシズムが特定の形式を有していること、そしてそれが政治的なものであることを主張する。この「政治的形式」がカトリック教会なのである。

ここで言われる「政治的なもの」とは、後に提唱される「友と敵の区別」という基準と決して無関係というわけではない（「闘争」への着目）が、より直接的には「理念（Idee）」と超越的な「権威」に関係する。「いかなる政治的なシステムも、権力主張の単なる技術だけでは、一世代たりとも持続することはできない。政治的なものには理念が属している。なぜなら、政治は権威なしには存在せず、そして権威は確信（die Überzeugung）のエートスなしには存在しないからである」。教会が一つの形式であるというのは、「人間的な生という質料に対する特殊形相的な（formal）優越性」に由来する。しかも教会はその形相的性格にもかかわらず「具体的な実存」に留まる。つまり、それは生と疎遠な、空虚な形式などではない。というのも、この形相的特性は「再現前（Repräsentation）」の原理にもとづくからである。これはいうまでもなく超越的な権威である神の、そして神の具体的人格としてのキリストの再現前である。「教会が法的形式などあらゆる形式への力をもつのは、まさにそれが再現前への力をもつからである。……再現前のなかに、経済的思考の時代に対する教会の優越性がある」[31]（RK. 14, 28, 31–32／一二五、一三二、一三四頁――強調引用者）。

法学と神学をアナロジーにおいて理解するシュミットが、教会にとっての法的、国家的形式の必要性を主張することは想像に難くない。しかしこの場合、カトリシズムの形式・形相と法学の形式との質的差異が見逃されてはならない。

しかし、この〔法学とカトリシズムの〕形式・形相的な点における親和性にもかかわらず、カトリシズムは法学よりもひろがりをもつ。しかもその理由は、それが現世的な法学とは別の何か、そしてそれ以上の何かを再現前するからなのである。すなわち、単に正義の理念だけではなくキリストの人格をも再現前するのである。こうしてカトリシズムは、固有の権力と名誉を有することを標榜するに至る。それは対等の権限をもつ当事者として国家と交渉し、これによって新しい法を創設することができる。それに対して法学は、すでに妥当している現行法の単なる媒介（Vermittlung）にすぎない。[32]（RK. 50／一四五）

法学は既存の法秩序の枠内に留まるのに対して、カトリシズムはそれを越えて、新しい秩序を創設することができる。ここにおいて、地上の正義は超越的な神の存在によって確かに相対化される。

四―二　ルカーチの場合――共産党

（一）　芸術から歴史へ

周知の通り、ルカーチは本作品で現代における物象化（Verdinglichung）の問題を提起し、それに対抗する方法としてマルクスのなかにあるヘーゲル弁証法を提唱する。それによって、カントに代表されるブルジョア的思考が陥った主‐客の二元性を克服する統一性・全体性が求められる。ここで、フィヒテの事行（Tathandlung）概念が、主‐客の同一性としてのプロレタリアートへの中継点として一定の評価を与えられる。それは、所与の現実を観想的に受容し、自己自身との関係を反省する主観ではなく、全体性としての現実を自ら能動的に産出する（erzeugen）活動性である。現代の課題は、この「事行」の主体を発見することである。

この問題意識のもとで、ルカーチは一八世紀における芸術の歴史的意義、とくにシラーの美感的原理である「遊戯衝動」に言及する。

人間が「遊んでいる場合」だけ完全な人間であるとすると、確かにここからは生の全内容を把握することができ、この――把握されうるかぎりでの美感的形式の――なかでは、物象化をもたらす機構の殺人的作用からのがれることができる。だが、生の全内容は、それが美感的となるかぎりにおいてのみ、この殺人からのがれるのである。すなわち、世界が美感化されるか、それとも美感的原理が客観的現実の形態化原理へと高められねばならないのである。前者は、本来の問題の回避を意味し、別の仕方ではあるが主体を再び純観想的なものに転換し、「事行」を打ち砕く。後者の場合、直感的悟性の発見が神話化されざるをえない。

フィヒテの「事行」は、ルカーチによれば、結局この「世界の美感化」と「産出の神話化」にはまり込んでしまった。自我は美感的なものの絶対化とそのなかでの戯れへと内化する。ここからロマン主義の「イロニー」が派生する。したがって、必要なのは、ヘーゲル弁証法を用いて、歴史のなかで生成する主-客の具体的な同一性を示すことである。それがヘーゲルにとっての「民族精神」であり、マルクスにとっての「プロレタリアート」である、とルカーチは主張する（GK. 317–322, 324ff／二五〇―二五七、二六一以降）。

歴史は、ヘーゲルによって発見された現代に適合的な事物の秩序・配列（die Ordnung der Dinge）である。そして、芸術と歴史の差異は「媒介」の有無として提示される。「芸術作品の完成された非媒介性（Unmittelbarkeit）は、観想的な立場からではもはや不可能な媒介への問いを発生させないので、芸術作品の内的完成はここに開かれる〔観察者と芸術作品が表現する外的現実とのあいだの〕深淵を隠蔽することができる。しかし、歴史の問題としての、実践的に拒否できない問題としての現代は、この媒介を強要する」[33]（GK. 341–342／二八七）。現代の歴史性が要求する媒介、これがルカーチにとっての共産党である。

（二）　媒介の形式

「組織」の問題はルカーチにとって革命の単なる「技術的な」問題ではなく「精神的な」問題である。というのも、大衆がプロレタリアートの階級意識に目覚めなければ革命は成立しないからである。プロレタリアートの階級意識それ自身が物象化されている現状（＝イデオロギー的危機）においては、闘争しあうべき見解や方向が、討論というかたちで平和的に共存してしまう[34]。この場合、組織が大衆に対して、階級としてとるべき行為を「客観化する」必要がある。プロレタリアートの立ち遅れている主観的な意識を客観的な現実へと媒介することによって、階級意識は喚起される。したがって、組織は行為の「客観的統一性」であり、主‐客の「媒介の形式《フォルム》」である。行為を客観化し、大衆に具体的な方向性を与えることを、ルカーチは組織による「政治的指導」という。これによって、革命をめぐるさまざまな意見や傾向のあいだの明確な「区別（Scheidung）」が可能となり、革命の歴史的なアクチュアリティが日々の「決断（Entscheidungen）」に繋げられる。この政治的指導は、個々の構成員にとってそうした決断への「組織的な義務づけ」となる（GK. 471-479／四八一―四九三頁）[35]。

五　「道徳的」なものとしての政治――その超越と内在

このように、ルカーチの革命論およびそれにともなう組織論は、シュミットが敵対視するようなボルシェヴィズムの「経済的‐技術的」思考であるどころか、それ自体がそうした思考様式を「ブルジョア的」として退けるものであり、階級意識という人間の「精神」のあり方を問うものである。ただしルカーチの場合、現代の無形式化ならびに合理化への対抗原理となるのは、シュミットにおけるような超越的な権威の「再現前」ではなく、歴史的な現実の歴史内在的な「媒介」である。そしてそれを担う政治的形式は、教会ではなく党である。最後に、マルクス主義についてのシュミットの理解を参照しながら、ルカーチの思想の問題点を指摘して本章の結びに替えたい。

シュミット自身、『政治的なものの概念』に先立ち、一九二三年の段階ですでに、ロシア革命とボルシェヴィズムのなかに、単なる経済主義－技術主義を越えた、ある種の政治性を認識していた。[36] プロレタリアートがブルジョアジーとの階級闘争において対抗している相手は、政治家や政治それ自体ではなく、「具体的な、自分たちをさしあたりなお妨害している政治的な権力」である。この敵対的な階級を除去する革命の遂行は、カトリシズムのものとは異なるが、しかしそれでも「新しい種類の政治」の出現を意味する。

> 彼らが営むものが政治となり、そしてそれはある特殊な妥当と権威の要求を意味する。……このことですでに、彼らは理念の下にいる。いかなる重大な社会的対立も、経済的に解決されることはない。……これは道徳的ないし法的な確信の異なるパトスから生じる。

プロレタリアートにも特有の理念と確信のパトスがある。このことは、ロシア革命に見られる「経済的思考の狂信者が存在するという逆説」によっても説明される。政治に対する「敵意（Feindschaft）」という政治的な理念（RK. 29–30, 46／一三二、一四二）[37]。したがって、プロレタリアートはシュミット的な意味で一つの「道徳的」存在なのである。[38] 経済主義のなかにすら独特の政治、独特の信念があるからこそ、それはカトリシズムの真なる敵となり、シュミットに大いなる不安を与える。

しかしながら他方において、政治的神学者としてシュミットは、ヘーゲル弁証法に超越的な存在の内在化を見る。近代以降、最も高くて確実な実在である「超越的な神」に替わって、二つの新しい此岸的な実在が登場する。

すなわち「人類」（民族、人民、国民etc.）と「歴史」である。そしてこれらを総合したのがヘーゲルの「民族精神」であり、この統一はマルクスの「プロレタリアート」に引き継がれる。『政治的ロマン主義』第二版でシュミットは次のように主張する。

> ヘーゲルがはじめて二つの実在を総合に至らしめ、それの当然の結果として古い形而上学の神を廃位させることになる一歩を踏み出した。彼においては合理化されて国家になった民族《フォルク》と、弁証法的に自己発展する世界精神である歴史とが一つになった。もっともその場合、彼の形而上学において民族精神は、単に世界精神の論理的な過程のなかで、その道具としての機能を果たすにすぎないのだが。……この体系の革命的な継続であるマルクス主義においては、プロレタリアートの形態をとった人民《フォルク》は、自己を人類と同一化し、歴史の主人として自覚している真の革命運動の担い手として再び出現した。そうでなければ、マルクス主義は、党をつくる力も革命的な力ももたぬ代わり映えのしない歴史哲学となっていただろう。ただ、キリスト教形而上学の古い神に遡るものは……もはやまったくなかった。（PR. 68, 74／七三、七九―八〇; cf. PT. 54／三八）

弁証法的マルクス主義についてのシュミットの理解は、ルカーチの自己理解と重要な点において一致する。つまり、歴史超越的な契機の不在である。ルカーチはある意味においてシュミットより厳しく、ヘーゲルの哲学体系における「歴史の終わり（Ende）」という想定を批判することによって、自らの弁証法的マルクス主義における歴史の過程的性格を強調する。彼によれば、ヘーゲルが見出した歴史の主体は世界精神であり、これは個々の民族精神を「利用しながら、それを貫き、それを超え出て」自己実現を果たす。このことは、行為が行為者自身にとって「超越的な」ものとなること意味する。それゆえヘーゲルは「理性の狡智」という説明をもちだす[39]。そのなかで歴史は「絶対精神」の一契機として「止揚」されてしまう。それに対してルカーチが主張するに、「しかし歴史は弁証法的方法において止揚されることはない……。歴史は再び前面に現われ、歴史の側で哲学を乗り越えてゆくのである」。したがって、革命の「終局目的（Endziel）」である自由の国は、歴史の「過程の外部のどこかでわれわれを待っているのではなく、その過程の個々の契機のすべてに、過程的に内在している」のであり、それに対応して共産党も「過程的な何か」なのである。ルカーチにとっても革命とは新しい「法秩序」の創設を意味する（GK. 328–330, 445, 494／二六六―二七〇、四三八、五一七）[40]。しかし彼においてそれは、徹底して歴史内在的に遂行されるべきものである。

しかしながらそのうえで、大衆の主観的な意識の遅れ[41]に直面したとき、ルカーチは党の客観性を過大に見積もる。つまり、党に「前衛」としての役割を期待するのである。彼にとって革命勢力の分断は、あくまで階級意識の主観的な発展の差異を意味するのであって、意識の基礎にある階級の社会的存在としての客観的な統一性は歴史的に確定している。したがって、共産党は主‐客の分裂を客観性の側へと強制的に封じこめ、政治的指導を通じて過剰に客観的な歴史的現実へと各構成員を媒介し同一化する存在となる。ここにおいて媒介は「規律」となる。すなわち「各構成員が無条件的に全人格を投入して運動の実践に没頭すること」が求められるのである（GK. 495–498, 501／五一九―五二二、五二六）。

かくして、上部構造の相対的自律性や革命の主体性を回復させたと一般に評価されるルカーチの思想において、その内在の次元での過剰な客観主義によって、政治的なものとしての理念、人間の精神性が希釈されるように思われる[42]。このことは、政治的なものをめぐる超越と内在の中間などというものの困難さを示してもいるであろう。

注

（1）近年の研究としては、cf. Manfred Lauermann, "Georg Lukács und Carl Schmitt – eine Diskursüberschneidung," in Werner Jung (Hg.), *Diskursüberschneidungen – Georg Lukács und andere*, Peter Lang, 1993; John P. McCormick, *Carl Schmitt's Critique of Liberalism: Against Politics as Technology*, Cambridge University Press, 1997.

（2）年代順に記せば次のようになる。①G. Lukács, "Carl Schmitt: Politische Romantik, II. Aufl.," 1928 in *Georg Lukács Werke*, Bd. 2, Luchterhand, 1968. 池田浩士編訳『ルカーチ初期著作集』第四巻、三一書房、一九七六年所収。② C. Schmitt, *Der Begriff des Politischen: Text von 1932 mit einem Vorwort und drei Corollarien*, Duncker & Humblot, 1963. 田中浩・原田武雄訳『政治的なものの概念』、未来社、一九七〇年。③Schmitt, "Die Lage der europäischen Rechtswissenschaft," 1943–1944 in *Verfassungsrechtliche Aufsätze*, Duncker & Humblot, 1958. 初宿正典・吉田栄司訳『ヨーロッパ法学の状況』、成文堂、一九八七年。④Lukács, *Die Zerstörung der Vernunft*, 1954 in *Werke*, Bd. 9, 1962. 暉峻凌三・飯島宗享・生松敬三訳『ルカーチ著作集』一二・一三、白水社、一九六八―一九六九年。

（3）こういったからといって、明示的な相互言及がなければ思想的関係もないなどといいたいのではもちろんない。前者の不在を理由に後者の不在を結論づけるのは浅薄すぎるであろう。ルカーチに関していえば、L・ゴルドマンが、実際の交流や言及の有無とは別に、ハイデガーとの哲学的関係を解明している。Cf. Lucien Goldmann, *Lukács et Heidegger*, Denoël-Gonthier, 1973. 川俣晃自訳『ルカーチとハイデガー――新しい哲学のために』、法政大学出版局、一九七六年。

（4）さらに後になると、ルカーチは明確に、過去の作品を他ならぬロマン主義的なものとして自己批判することになる。Cf. VLW. 12–13／四〇四. ルカーチの思想における「ロマン主義的反資本主義」については、cf. Michael Löwy, "Naphta or Settembrini ?: Lukács and Romantic Anticapitalism," in Judith Marcus and Zoltán Tarr eds., *Georg Lukács: Theory, Cultur, and Politics*, Transaction, 1989.

(5) Cf. Karl Löwith, "Der Okkasionelle Dezisionismus von C. Schmitt," in *Gesammelte Abhandlungen*, Kohlhammer, 1960. 田中浩・原田武雄訳「シュミットの機会原因論的決定主義」、『政治神学』、未来社、一九七一年所収。

(6) "Das Zeitalter der Neutralisierungen und der Entpolitisierungen," 1929 in BP, S. 80. 田中浩・原田武雄訳「中性化と非政治化の時代」、『合法性と正当性』、未来社、一九八三年、一四五頁。

(7) 後に見るように、無故郷性、冒険、処世術等はルカーチにとって「小説《ロマーン》」の形式の本質的な特徴である。

(8) すでにルカーチは『魂と諸形式』のあるエッセイにおいて、「無限の主観性」を「あらゆるものとのロマン主義的にイローニッシュな遊戯」と述べ、それを「形式」と対立させている（SF. 298／二四四）。『魂と諸形式』におけるロマン主義批判については、本章三―二（二）でも触れられるが、より詳細については第三章二参照。

(9) この非政治性は、第一章一で確認した「文化」概念に導かれたドイツ教養層と共通するといってよい。

(10) 主観的なものの客観的なものへの弁証法的「媒介」の欠落を批判する論理は、後のルカーチ自身による過去の作品に対する批判にも明確にあらわれる。Cf. VTR. 6／一二―一三.

(11) Cf. Karl Heinz Bohrer, *Die Kritik der Romantik: Der Verdacht der Philosophie gegen die literarische Moderne*, Suhrkamp, 1989, S. 305. すでに見たルカーチの書評――「保守主義的思考」と同年に発表――も、『政治的ロマン主義』を「非常に有名な」、「ほとんど誉れ高い」書物として紹介している（SPR. 695／一一七）。

(12) Cf. Lauermann, *op. cit.*; Jorge E. Dotti, "From Karl to Carl: Schmitt as a Reader of Marx," in Chantal Mouffe, ed., *The Challenge of Carl Schmitt*, Verso, 1999. 佐野誠訳「カールからカールへ――マルクスの読者としてのシュミット」、古賀敬太・佐野誠編訳『カール・シュミットの挑戦』、風行社、二〇〇六年所収。『歴史と階級意識』と『現代議会主義の精神史的地位』の初版の公刊年は同じである（後者の第二版の公刊年は一九二六年）が、ルカーチは『歴史と階級意識』の公刊前に発表された政治的諸論文においてすでに、マルクス主義にとってのヘーゲル的弁証法の重要性を主張している。

(13) Cf. KD. 481–482, 485–486／一六七―一九六、一七三―一七六．おそらくマンハイムは「保守主義的思考」の構想の段階で、シュミットの『政治的神学』第一版（一九二二年）をも読んだであろう。事実マンハイムは、ミュラーのカトリシズムと、ロマン主義から流れ込んできた「汎神論的要素」とが緊張関係にあると分析している。Cf. KD. 461–464／一二八―一三二．この問題には、政治的神学者としてのシュミットも当然ながら神経を尖らせている。「ドイツ・ロマン主義者たちにとって、ある独特な観念が固有なものとしてある。すなわち、永遠の対話である。ノヴァーリスとアダム・ミュラーは、それを自分たちの精神の本来の現実化として繰り返す。カトリック国家哲学者たちは、保守的ないし反動的であり、中世の状態を理想化したがゆえに、ドイツではロマン主義者と呼ばれるが、彼ら、つまりド・メーストル、ボナールおよびドノソ・コルテスは、おそらく永遠の対話なるものを、むしろぞっとする喜劇による幻想の産物と見なしたであろう」（PT. 59／四〇）。この「永遠の対話」がシュミットに固有の意味で自由主義的なものであることはいうまでもない。

(14) ボーラーも、ロマン主義批判という点にルカーチとシュミットの共通性を認める。しかしそれは、ベンヤミンやシュールレアリスム的なロマン主義理解を基準として、両者ともロマン主義の近代批判のポテンシャリティを理解していないという否定的評価にもとづいている。Cf. Bohrer, *op. cit.*, S. 18. ただし、ここでボーラーの参照するルカーチのテクストは、『理性の破壊』へと至る第二次大戦中・後のものであり、その時期のルカーチはすでに、ファシズムの先駆者としてのロマン主義という理解に移行している。

(15) シュミットの『政治的ロマン主義』とルカーチの『魂と諸形式』および『小説の理論』との共通性を比較的詳細に論じているものとして、cf. John P. McCormick, "Transcending Weber's Categories of Modernity?: The Early Lukács and Schmitt on the Rationalization Thesis," in *New German Critique*, 1997, pp. 141–150. ただし、ここでは「形式」概念がほとんど論点になっておらず、またルカーチの著作の解釈も本書とは異なる。

(16) 本章では、シュミットのロマン主義論について、あくまでルカーチのそれとの比較検討の枠内で取りあげられるにすぎない。このように問題視角を限定することによって、シュミットの議論における「形式」概念の重要性が際立つと思われる。『政治的ロマン主義』を主題的に扱っている近年のものとして、竹島博之『カール・シュミットの政治――「近代」への反逆』、風行社、二〇〇二年、第一章参照。

(17) もちろんシュミットの場合、ロマン主義が単に反革命的・反近代的とは見なされず、その革命的・近代的性質が強調されるのは、ロマン主義をカトリックの反革命的保守主義から引き離そうとする彼の意図にも起因しているであろう。古賀敬太『カール・シュミットとカトリシズム――政治的終末論の悲劇』、創文社、一九九九年、一七頁参照。ちなみに、ロマン主義をめぐるシュミットとマンハイムの類似点としては、ロマン主義とカトリシズムの区別(本章注13参照)に加えて、ロマン主義の対象ではなく主観の内面的気分への着目も挙げられる。Cf. KD. 473–474/一五二; PR. 6/五.

(18) 和仁陽『教会・公法学・国家――初期カール=シュミットの公法学』、東京大学出版会、一九九〇年、一四一―一四二頁参照。『政治的ロマン主義』第二版の「戦略性」については、本章注31参照。

(19) 「端的にいえば、シュミットのこの時期の営為の核心は、フォルムなき時代として規定された近代に、公法学をはじめとする、さまざまな次元におけるフォルムを回復することにあった」。和仁、前掲書、一二七頁。

(20) ここでのジンメルの思想の整理は、主に次のテクストに依拠している。"Vom Wesen der Kultur," 1908 in *Gesamtausgabe*, Bd. 8, Suhrkamp. 酒田健一訳「文化の本質について」、『ジンメル著作集』一二、白水社、一九七六年所収; "Der Begriff und die Tragödie der Kultur," 1911 in *Philosophische Kultur. Gesammelte Essais*, 1911 in *Gesamtausgabe*, Bd. 14. 大久保健治訳「文化の概念と文化の悲劇」、『ジンメル著作集』七所収; "Der Konflikt der modernen Kultur," 1918 in *Gesamtausgabe*, Bd. 16. 生松敬三訳「現代文化の葛藤」、『ジンメル著作集』六所収。

(21) Cf. Theodor W. Adorno, "Der Essay als Form," 1954–58 in *Noten zur Literatur I*, 1958, Gesammelte Schriften, Bd. 11, Suhrkamp. 三光長治訳「形式としてのエッセー」、『アドルノ文学ノート』一、みすず書房、二〇〇九年所収。

（22）本章注4参照。
（23）現実への繊細な適応力に長けたロマン主義的主観という規定がマンハイムによって引き継がれたことは疑いない。
（24）ロマン主義の無差別性について、シュミットもたとえばこう主張する。「ロマン主義的に考えれば、国王と国家と恋人のあいだを区別する（unterscheiden）ことは全く不可能である。感情の薄明かりのなかでこれらのものは互いに他に移行しあう（übergehen）」（PR. 127／一五八）。
（25）ルカーチ政治思想における「倫理」の要素は、第三章でより具体的に〈区別・決断の倫理〉として定式化されるであろう。この作業は、『魂と諸形式』における「形式」への意志を、キルケゴール的な意味での「倫理」と解釈し、シュミットの「決断」へと関連づける次の文献に大きく依拠している。Cf. Norbert Bolz, *Auszug aus der entzauberten Welt: Philosophischer Extremismus zwischen den Weltkriegen*, Wilhelm Fink Verlag, 1989, S. 38–39. 山本尤・大貫敦子訳『批判理論の系譜学――両大戦間の哲学的過激主義』、法政大学出版局、一九九七年、五一―五二頁。
（26）この「抽象的理想主義」を象徴するものとしてルカーチはセルバンテスの『ドン・キホーテ』を挙げるのだが、この事実はシュミットとの関連において興味深い。というのも、シュミットは『政治的ロマン主義』において、ドン・キホーテを「政治的ロマン主義者」とは区別される「ロマン主義的政治家」として評価するからである。彼は「より高次の調和」ではなく、正と不正、法と不法の「区別（Unterschied）」を理解し、前者を「決断する」能力を有している。もっとも、彼は外的現実の向こう見ずな無視に至るが、しかしこれは、主観性への美感的閉じこもりではないのである。Cf. PR. 153／一八六.
（27）Cf. Lauermann, *op. cit.*, S. 86. ルカーチの『魂と諸形式』における「形式」概念とその後の「党」概念との連続性を指摘しているものとしては、cf. Stefan Breuer, "The Illusion of Politics: Politics and Rationalization in Max Weber and Georg Lukács," in *New German Critique*, summer 1982, pp. 74–76. ここでは「党」はプロレタリアートの革命への意志の「客観化」とされる。初見基『ルカーチ――物象化』、講談社、一九九八年の「キーワード解説」における「形式

forma, Form」の項目（三三六―三三七頁）をも参照。

（28）ロマン主義によって絶対化された「美感的なもの」が果たす、経済-技術的なものの台頭のいわば露払いとしての歴史的役割についての議論は、『政治的神学』第一版（一九二二年）にその萌芽が見られ（cf. PT. 68／八五）、「中立化と脱政治化の時代」（一九二九年）でさらに展開される（cf. BP. 83／一四九―一五〇）。しかし、『政治的ロマン主義』第二版への「前書き」に、シュミットは類似の議論を挿入している。「ロマン主義以降、芸術は社会的には何を意味したのか？ それは、「芸術のための芸術《ラール・プール・ラール》」のなかで、スノビズムとボヘミアンの両極性のなかで終わったか、もしくは私的な利害関心をもつ芸術消費者たちのための私的な芸術生産者たちの事柄となった。……宗教的、道徳的、政治的、学問的な事柄は、ロマン主義者たちによって、意識的にせよ無意識的にせよ、芸術もしくは芸術批評の生産性のテーマとして扱われる。宗教的、道徳的、政治的決断（Entscheidung）も、学問的諸概念も、単に美感的なものの領域では不可能である。だがしかし、善と悪、友（Freund）と敵（Feind）、キリストとアンチ・キリストのようなすべての事象的《ザッハリッヒ》な対立と差異は、美感的な対照となり、小説《ロマーン》の筋を作る手段となり、一つの芸術作品の全体のはたらきのうちに美感的に組み込まれることがありうるのである」（PR. 17／一二―一三）。なお、ルカーチは「芸術のための芸術《ラール・プール・ラール》」について『魂と諸形式』においてすでに論じている。本書第三章参照。

（29）そのうえで、カトリック教会は肉的な美感性とは区別される「技芸的なものの美感的形式への能力」をもつ、と主張される。それは「偉大なレトリックの言葉への能力」である。Cf. RK. 36–40／一三七―一三九.

（30）さらにシュミットは、ドストエフスキーの「反ローマ的恐怖」、「形態のない（gestaltlos）ひろがり」にも批判的に言及する（RK. 5, 55／一一〇、一四七）。

（31）逆にいえば、「あらゆる再現前を諦めることが、プロレタリアートの階級概念の精神様式に属する」（RK. 34／一三六）。『政治的ロマン主義』第二版への「前書き」では、ロマン主義と再現前の関係について論じられることになる。「自らに固有の諸前提から偉大な形式と再現前を全く生み出さない時代は……形式的なものと公式的なもののすべてを欺瞞とみなさざるをえない。というのも、どんなに時代が経済的な様子をしていようと、いかなる時代も形式なしに生きるものではないからである。……ロマン主義芸術は再現前化しない」(PR. S. 16/二〇―二一)。『政治的ロマン主義』第二版が、それ以前の政治的神学との連続性・整合性を意識して公刊されたというシュミットの「戦略性」について、竹島、前掲書、二二八頁、注110参照。

(32) 政治的神学からナチズムへの展開という観点から、『ローマカトリシズムと政治的形式』に「媒介」から「再現前」への転換を見るものとして、佐野誠『ヴェーバーとナチズムの間――近代ドイツの法・国家・宗教』、名古屋大学出版会、一九九三年、二六一―二六七頁参照。

(33) 芸術と歴史の差異は、それぞれに対応する「自然」概念の差異となってあらわれるとされる。前者に対応するのは、ルソーやロマン主義に代表される自然概念であり、「増大する機械化、魂の喪失、物象化に対抗して作用するすべての内的傾向が集まる貯蔵庫」、「人間的‐文明的な、つまり人工的な形象物と対立して、有機的に成長したもの」という意味をもつ。しかしこれは、ルカーチによれば、「自然の内面化」でしかない。これに対して、後者に対応する自然概念は、「物象化された現存在の問題性を克服する傾向」を明確にもち、「真の人間存在」、つまり「自らのうちに完成された全体性としての人間、理論と実践との、理性と感性との、形式と素材との分裂を自分の内部で克服した人間、または克服する人間」という意味をもつ(GK. 316‒317/二四九―二五〇)。この人間の自然本性についての理解に、ドイツ古典主義の遺産を見てとることができよう。

(34) 第五章三および四参照。

(35) したがって、こうした区別を曖昧にすることを、ルカーチは革命運動の「脱政治化」という(GK. 487/五〇六)。

(36) シュミットがマルクス主義に政治性と経済‐技術性の両方を見ているという二重性、平行性を指摘しているものとして、cf. Dotti, *op. cit.*

(37) この逆説は、のちの「中立化と脱政治化の時代」において「技術への宗教的な信仰」という表現となってあらわれる。Cf. BP. 84／一五一―一五二.

（38）本書第四章二参照。そこにおいて、ある価値への意志と信仰が「道徳的」問題であるという考えがルカーチによっても共有されていることが明らかになる。また、同章四では、そうしたルカーチの思想は〈政治的神学〉として規定される。

（39）「理性の狡智」という歴史超越的な立場（「世界史の舞台裏」）が想定されている点において、逆にシュミットはヘーゲルに寛容である。Cf. PR. 100／一一六.

（40）革命をただ非合法的なものとしか理解しない者たちは、現行の法秩序の枠内にとらわれているのであって、それをルカーチは「非合法性のロマン主義」と呼ぶ。

（41）これをルカーチは「プロレタリアートのイデオロギー的危機」と呼ぶ。この分析については第五章三および四参照。

（42）この点に関連して、シュミットがルカーチに直接言及する『政治的なものの概念』第二版を含むヴァイマール期に、それ以前の彼特有のカトリシズムにもとづく政治的神学の変質を見る、より厳密にいえば友と敵の区別と闘争の強調にともなうカトリシズムの世俗化と終末論の前景化を指摘する、一つの解釈傾向の存在は興味深い。和仁、前掲書、一四九頁、注56；古賀、前傾書、第一章、とりわけ四一―四三頁参照（これは和仁が参照を求めている論文がもとになっている）。つまり、ルカーチに接近するシュミットの側でも、政治的なものの理解における垂直的な「超越」から水平的な「内在」への変質が見られる、というのである。古賀、同書、一八八頁以降参照。事実、本章のはじめに見たように、『政治的なものの概念』第二版では、敵概念の観点からヘーゲル－マルクス－ルカーチの系譜が辿られる。もっとも、シュミットの思想とナチズムとの関連が超越と内在のどちらの次元のものであるかは、別の極めて重要な問題である。

第三章　「倫理」の問題：市民性の没落の記念碑――ルカーチとTh・マン――

ルカーチ（一八八五―一九七一）にとってTh・マン（一八七五―一九五五）の思想は生涯にわたり最も重要な批判《クリティーク》対象であり続けたが、その政治思想的な側面が直接的に表面化したものの一つとして、第一章ですでに見た「ドイツ知識階級と戦争」がある。このテクストにおいてルカーチは、第一次世界大戦に対するドイツ知識人層の熱狂的歓迎、いわゆる「文化戦争」論を批判するのだが、そのなかでジンメルらと並んで、マンの「フリードリッヒと大同盟」（一九一五年）を槍玉に挙げる。

一　Th・マンの「文化戦争」論における市民性と芸術のパラドクス
――『魂と諸形式』と『非政治的人間の考察』

今日、マンの「文化戦争」論、「西欧文明」対「ドイツ文化」の言説については、「戦時随想」（一九一四年）や『非政治的人間の考察』（一九一八年、以下『考察』と略記）などと併せて周知の通りである。[1] 本章にとって重要なのは、マンが『考察』の「市民性（Bürgerlichkeit）」と題された箇所において、自身の戦争熱を弁明する際にルカーチの『魂と諸形式――諸エッセイ』（一九一一年）に言及しそれを高く評価しているという事実である。つまり、第一に、マンは自身の戦争擁護を「市民性」（と芸術）の問題と関連づける。

そしてそれにもかかわらず、今度の戦争が勃発したとき、私は文学を裏切らねばならなかったのか？　部分的にはイローニッシュに陰険な、しかし部分的には生地のままで心からのナショナリズムとパトリオティズムをのぞかせる公的発言を通じて、文明文士（Zivilisationsliteraten）を手ひどく落胆させると同時に、私の信用を救いがたいほどに落とさねばならなかったのか？……「どうしてこんなことになったのだろうか？」という良心の問いに対する返答を少し完全なものとするために、私はここで市民性について、つまり市民性と芸術（Kunst）について、市民的芸術家性について語りたい——市民性と、今度の戦争に際しての私の物議を醸した態度は何らかの関係にあるのではとうすうす感じられるし、このような検討を行なえば、一個人の枠を越えて一般的な利害関心が刺激されるだろうとほとんど確信している。（XII 102／XI 八四）

そして第二に、この市民性と芸術という問題に関する研究として、ルカーチの『魂と諸形式』に収められているエッセイ「市民性と芸術のための芸術《ラール・プール・ラール》——テオドール・シュトルム」が次のように取りあげられる。

私がそれ〔＝ルカーチのエッセイ〕を数年前に読んだとき、即座にそれは、この〔市民性と芸術の関係という〕パラドクスをなす対象についてそれまでに語られたもののうちで最も優れたものであると私には思われた。私はそれを引用する特別の権利を有していると思う。というのも、その著者はそのなかでおそらく私のことを念頭においていた——そしてある箇所では明示的に私のことを念頭においているからである。（XII 103／XI 八四—八五）

このように、マンはルカーチのエッセイを援用することによって、自身の戦争擁護の立場が「市民性」に由来するものであり、なおかつそれが「芸術」とパラドクシカルな関係にあると主張するのである。事実、これから見るように、ルカーチはそのエッセイにおいて、両者の関係をパラドクスとして扱い、そのパラドクスのなかで引き起こされる市民性の「没落」を描いた作品としてマンの『ブッデンブローク家の人びと——ある家族の没落』を挙げる。つまり、両者に共通する思想的課題は、一九世紀的ドイツ「市民性」の「没落」にどう対処すべきであり、そこからどこへ向かうべきか、という性質のものである。そしてその課題から、二人はそれぞれの「倫理」――ルカーチにとっての〈区別・決断の倫理〉、マンにとっての〈業績・努力の倫理〉――を確認もしくは獲得する。これらの倫理によって、二人の政治的態度決定は大きく規定されることになる。

本章は、当時のマンとの思想的関係についての分析を通じて、市民性の最後の門の前でルカーチが獲得し、そしてドイツ文化とは異なる新しいロシアの理念への彼の決断を促した倫理がどのようなものであるかを、その獲得の背景にある彼の思想的課題とともに明らかにする。[2] そのために本章では、第一に、マンが依拠するルカーチのエッセイの内容を整理する（一）。もちろんそれは、ジンメル、ヴェーバー、マンの小説、そしてキルケゴールとニーチェなどから学びとったルカーチ自身の問題意識を表現するものでもあるので、当然のことながらルカーチの〈区別・決断の倫理〉にも直結する。第二に、ルカーチのエッセイをマンがどのように解釈し、それを自身の戦争擁護の弁明にどう接合させたかを分析する（二）。そのなかで、マンは自らの〈業績・努力の倫理〉を再発見する。第三に、市民性という偉大な過去への態度として両者に共通する「記念碑」という着想に重点を置きながら、ルカーチの〈区別・決断の倫理〉の内実を明らかにする（四）。そして最後に、「記念碑」という着想の源泉と考えられるニーチェの「記念碑的歴史」という概念がどのようなものであるかを理解し（五）、それを基準にして、マンとルカーチの政治的態度決定に見出しうるいくつかの問題点を指摘する（六）。

二　禁欲的職業倫理とロマン主義的生の乖離——市民性の没落と無形式性

ルカーチはシュトルムに関するエッセイにおいて、市民性と芸術の関係をジンメル的な「文化」概念——「生」と「形式」の総合——とヴェーバー的な宗教社会学的概念とを用いて説明する。芸術作品は芸術的な「生の形式（Lebensform）」である（SF. 122／一〇六）。それに対して、市民的な生の形式は「職業（Beruf）」である。ここでいわれている「職業」とは「生における倫理（die Ethik）の優位」を意味し、その優位のもとでは規則正しい繰り返しが生を支配し、快不快を度外視して「義務（Pflicht）」の命令が生を支配する。それをルカーチは「気分（die Stimmung）に対する秩序（die Ordnung）の支配」と規定する（SF. 124–125／一〇七―一〇八）。そして、規則的に反復され持続される仕事に従事する市民の生と、それを超出する天才的で独創的な芸術家の生は、かつては社会の完結した全体性のなかでそれぞれ独立し自律していた、とされる。

しかし現代では、市民であることと芸術家であることがパラドクスにある、とルカーチは主張する。両者が自律的に共存していた時代は、いまや「ルソー主義の憧憬」、「ロマン主義的な憧憬」の対象として過ぎ去ってしまった。つまり、生と形式が疎遠な関係に陥り（「文化の悲劇」）、なおかつ生は芸術の領域に、形式は市民性の領域に偏って割り振られるのである。これにより、生は美感的に内面化し、形式は市民の外面的義務として形骸化する。市民的な生を形成することは、多面的な生を市民性の厳格な尺度へと「しゃにむに引き下げること」であり、それは「生のあらゆる輝きを断念すること（Verzichten）」に他ならない。これをルカーチは「禁欲（Askese）」という。そして、生の全面性の断念にもとづく禁欲的な生の形式は、芸術的な生にとって一種の制約・束縛となり、それゆえ芸術的生は市民的な職業義務に反抗する。

ここでは、市民的な生の型（Zuschnitt）は強制労働であり、いとわしい奴隷状態である。それは強制（Zwang）であり、それに対しては一切の生の本能が反抗する……このような市民的な生の形態化（Lebensgestaltung）は、生を吸い尽くしてしまう。というのも、まさしくその逆のものが生であるだろうから。つまり生とは、輝き、一切の束縛からの解放、絶え間なく移り変わる気分の遊歩林のなかに催される、魂のオルギア的（orgiastisch）勝利の舞踏であろう。（SF. 122／一〇六）(3)

したがって、たとえ市民的義務が問題なく遂行されているように見えるとしても、それは外見上のことにすぎない。もはや市民性の「規則正しさ」と「秩序」は「仮面」と化してしまった（SF. 123／一〇七）。

ここで重要なのは、芸術とパラドクスに陥った市民《ビュルガー》の生のあり方を、あるいは「仮面」をかぶる存在を、ルカーチが「ブルジョア（Bourgeois）」と規定している点である。つまり、現代において、禁欲的な職業倫理という市民的な生の形式は実質的には解体し（「仮面」としてのみ残存し）、市民に替わって新たに「ブルジョア」が出現するのである。これは、厳格で息苦しい市民的義務に背を向けながらも、それとは異なる新しい形式を見出せず、市民性の仮面の背後で自らの主観的な内的世界に逃避し、そのなかで生の全面的な実現を気分のままに追求し戯れ続ける、挫折した芸術家のことでもある。これをルカーチは「来るのが遅すぎたロマン主義者」と呼ぶ。仮面をかぶり市民を演じる一方で、自らに固有の倫理的形式を喪失したままの芸術家＝ロマン主義者は、内面に「このうえなくわがままでアナーキーな自分の自我《イッヒ》への執着」を隠しもつ。市民的形式への外面的な服従は、「ロマン主義的イロニー」にすぎない（SF. 123–124／一〇六―一〇七）(4)。

このように、生と形式が相互に疎遠になることによって、芸術と市民性が乖離し、パラドクスがもたらされる。もちろん、第一章二で見たように、ジンメル的な「文化」概念において、生にとって形式が制約・束縛となるのは、したがって「生のあらゆる輝きを断念すること」が余儀なくされるのは、両者が疎遠ではなく調和的で「文化形成」が成功する場合でも同じである。その意味においては、市民性と芸術がパラドクスにない状況でも、市民的な職業倫理は、やはり一つの禁欲であることに変わりはない(5)。しかし、生と形式の関係についての形而上学的な認識だけでなく、両者のあいだの深淵が現代においては架橋不可能なほどラディカルなものとなっている、言い換えれば「疎外」が現象しているという歴史的な状況認識を示したのもまたジンメルであった(6)。この歴史性のなかにルカーチも市民性と芸術のパラドクスを状況づけていると考えられる。ルカーチのエッセイによれば、市民的な職業倫理、義務は「仮面」へと形骸化し、市民的な体裁を取り繕うだけの「ブルジョア」が出現する。他方で、そのブルジョアは、形骸化した形式を克服しうる芸術的な生を営もうとしても、それに適合的な形式、新しい倫理を見出すことができず、一切の限定を拒絶し、主観的な内面性の世界に戯れる。そこにおいて、ファウスト的な人間の全面性、生の豊かさは、無差別に絶えず流転するロマン主義的な「感情のアナーキー」に転化する（cf. SF. 85, 319／九六、二六二）。つまり、市民性と芸術のパラドクスにおいて、旧来の市民的形式の解体（およびブルジョアの出現）と、芸術のロマン主義化（あらゆる形式の拒否）が同時に進行し、ヴェーバー的に表現すれば「精神のない専門人」と「心のない享楽人」が現代に残される(7)。いずれにせよ、この文脈においても、ルカーチはロマン主義的無形式性の問題に直面しており、それを打破しうる新しい秩序と形式の必要性を主張しているのである(8)。

　蔭山宏は、ルカーチのいう「市民的な生の形式」の没落にともなって出現する「感情のアナーキー」を、シュミットの「オッカジオナリスムス」というロマン主義の定義と共通のものとして扱っている(9)。そうした精神状態に落ち込んだ世界を蔭山は、「等価性の世界」の概念によって説明する。それは、本来は区別され、いずれかが正当なものとして決断されるべき諸価値が、相互に対立する（「神々の闘争」）ことなく、平和的に共存・並存するような世界である。[10] 事実シュミットは、ヴェーバー的な「神々の闘争」という表現を用いて、ロマン主義をこう規定する。「ロマン主義者の精神的状況に本質的なことは、彼が神々の闘争（der Kampf der Gottheiten）のなかで自分の主観的人格性をもって態度を留保することである」（PR. 75／八〇）。[11] このように、市民的形式を拒絶するロマン主義の多様な生のあり方は、諸価値の対立を前にした判断留保と表裏一体の仕方であらゆる価値を無差別に受容するかぎり、「神々の闘争」における犠牲をともなう責任ある決断とは似て非なるものなのである。[12]

ところが、ルカーチのエッセイの主題でもある、ドイツの「審美家（Ästhet）」の一人であるシュトルムは、芸術と市民性のパラドクスに直面しなかったとルカーチは主張する。彼は詩人でありながら、法律家という市民としての生を何の躊躇もなく選択し、そのことを決して後悔しなかった。彼は芸術と市民性の関係の「悲劇性」を巧みに回避する。

> 真の深い意味での悲劇が成立しうるのは、宥和の余地のない闘争において対峙している両者が、同一の土壌から生まれ、内奥の本質において血縁関係にある場合である。悲劇が生じるのは、甘さと苦さ、健康と病気、危険と救済、死と生を区別することがもはや意味をもたなくなった場合である。……シュトルムの生は健康であり、何の問題もはらんでいない。悲劇の可能性のことごとくを、彼は確実に回避する。（SF. 129／一一二）

シュトルムは本来であれば、市民性と芸術のかつての平和な共存を感傷的に憧れることしかできない「来るのが遅すぎたロマン主義者」にならざるをえないはずである。しかし、もはや融和の余地のないほどに悲劇的に対立しているはずの二つの生を彼は何の問題もなく遂行する。パラドクスとの直面の時代はずれな回避、これをルカ

ーチは「ドイツ的な芸術のための芸術」（SF. 132／一一四）と呼ぶ。つ
ルカーチによれば、このようにパラドクス・悲劇性の回避が成功した背景にはドイツの特殊な事情がある。つまり、ドイツでは多くのもの、とくに経済の発展が遅れ、古い生の形式が長く維持された結果として、市民のブルジョア化が遅れたのである。しかもそのことは地方都市で顕著であり、そしてシュトルムはシュレスヴィヒのフーズム出身である。

前世紀の半ばに至ってもなお、ドイツには、とくに周辺の都市では、古い市民層（Bürgertum）が、今日のそれ［＝ブルジョア］とはおよそ正反対のあの市民層が、変わらずに強く生きている都市が存在した。この市民層の胎内からあの作家たちは生まれ出た。彼らはこの市民層の真正な、偉大な代表者なのだ。（SF. 137／一一七）

それだけではない。シュトルムは古いドイツ市民層の単なる代表者というだけではなく、市民層がブルジョア的に、言い換えれば「現代的（modern）」になり始めた時期の作家であり、古い市民層の「最後の（letzt）」作家である。この意味において彼は、これまで市民として慣れ親しんできた普通の（gewöhnlich）事柄が「没落（Verfallen）」し、「新しい生」が到来していることを観察している（SF. 138–139／一一八―一一九、cf. 148／一二七）。しかしながら、彼自身はこのことに自覚的でない。それゆえに、確かに彼の世界にも、「全く別の生」を送り「新しい世界」に住む人間たちは存在しているが、しかしこの人びとでさえ、彼の描く典型的な人間タイプと明確に鋭く対立しているわけではない。そこには依然として対立を調和させる領域、すなわち「倫理」の領域が残っている。この古い市民的な職業倫理の力が[13]、シュトルムにおいて、「最新の内奥に宿る感情」が命じるブルジョア的ｰロマン主義的な「あさはかな喜びの束の間の享受」への欲求を圧倒する（SF. 148–149／一二七

―一二八）。「彼の内面性はまだ今日の作家たちほど病的に強烈ではない」。したがって、正確にはこう理解されねばならない。シュトルムは古い市民層の「最後の」作家なのではなく、「最後より一つ前の門の前に（vor dem vorletzten Tor）」立ち止まっていたのである(14)（SF. 161／一三八）。

このようにシュトルムを評価したあと、いよいよルカーチは――シュトルムとの比較のなかで――マンに言及する。

> 彼〔＝シュトルム〕は限界に立つ、偉大なドイツの市民的文学の最後の人（der Letzte）である。……そしてこの〔彼の描く〕世界を取り巻く没落（Verfall）の気分は、トーマス・マンの『ブッデンブローク家の人びと』におけるように再び記念碑的（monumental）なものとなるには、まだ十分に強いものでも意識的なものでもない。（SF. 165／一四一）

なるほど、シュトルムは古い市民層の「最後の」作家といいうる側面がある。しかし、マンの『ブッデンブローク家の人びと――ある家族の没落』という、没落していく偉大な市民性の「記念碑」に比べれば、やはりシュトルムは「最後より一つ前の門の前に」留まっているといわざるをえない。彼において形式は気分へと解体することはない（cf. SF. 168／一四三）。

すでに見たように、マンは『考察』においてこのルカーチのエッセイを援用することによって、戦争への自らの思想的関与を説明しようとする。その際、彼は自らの立場をルカーチの理解するシュトルムに重ねあわせる。そうするなかで、しかしマンは、シュトルムよりも一つ先へ進み、最後の門、すなわち記念碑の門の前に立とうとし、「最後の人」になろうとする。

三　業績・努力の倫理——悲劇的なものとしての

マンは自身の戦争擁護論（「文化戦争」論）を、没落しつつある「市民性」と関連づけると同時に、それと芸術のパラドクス、「市民的芸術家」というパラドクシカルな存在に着目することによって、自身の戦争擁護の立場それ自体が一つのパラドクスであるという自己理解を示唆する。それでは、そのときに特別の権利をもって引用するルカーチのエッセイを、マンはどのように解釈するのであろうか。

まず、ルカーチによるとされる次の二つのあいだの区別が指摘される。つまり、「フレムトな、暴力的で仮面をかぶった、禁欲的＝オルギア的（asketisch-orgiastisch）ブルジョア性」と、シュトルムに代表される「真に市民的な芸術家性」との区別である。そして、マンは後者に注目して、生における職業倫理の優位のもとでの「アーティスト性と市民性の混淆」というパラドクスの実現のなかに「私自身を再認することも私にゆるしてもらえないだろうか」と要望する（XII 103–104／XI 八四—八五）。実際には現実の「市民的職業」（法律家や銀行家など）には就いていないマンは、ここで職業倫理の優位という市民的な生の形式についてのルカーチの規定を、美感的な芸術作品に対する倫理の優位へと読み換える。「その批評家（＝ルカーチ）のいうような生における倫理的なものの優位——これは美感的なもの（das *Ästhetische*）に対する倫理的な生の優越を意味するのではないか？ そしてこの優越は、市民的職業がなくても、生そのものが作品（*Werke*）よりも優位にあれば、存在するのではないか？ アーティスト性は、それが市民的な生の形式の倫理的諸特性——秩序、継起、静けさ、「勤勉」——を芸術活動にもち込むことによって、市民的なものとなる」（XII 104／XI 八六）。

この読み換えにもとづいて、マンは芸術家としての自己を批判するのだが、そこで『考察』において例外的にロマン主義批判が展開される。

> 私はかつて、自分の生は「芸術」の犠牲にするのだ、自分の市民性はニヒリスティックな仮面なのだ、などと思い込んでいた。また、もちろん率直なイロニーをもって両者の側に対していたとはいえ、生よりも芸術を、「作品」を優先し、「創造する者になりきるためには（um ganz ein Schaffender zu sein）」生きてはいけない、死ななければならない、などと断言していた[15]。これは、ロマン主義的な青二才の迷妄であり、青二才の気取りであった。実際には、「芸術」は私の生を倫理的に充足させるための手段にすぎない。私の「作品」は――こんな言い方をゆるしていただくと――生の禁欲的‐オルギア的否定の産物でも意味でも目的でもなく、私の生そのものの倫理的な表現形式である。（XII 104―105／XI 八六）

芸術と市民性が乖離し疎遠なものとなっている状況において、ロマン主義者は前者を、美感的なものを優先し、後者を仮面として生きる。それに対してマンは、たとえ市民的職業には就かずとも、芸術活動それ自体を倫理化することによって、芸術一辺倒なボヘミアンとは区別される職業芸術家たろうとする。

ルカーチの理解するシュトルム像＝市民的芸術家に自己を同一化するなかで、マンが市民（あるいは市民的芸術家）をドイツ文化に、そしてブルジョアを西欧文明に属するものとして提示することは想像に難くないが、ここで重要なのは、彼が自らの主張に対する次のような反論を予想していることである。つまり、すでにドイツにおいても市民は「人間性と魂を喪失し」、「ブルジョアへと硬化し」たのではないか、という反論である。かくしてマンは「没落」という論点に言及する。ブルジョアとは「硬化した市民」であり、「精神的な市民はもはや存在しない」（XII 137–138／XI 一一三）。こうした予想される反論を前にして、マンは自らの状況認識の甘さを認める。「ドイツ的市民がブルジョアに変貌する経過を私が寝過ごしてしまったことは真実である」（XII 138／XI 一一四）。ここからマンは、どのようにして自分が状況認識を誤ってしまったのかを分析し説明する。彼が挙げる原因は三点にわたる。

第一に、リューベックという地方都市の出身という点である。ここでは旧来の市民性が根強く残り、マンはその空気を吸って幼少期を過ごした。市民性は「私の個人的な相続財産」なのである。しかも、「市民の発展と現代化（Modernisierung）」は、他の場所とは異なり、「ブルジョア」への発展ではなく「芸術家」への発展として体験された（XII 139–140／XI 一一四―一一五）。第二に、引っ越し先のミュンヘンで得た体験である。ここでもすでに「ドイツ的な生の様式のアメリカ化（Amerikanisierung）」がある程度進行していた。しかし、それでもミュンヘンでは、依然として「芸術と市民性との古いドイツ的な混淆」が完全に生きていた（XII 140–141／XI 一一五―一一七）。この出身と体験に加えて、第三にショーペンハウアーとニーチェという「教養＝人格陶冶《ビルトウンク》」である。

さて、ドイツ的市民のブルジョア化の過程を見落とした理由を――ルカーチのシュトルム論を彷彿させる仕方で――自己分析したあと、マンは、それでも自分の認識や関心から「現代性を帯びた市民（der Bürger in seiner *Modernität*）」が完全に排除されることはなかったし、実際にそれを作品のなかで形象化したと主張する（XII 144／XI 一一八―一一九）。事実マンは、市民性が美感的なものに対する倫理的なものの優位にあることを確認したあと、それに続けて倫理的なものに「醜いもの、病気、没落」を含める（XII 106–107／XI 八八）。これによって、市民性の内実は現代化する。このように「病気」をも倫理的なものとする点において、マンはルカーチの理解する「健康」的なシュトルムから逸脱し、一歩先に進む[16]。そして、彼が形象化したと主張する現代的な新しい市民（彼はこれを「現代の英雄」と呼ぶ）の生の形式と態度（Haltung）は、「過大な負担をにない、過重な訓練を受け、「疲労の極にあって仕事をしている（am Rande der Erschöpfung arbeitend）」業績・努力の倫理家（*Leistungsethiker*）[17]のそれである。ルカーチによって没落の記念碑と評価された『ブッデンブローク家の人びと』に登場するトーマスは、ここにおいて作者自身によって「ドイツ的市民であるだけでなく現代的ブルジョアでもある」と規定されるに至る。これはまさに市民的芸術家と同様のパラドクスの実現である。これをマンは、ルカーチのエッセイに依拠するかのように「禁欲的な職業義務の理念をもつブルジョア」と表現する。このようにして、禁欲的な職業倫理からの解放によるブルジョア化・無形式化＝現代化のなかにあって、つまり「疲労の極にあって」、それでもなお市民的生を遂行する、つまり禁欲的に「仕事をする」という「業績・努力の倫理」、ヴェーバー的にいえば「自己規律」が、現代に必要な生の形式と自制（Haltung）としてマンによって確認され強調される[18]（XII 144-145／XI 一一八―一一九）。

最終的にマンは、『考察』の「市民性」と題される箇所において、この「業績・努力の倫理」が「悲劇」であると主張する。つまり、それは「観る者の身も心も引き裂くような精神的犠牲死（Opfertode）という結末で幕切れとなる、自己克服、自己懲罰、自己磔刑」である（XII146／XI 一二〇）[19]。それは「にもかかわらず（Trotzdem）」への愛であり、「耐え抜け（Durchhalten）」というエートスへの愛である[20]（XII 148／XI 一二二）。旧来の市民性の没落を自覚しつつ、それにもかかわらずその没落を耐え抜き、市民的な生の形式を最後まで保持するという規律を自らに課す自己犠牲。これが、マンが自らの戦争擁護を弁明する際に持ち出す根本的な理由である。もちろん、これは彼なりの「英雄主義」である。しかしそれだけでなく、彼は悲劇的な「業績・努力の倫理」への「共感」を告白する。「およそ共感のないところで形象化が可能であるなどと私は思わない」（XII 144／XI 一一九）。この共感、言い換えれば「私の市民的な業績・努力の倫理家体験」の突然の一時的な「政治化」、これこそ「私の一九一四年の「パトリオティズム」」であった（XII 147／XI 一二一）。かくして、マンはシュトルムとは異なり、最後より一つ手前で立ち止まって悲劇を巧みに回避することなく、むしろ市民性の最後の人間となるべく一歩前進し、その記念碑を打ち立てることを選択した。

四　区別・決断の倫理――エッセイと美学のあいだ

市民性をめぐる、もはやないといまだないの中間において、悲劇的な「業績・努力の倫理」をもってあえて耐え抜くという態度・自制は、その後マンによって、「文化と社会主義」（一九二八年）において「退却戦」としてとらえ返される。[21]

それ〔『考察』〕は便乗なぞしなかった、それはまだ新しいものに便乗しようともしていなかった。それは回顧したのだ、それは偉大な精神的過去を擁護したのだ。それは一つの記念碑（ein Denkmal）であろうとした――そして私の誤りでなければ、それは記念碑になったのである。それは一つの壮大な退却戦である――ドイツ的‐ロマン主義的市民性の最後にして最も遅い退却戦である――見込みのないことは百も承知で遂行され、それゆえそこには高貴さがないでもない。（XII 640／XI 四九二）

古いものの没落に直面して、しかし新しいものへの無節操な「便乗」を拒否し、古いものの記念碑を残そうとする。[22] ルカーチ自身はそれをすでに『ブッデンブローク家の人びと』のうちに見出していたことはすでに見たが、この「記念碑」の意義については、『魂と諸形式』のもう一つのエッセイにおいて論じられる。それは「生における形式の破砕――セーレン・キルケゴールとレギーネ・オルセン」である。そして、記念碑の重要性を強調するとともに、ルカーチは市民的形式の解体と感情のアナーキーを克服するのに必要な独自の倫理を、キルケゴールから引き出す。つまり、マンの戦争論を批判しているルカーチ自身が、実際にはマンからそれほど遠くない位置にいるのである。

このエッセイも、ロマン主義的な戯れの対象であるファウスト的な人間の全面性を扱う。ここではそれは、あらゆる事柄が自らの「対立物」に容易に「区別なく」移行していくという「生の無秩序な多様性」と表現される。しかし、キルケゴールはそのような生との「多面的に（vielseitig）回転可能な戯れ」を拒絶し、生の多義性・多様性のなかに「区別」を見出し、そこから「一義性」を打ち立てた、とルカーチは主張する（SF. 64-65／五五―五六）[23]。

なるほど、生においては相互に鋭く対立するものなどなく、「一切が流転する」だけかもしれない。「分かれ道（Scheideweg）」などないかもしれない。あるのは一切の等価性なのかもしれない。しかし、そのような生のカオスに対して、それでもキルケゴールには二つの可能性がある。つまり、一つは「あれかこれか（Entweder-oder）」であり、もう一つは「あれもこれも（Sowohl-als-auch）」である。いうまでもなく彼は、「あれもこれも」という無差別な享楽、新しいものへの安易な便乗と不断の移転ではなく、「あれかこれか」の区別（Unterschied）の側に立つ。ルカーチはこれをキルケゴールの「義務」という。それは、「決断（Entscheidung）の義務」であり、決断した道を「最後まで行くこと（Bis-ans-Ende-Gehen）の義務」である（SF. 69／六〇―六一）。ルカーチは、ロマン主義批判を念頭に置きつつ、またのちの追悼文における最終的なジンメル批判（「過渡的哲学者（Übergangsphilosoph）」[24]）を先取りするかのように、キルケゴールの哲学の本質を次のように規定する。

キルケゴールの哲学の最も深い意味はこうである。すなわち、たえず揺れ動く生の移行（Übergänge）のなかに固定点を設定すること、そして溶解するニュアンスのカオスのなかに絶対的な質の区別を設定することである。さらには、相違していると認められたものを一義的に、そして深く区別されたものとして据えて、一度分離されたものが移行の可能性によっていつかまたぼやけてしまうことが決してないようにすることである。……ひとは区別されたものから一つを選ばなければならないのであって、「中間の道」や「より高次の統一」を見出そうとしてはならない。それらは、「見せかけだけの」対立を解消することしかできないだろう。(SE.70/六一)

それでは、このようなキルケゴールの義務、言い換えれば〈区別・決断の倫理〉は、「記念碑」とどのような関係にあるのであろうか。ルカーチは端的にこう述べる。

一義性は、記念碑性(die Monumentalität)を追求することの控え目な表現に他ならない。(SE.85/七七)

生のカオスのなかに「区別」を設け、生の多義性のなかに「一義性」を打ち立て、そしてそれが忘却されて曖昧になることを防ぐこと、これこそ「記念碑」の建立が意味するものである。

過去の偉大な市民性が消えつつある。そして、アリストクラティックな身分制的社会構造の平準化(=近代化)によって、これまでそれぞれの位階に帰属していたために決して出会うことのなかった相異なる諸価値がはじめて出会い、対立・葛藤することが予想された(「神々の闘争」)[25]。しかし、新たに出現したブルジョア的-ロマン主義的生は、むしろ諸価値を経済的-美感的消費財として享受し、それらの平和的共存と相互移転をもたらした(「等価性の世界」の到来としての現代化)。その無差別性・無限定性のもとで、偉大な過去の輪郭・境界線はぼやけ、それは記憶されにくくなる。こうした現代化の波に抗して、まずは「分かれ道」を発見すること、それによって偉大な過去と対立していたものの輪郭・境界線をも同時に画定すること、要するに「生から諸形式をつくりだし」、そのなかから「自分の決断した道を最後まで行く」こと、これがルカーチにとっての記念碑性の意味であり、また「キルケゴールの英雄主義」であった（SF. 88／七九）[26]。

このようにして、ルカーチはキルケゴールの哲学から〈区別・決断の倫理〉を引き出し、偉大な過去の「記念碑」の意義を明らかにする。それは、自らが決断したものの境界＝限界を画定することであり、すでに見たように、それを彼は「終わり（Ende）まで行くこと」と表現する。他の対話形式のエッセイではこう主張される。「価値評価の能力」は「始めることができ、そして終わらせることができる能力」であり、そして「終わりだけが新しいものの始まりになりうる」（SF. 320／二六二）。古いものの「最後の人」とは、新しい何かの最初の人である。それでは、エッセイという新しい「形式」を見出した彼は、その形式のもとで、古い市民性を終わらせて新しい世界を構築しようとするのであろうか。ここで重要なのは、『魂と諸形式』の冒頭に収められたエッセイ「エッセイの本質と形式について――レオ・ポッパーへの手紙」における次の主張である。

エッセイはつねに、すでに形式化されたもの、あるいは最善の場合でも、かつて一度そこに存在していたものについて語る。したがってその本質上、エッセイは空虚な無から新しい事物を取り出すのではなく、かつてあるとき生きていた事物を新たに秩序づけるにすぎない。そして、エッセイはそれを新たに秩序づけるだけであり、無形式的なものから新しい何かを形式化するのではないがゆえに、エッセイはまた、それに結びつけられており、つねにそれについての「真実」を表現し、その本質のための表現を発見しなければならないのである。（SF. 23／二五）

エッセイという形式は、ルカーチにとって現代に適した新しい形式である。だからといって、それは「新しい何か」を始めるわけではない。それは古い何かについて語るにすぎない。しかし、それによって、記憶から消し去られた古いものの輪郭・境界線を再び鮮明によみがえらせる。そして、それが何であったのか、その「真実」と「本質」を表現する。つまり、ルカーチにとって、エッセイという形式は「記念碑」に他ならない。したがって、たとえばシュトルムに関するエッセイを書くことによって、彼自身もまた古い市民性の「最後の人」になろうとしているように見える。

しかしながら、ルカーチに関していえば話はそう単純ではない。というのも、〈区別・決断の倫理〉との関連において、彼はエッセイという記念碑の形式としての限界を明確に指摘するからである。エッセイストの決断力、「裁く力」は、エッセイスト自身によってもたらされるのではない。それは「美学（die Ästhetik）の偉大な価値規定者」によってエッセイストに与えられる。エッセイは、来るべき美学の「先駆者（der Vorläufer）」にすぎない。したがって、美学が体系化された暁には、エッセイは自ら決断した道を最後まで行く前に、美学に道を譲らなければならない。

偉大な美学が到来したとき、エッセイの最も純粋な成就といえども、最も力強い達成といえども、活力を失うだろう。そのとき、エッセイが形態化した一切は、ついに拒否しえないものとなった基準の単なる応用にすぎなくなる。そのときエッセイそれ自体は、単に一時的で（vorläufig）たまたまのものとなり、その諸帰結は、もはや一つの体系の可能性を前にして、すでに純粋に内発的に正当化されえなくなる。ここにおいて、エッセイは実際にそして完全に、先駆者でしかないように見え、ここでエッセイのために独立した価値を案出することはできないであろう。……したがって、エッセイは、最後の（letzt）目標に到達するのに必要な手段・中間（Mittel）として、このヒエラルキーにおける最後より一つ前の（vorletzt）位階として、正当化されるように思われる。（SF. 35-37／三五―三七）

ルカーチにとって、確かにエッセイという形式は、偉大な過去の記念碑でありうる。しかし、エッセイが、自ら選んだ道を最後まで行く力は、偉大な美学を源泉とする。エッセイは、ルカーチが古い市民性の「最後の人」になるための「先駆者」、「最後より一つ前の」段階に留まる。したがって、『魂と諸形式』というエッセイ集を公刊したあと、彼は滞在先をフィレンツェからハイデルベルクに移し、美学体系の構想に着手する。この美学体系によって、ルカーチは市民性の最後の門を潜り、新しい世界への扉を開くはずであった。

しかしながら、ルカーチのこの時期の美学体系は、結局完成することなく終わる。この結末の最大の要因は、第一次大戦とロシア革命の勃発である。[27] すでに見たように、これを機にルカーチは「美学」を離れ、ドストエフスキーへの「倫理的」関心を深めていく。[28] ここにおいて、キルケゴールがドストエフスキーと合流して〈区別・決断の倫理〉へと流れ込む。そして、この倫理にもとづいて、彼はボルシェヴィズムを受容し共産党に入党することを決断する。[29] 古いドイツ市民性の最後の門は潜られ、新しいロシアの理念の入り口へと足が踏み入れられる。[30] 少なくとも彼の自己意識において、それは「退却戦」などではありえなかったであろう。

五　記念碑的歴史――ニーチェ『反時代的考察』

第一次大戦を「文化戦争」として歓迎する自らの態度決定を、マンは消えゆく一九世紀的ドイツ市民性の「記念碑」をあえて建立する行為として弁明した。ルカーチは、革命に身を投じて新しいロシアの理念に向かう前に、やはりドイツ市民性の「記念碑」としての意義を、エッセイという形式に認めた。方向は違えども、「記念碑」を残すという偉大な過去への共通した態度は、いうまでもなくニーチェの第二の「反時代的考察」である「生にとっての歴史の利益と損失について」（一八七四年）に由来する。[31] 周知の通り、ここにおいてニーチェは「過ぎ去ったものを生のために利用し、出来事から歴史をつくる力によってはじめて、人間は人間になる」が、しかし「歴史の過剰のなかで、再び人間は人間をやめる」（UB. 253／一二八）という二重の認識にもとづいて、歴史と人間的生との関係を、「利益」と「損失」という観点から精査する。「どの程度まで生は歴史の奉仕を一般に必要とするのかという問いは、人間、民族、文化の健康に関する最高の問いと配慮の一つである。というのも、歴史の一定の過剰において、生は粉々になり退化するからであり、そして最後にはまたこの退化を通して、歴史そのものも退化するからである」（UB. 257／一三四）。

このように問題を設定したあとニーチェは、歴史と生の関係のあり方を三つに分類する。すなわち、「活動し努力する（streben）者」に属する「記念碑的（monumentalisch）」歴史、「保存し崇敬する者」に属する「骨董的」歴史、そして「苦悩し解放を要する者」に属する「批判的」歴史である（UB. 258／一三四）。このように、歴史のあり方が分類されることによって、人間の生のあり方も同時に分類される。

そもそも、このニーチェの第二の「反時代的考察」は、当時のドイツにおいて支配的であると彼が感受した時代傾向、つまり「歴史熱」あるいは「歴史病」と彼によって呼ばれる「歴史の過剰」に抗する、その意味において「時代に反対する」考察であり、それによって「時代に向かって」、そして「将来の時代のためになるように」はたらきかけるという、三重の意味において「反時代的」であることを意図している（UB. 247／一二一）。したがって、三つの歴史のあり方が生に与える損害を告発し、「非歴史的なもの」（忘却する能力）と「超歴史的なもの」（芸術や宗教など）の重要性を強調し、それを通して生にとっての歴史の利益を救い出すことが意図されている。

ニーチェ自身は、今日では一般的に「歴史主義」ともいわれる時代傾向が生にもたらす損害を五つの観点において考察するのだが（UB. 279／一六一）、ここで重要なのは、歴史の過剰を彼が「生」における「無秩序」と「カオス」としてとらえていることである。

　歴史の過剰とは、ニーチェによれば、過ぎ去った出来事をすべて知識にかえようとする風潮である。歴史の名の下に「出来事の際限のない（unendlich）氾濫」が見られる（UB. 256／一三二）。そこでは「すべての境界標柱（Grenzpfähle）は引き倒され、かつて存在したものすべてが人間に襲いかかる」。すべての遠近法《パースペクティヴ》が無限に過去へと遡らされる。歴史的知識は絶えず増殖し、溢れ続ける。このような「無秩序な」状態を前にして、人間（近代人）は外面と内面とに分離し、歴史的知識の無秩序に「カオティックな内的世界」を対応させる。ここに「内面性（Innerlichkeit）」が生まれ、それが歴史の「教養（Bildung）」となる。しかし、この教養は、過去の夥しい出来事を絶えず知識化することであるから、実際には「ただ記憶がつねに新たに刺激されるだけ」のものである。現代の教養人は、興奮を求めるのに忙しい「歩く百科全書」である。そして、内面性の強調とともに、「形式」は「因襲」・「仮装」と見なされるようになる。これをニーチェは「ドイツ文化」の特徴としてとらえ、こう批判する。「われわれドイツ人の内なるものは、外に向かって作用して自らに形式を与えるには、あまりにも弱く無秩序である」（UB. 272–276／一五二―一五七）。「外に向かって作用することのない学習」と、「生になることのない教訓」をひたすら享受する弱い人格は、「もはや外的なものに自らの人格を賭けることなく、仮面をつける」（UB. 280／一六三）。外的にも内的にも蓄積されることなく無節操に流転するだけの歴史は、ただの「中性（Neutra）」となる（UB. 284／一六八）。かくして、歴史の過剰のもとで人間は人間であることをやめ、「思考機械、記述機械、話術機械」（UB. 282／一六六）へと退化し、人間的生にとって無意味なお喋りを繰り返す。

なるほど、ひとはしばらくのあいだはある新しいものについてお喋りをするが、しかしやがて再び別の新しいものについてお喋りをし、しかもそのあいだに、これまでつねに実行してきたことを実行するのである。われらの批評家たちの歴史的教養は、本来の理解における効果、すなわち生と行為への効果が生じることをもはや全然ゆるさない。（UB. 285／一六九）

このような状況において、一方で現代の歴史家は、歴史的知識をつねに更新するために必要な「感覚の繊細さと鋭敏さ」を身につけているが、他方で、本来は区別されるべき時代や人物たちが、彼の繊細な歴史的感覚のなかで類似したものとして共鳴する。この共鳴は、歴史のオリジナルな「主音（Hauptton）」をかき消し、その「上音（Oberton）」だけを響かせる。それを聴くわれわれは「柔弱な享楽者」、「夢想的な阿片喫煙者」に成り下がる（UB. 288／一七三）。歴史的感覚、歴史的教養の名の下に、やがてすべてはゆるされ、「無故郷な」状態が訪れる（UB. 299／一八七）。そして、こうした状況に「没落（Untergang）」の兆候を感じとる者は、絶望と諦念のなかで「イロニー的実存」を生きる（UB. 302／一九一）。それは享楽と絶望とのあいだでの宙吊りである（cf. UB. 307／一九七）。このように歴史の過剰がもたらすカオス・無秩序は、ニーチェによって「生成」として規定される。「あらゆる基盤は、つねに流れて融けてなくなる生成のなかへ解体する」（UB. 313／二〇五）。ここに無形式性が完成する。[32]

ニーチェは現代の「歴史病」のなかに生のカオスと無秩序を、そして無形式的で無差別的な「享楽者」を見出す。そこから、生の「健康」を回復させる必要性が主張される（cf. UB. 331／二二七）。ここで重要になるのが「自然」である。自然に即した生こそ健康的な生である（cf. UB. 327／二二三）。[33] ニーチェは自らの世代を（最後ではなく）「われわれ最初の（erst）世代」と位置づけ、自分たちは「自己自身に反対して、古い第一の（erst）自然と習慣を脱却して、新しい習慣と自然へと自己自身を教育しなければならない」と主張する（UB. 328／一二四）。このようにして健康を取り戻した生のみが、歴史を自らのために利用することができる。ここにおいて、ニーチェは再び歴史の三つのあり方に言及する。つまり、「記念碑的」、「骨董的」、そして「批判的」に過去を生のために利用することは、「歴史病」の治癒を前提とするのである[34]（cf. UB. 332／一二九）。

それでは、ニーチェの考える歴史の記念碑性とは何であるのか。

すでに見たように、記念碑的歴史は「活動する者」に属する。ここでいわれている活動する者とは、「偉大な闘争を闘う」者であるが、そのために必要な模範（Vorbild）を現在の仲間内に見出せない者である。したがって、彼は偉大な過去に「模倣」と「改善」を求める。しかし、現代の虚弱な享楽人たちは、歴史に「気晴らし」と「センセーション」しか見出そうとしない。こうした忙しない刺激の受け皿に取り囲まれて、活動する者は「一度深呼吸するために、自分の後ろに眼をやり、自分の目標に向かう走りを中断する」。彼の目標とは何であるか。ニーチェによれば、それはしばしば「民族」あるいは「人類全体」の幸福である。この目標のために彼は過去を振り返り、そして時代を支配しているイロニッシュな諦念に反対するための手段として、歴史を利用する。そのときの彼の掟は、「「人間」の概念をいっそう広く拡張し、いっそう美しく満たすことを一度可能にしたものは、このことをまた永遠に可能にするために、永遠に現存しなければならない」、というものである。偉大なものを永遠なものにする記念碑的歴史は、したがって、過去の偉大な闘争における最高の瞬間の連鎖・連続を形成する。しかしながら、現在の享楽的な歴史家たちは、このような記念碑的歴史の「松明競争」を困難なものにする。なぜなら、彼らは歴史を不断の流動としか見ず、過去に「卑小で低劣なもの」しか求めないよう習慣づけられているからである。ここに、記念碑的歴史を必要とする「活動する者」が闘う闘争の性格が明らかとなる。つまり、歴史病を患っている現代の教養人・享楽人の「愚鈍な習慣づけ」との闘争である。この意味において、記念碑的歴史とは「一つの抗議《プロテスト》」であり、偉大な過去についての一つの反時代的な「考察」そのものなのである（UB. 258–260／一三四―一三七）。

記念碑的歴史、換言すれば「過去についての記念碑的考察」（UB. 260／一三七）が現代の生にもたらす利益について、最終的にニーチェは次のように分析する。

現代人はその考察から、一度現存した偉大なものがとにかく一度は可能であったのであり、それゆえおそらくもう一度可能であろうということを取り出す。彼は自分の行程をいっそうの勇気をもって行く。というのも、弱気だったときに彼を襲った疑い、つまり自分はもしかすると不可能なものを意志しているのではないかという疑いは、いまや撃退されているからである。（UB. 260／一三八）

ニーチェにとって、記念碑的歴史という一つの反時代的考察の利益は、過去の偉大なものに匹敵する偉大なものを創造することへの意志を勇気づける効果にある。

しかしながら、記念碑的歴史も一つの歴史のあり方である以上、生に「損害」を与えうることをニーチェは忘れずに指摘する。記念碑的歴史は、その勇気づけの効果とともに、偉大なものは繰り返し回帰するという考えのもとで、区別されるべき事柄の多くを看過し、過ぎ去ったものの「個性」を「一般的な形式」へと暴力的に押し込めてしまう。その結果として、過去の出来事を輪郭づける「鋭い角と線」が破壊される。過去はその「独自性」と「一回性」において記述されない。記念碑的歴史は、「摸倣」というかかわり方において、「同じでないもの（das Ungleiche）」を「同等化する（gleichsetzen）」。その際に、模倣の対象に据えられるのは「原因」ではなく「結果・効果」であり、したがって原因にある差異は度外視される。この「結果・効果自体の集成」としての記念碑的歴史の事例として、ニーチェは「民族の祭典」や「宗教や戦争の記念日」を挙げる（UB. 261–262／一三八—一三九）。

過去についての記念碑的考察は、もしそれが領域侵犯をして他の——骨董的な、そして批判的な——考察方法を統治する場合には、「神話的虚構」と区別がつかなくなる。このような状況において、記念碑的歴史は「活動する者」に次のような損失をもたらす。

記念碑的な歴史記述は、アナロジーによってひとを欺く。すなわち、それは誘惑的な類似をもって、勇気ある者を無鉄砲へ、感動した者を狂信へと扇動する。……王国は破壊され、諸侯は殺害され、戦争と革命が企まれる。（UB. 262／一四〇——強調引用者）

六　自然と歴史

ニーチェの考える過去についての考察の記念碑性は、生に利益と損失の双方をもたらしうる。利益とは、偉大なものを創造しようとする「活動する者」の意志を勇気づけることであり、損失とは、その勇気をミスリードし、彼を「無鉄砲」と「狂信」へ誘惑することである。マンとルカーチの思想との関連において重要なのは、ニーチェの警告に合致するかのように、彼らは自らの記念碑的考察において、それぞれ戦争と革命を唱導したという事実である。

もちろんこのことは、両者の考察がそれぞれの仕方において、無形式的な等価性の世界にあって「反時代的」であったことを結果的に証明するとはいわないまでも、少なくとも否定するものではない。マンの場合、市民的な「業績・努力の倫理」への共感が「悲劇的」なものであり、したがって「退却戦」でしかないという冷徹な自己認識が（事後的にであれ）ともなわれている。そのうえ、新しいものへの身軽で忙しない「便乗」を拒否し、偉大な過去を回顧するという姿勢それ自体は、ニーチェのいう「歴史病」が蔓延するなかで「一度深呼吸するために、自分の後ろに眼をやり、自分の目標に向かう走りを中断する」という意味をもっているとも考えられる。しかしながら、ニーチェの「ドイツ文化」（内面性、教養）批判を完全に落としたマンの「文化戦争」論には、人間的生に「健康」を取り戻すよりも、むしろドイツ文化に「病気」を、つまり没落の傾向を移入することによって逆説的にその存続をはかる意図が明確に見られる。[35] だからこそ彼は、一九世紀的ドイツ市民性の相続人として、その「最後の人」になろうとしたのだが、しかしそれは病気の治癒を前提にしていなかった。この結果として、彼の戦争論はドイツ人たちを、そして他ならぬマン自身を、無鉄砲と狂信へと扇動しなかったかどうか。[36]

それでは、ルカーチの場合はどうであろうか。彼がキルケゴールから引き出した〈区別・決断の倫理〉においてもまた、ブルジョア的－ロマン主義的生のカオス・無秩序のもとで忘却されつつある偉大な過去の記念碑を打ち立てようとする意図がはたらいている。しかし、ルカーチにおいて、〈区別・決断の倫理〉は現在と過去にのみ方向づけられているわけではない。それは同時に、未来のためにロシアという新しい理念を決断するものでもある。ここで参照されるべきは、ニーチェのいう「批判的」歴史である。というのも、彼によれば、「苦悩し解放を要する者」に属する批判的歴史とは「裁き判決を下す歴史記述」だからである（UB. 264／一四三）。新しいものを決断するには、「過去を破壊し解体する力」が必要となるが、そのために過去を法廷の前に引き出し、厳しく審問し、最終的に判決を下さなければならない。これが過去の「批判的」考察の意味である。しかし、これは、古くからある習慣への「すべての敬虔を残酷に踏み越えて行く」ことに他ならない。したがって、これは「危険な」

行為である。「相続された先祖伝来の自然」を覆し、「新しい習慣、新しい本能、第二の自然」を植えつける。これによって「第一の自然は枯れる」。もっとも、「第二の自然はたいてい第一の自然より弱い」。しかし、「第一の自然もかつて一度は第二の自然であった」し、「勝利する第二の自然はいずれも第一の自然になる」(UB. 269–270／一四八―一五〇)。

このように、批判的歴史は、古い習慣を終わらせることよりも、新しい自然を習慣化することを優先する。これによってニーチェは、最後の人(=「末人」)ではなく最初の人になろうとする。「彼らの種族を墓場に運ぶことではなく、新しい種族を基礎づけること」。かくして、ニーチェは自らの立場を、「歴史に反対した偉大な闘争者」になぞらえて次のように位置づける。

> たとえ彼ら自身は遅く生まれた子(Spätlinge)として生まれたとしても――このことを忘れさせる生き方(eine Art zu leben, dies vergessen zu machen)がある――来るべき種族は彼らを初児(Erstlinge)としてのみ知るだろう。(UB. 311／二〇二)

しかし、この自己理解において、マンだけではなくルカーチとの決定的な相違が生じる。つまり、ニーチェにとっての模範は「ギリシア的文化概念」なのである。彼によれば、古代ギリシア人も「歴史の過剰」という危険に陥った時期があった。しかし、彼らはそのなかで「カオスを組織化・有機化する(organisiren)」ことを学んだ。これを可能にしたのは、「汝自身を知れ」というデルフォイの神託にしたがうことであった。これによって彼らは、自分たちの「真の欲求」に立ち戻ることができた。彼らは過去の「相続人」でも「亜流」でもなく、「相続した宝を最も幸福な仕方で豊かにし増加させた者」となり、「すべての来るべき文化民族の初児にして模範」となった。それは、「新しい改善された自然《ピュシス》としての文化の概念」である(UB. 333–334／二三〇―二三一)。だからこそニーチェはこういわなければならなかった。「一九世紀の高慢なヨーロッパ人よ、汝は狂っているぞ！ 汝の知は自然を完成させるのではなく、汝自身の自然を殺しただけだ」（UB.313／二〇五）。それに対してルカーチは、一九世紀的ドイツ市民性と区別される新しいロシアの理念を決断したあと、「歴史」への道をさらに進んで行くことになる。(37)

注

（1） 脇圭平『知識人と政治——ドイツ・1914〜1933』、岩波文庫、一九七三年参照。近年のものとしては、cf. Beßlich, *Wege in den ›Kulturkrieg‹: Zivilisationskritik in Deutschland 1890–1914*, II; 浜田泰弘『トーマス・マン政治思想研究［1914–1955］——「非政治的人間の考察」以降のデモクラシー論の展開』、国際書院、二〇一〇年、第一章。『考察』執筆・公刊前後のマンの政治思想的遍歴に、彼の手紙や日記なども丹念に読解しつつ肉薄しているものとして、友田和秀『トーマス・マンと一九二〇年代——『魔の山』とその周辺』、人文書院、二〇〇四年、第二章参照。

（2） ルカーチとマンの関係をめぐっては、Judith Marcus, *Georg Lukács and Thomas Mann: A Study in the Sociology of Literature*, The University of Massachusetts Press, 1987 に代表されるように、『魔の山』を中心として議論が展開されることが多い。本章と同様に、『魂と諸形式』、『ブッデンブローク家の人びと』、第一次大戦の勃発、『考察』、市民性の没落、芸術のための芸術などをテーマにして両者の思想的関係について論じているものとしては、cf. Michael Löwy, trans. by Patrick Camiller, *Georg Lukács: From Romanticism to Bolshevism*, NLB, 1979, pp. 35ff; Ferenc Fehér, "The Last Phase of Romantic Anti-Capitalism: Lukács' Response to the War," in *New German Critique*, no. 10, Winter 1977.

（3） 宗教との「心理学的親和性」において芸術の「形式に敵対的な（formfeindlich）」性質を指摘するものとして、cf. M. Weber, ZB. 554–556／一三二—一三四. またヴェーバーは同作品において、宗教における「オルギア的」体験は

「経済に敵対的な」ものであるがゆえに（西洋のプロテスタンティズムの場合とは異なり）禁欲に結びつかない、と分析している。Cf. EWW. 261–262／七三―七四．

（4）「市民性」の「仮面」への形骸化・堕落という視点は、ルカーチも示唆しているようにルソーの「文明」批判にまで遡りうるが、それと芸術、職業倫理、イロニーとの関連についていえば、たとえばマンの『トーニオ・クレーガー』（一九〇三年）に、トーニオとリザヴェータとの次のようなやりとりがある。

トーニオ：「〈天職（Beruf）〉は勘弁してもらいたいね、リザヴェータ。文学は天職なんかじゃない。呪いなんだよ――いいかい。いったいいつ頃からそう感じるようになるのか？　早く、それもびっくりするほど早くからだ。本来ならまだ神とも世間とも平和に仲良くやっていけるはずの頃からなんだよ。額に異端の印が刻まれて、なぜだかはわからないが、世間の人（die Gewöhnlichen）、きちんとした人たち（die Ordentlichen）と対立しているような気がしはじめる。皮肉（Ironie）や不信心、反抗、認識、感情といった深淵によって世間の人たちから引き離され、しかもその深淵はどんどん大きく深くなっていく。そして孤独になり、それからというものはもう、まったく気持ちが通じ合わなくなってしまう。」

リザヴェータ：「あなたはね、違う道に迷い込んでしまったのよ、トーニオ・クレーガー――迷子になった普通の人（Bürger）なのよ。」（VIII 297, 305）平野卿子訳、河出文庫、二〇一一年、五九―六〇、七三頁

芸術がベルーフであることを拒否し、普通の世間一般（「市民性」）と疎遠になることを強調し、それに対してイロニーをもって対応せざるをえないことを指摘するトーニオのなかに、リザヴェータはなおも（芸術の道に迷い込んだ）ビュルガーの姿を見ようとする。二人の対話はまさに市民性と芸術のパラドクスをめぐるものであるといってよい。なるほど、トーニオの最も深く最も密やかな愛は「平凡な人たち（die Gewöhnlichen）」つまりビュルガーに向けられている。しかし、この愛はまた同時に「憧れ（Sehnsucht）」、「羨望」、「軽蔑」を含むものでもある（VIII 338／平野訳、一三〇頁）。このことは、いまでは市民性が消えつつあることを含意している。

（5）したがってルカーチは他のエッセイで、生の全面性を断念せざるをえないことを理解しない点においてロマン主義者たちを批判する。「すべての行為、すべての実行、およびすべての創造は限定する。実行は何かを断念しなければ成就されないし、そして実行を成就する者は全面性（Allseitigkeit）をもつことはない。この必然性をはっきりと見てとることもできず、またそうしようともしなかったことに、ロマン主義者たちの悲劇的な盲目性がある」（SF. 110／九七）。この点につき、『プロテスタンティズムの倫理と資本主義の精神』にあらわれているヴェーバーの次の考えがルカーチに大きな影響を与えたと思われる。「近代の職業労働（Berufsarbeit）が禁欲的（asketisch）性格を帯びているという考えは、決して新しいものではない。専門の仕事への制限と、それにともなうファウスト的な人間の全面性（Allseitigkeit）の断念（Verzicht）は、今日の世界ではおよそ価値ある行為の前提であり、したがって「実行」と「断念」は今日では切り離しがたく相互に条件づけあっている。こうした市民的な生の様式（der bürgerliche Lebensstil）がもつ禁欲的基調……」（PG. 203／三六四）。

（6）マンも前掲作品において、市民性と芸術のパラドクシカルな関係を、形而上学的な構造として描くのではなく、歴史的な状況に位置づけている。つまり、その関係はある家族の没落を背景としている。「狭苦しい故郷の町をあとにしたときには、トーニオをこの町につなぎ止めていたかすがいや絆は、すでにゆるんでいた。由緒あるクレーガー家はすこしずつ崩壊と没落（das Abbröckeln und die Zersetzung）への道を歩んでいたが、町の人々がトーニオをそのシンボルだと見なしたのも理由のないことではなかった」（VIII 289／平野訳、四四頁）。

（7）「心のない享楽人」は、営利活動をまるで「スポーツ」のように遂行する人間として描かれている。「勝利をとげた資本主義は、機械の基盤のうえに立って以来、この支柱〔＝禁欲の精神〕をもう必要としない。禁欲の朗らかな後継者たる啓蒙主義の薔薇色の気分でさえまったく失せ果てたらしく、「職業義務（Berufspflicht）」の思想はかつての宗教的信仰の亡霊として、われわれの生のなかを徘徊している。「職業遂行」が最高の精神的文化価値と直接に関連づけられえない場合――あるいは、逆の側からいえば、主観的に単に経済的強制（Zwang）としてしか感じられない場合――、各人は今日およそその意味を詮索しないのが普通だ。営利の最も自由な地域であるアメリカ合衆国では、営利活動はその宗教的‐倫理的（ethisch）な意味を取り去られていて、今日では純粋な競争の情熱に結びつく傾向があり、その結果として、スポーツの性格を帯びることさえ稀ではない」（PG. 204／三六五―三六六）。市民的な禁欲の職業倫理から解放されたブルジョア的生と、ロマン主義的主観性との内通関係については、美感的なものと経済的なものとの接触を指摘するシュミットの議論も参照されるべきであろう。

（8）パラドクスに陥ったトーニオも、新しい秩序と形式の必要性を最終的に認めないわけではない。「リザヴェータ、ぼくはこれからもっとよいものを作るつもりだ――約束するよ。こうしてペンを走らせている間にも、ぼくの耳には海の響きが聞こえてくる。ぼくは目を閉じる。そして、まだ生まれていないぼんやりと暗い世界を見つめる。それは秩序づけられ（geordnet）、形を与えられる（gebildet）ことを望んでいる」（VIII 338／平野訳、一二九―一三〇頁）。このマンの思想と重なるように、ルカーチは、ビュルガーがブルジョアあるいはロマン主義者にとって替えられることによって、現代は無形式的な状況にあると主張していると考えられる。

　もちろん、ルカーチが日常的な市民的生を形而上学的に「カオス」として論じる場合があることは否定できない。そして、そのこと自体がジンメルからの影響を示す。市民的生とカオスを同一視するルカーチの思想の側面を強調する見解としては、cf. Carlos Eduardo Jordao Machado, "Die Formen und das Leben: Ästhetik und Ethik beim frühen Lukács (1910–18)," in *Lukács 1996: Jahrbuch der Internationalen Georg- Lukács-Gesellschaft*, Peter Lang, 1997, S. 63. しかし、本章で強調したいのは、職業倫理の義務的な厳格性・規則性を形式主義として拒絶するロマン主義的反抗がカオス、すなわち形式の解体に行き着くという、ルカーチのもう一つの重要な主張である。たとえば、元恋人の自殺を契機にして書かれた「精神の貧しさについて――対話と手紙」（一九一二年）においても、市民的義務の遂行という倫理は「生」に対する「形式」であるとされる。そこで、純粋さと直接性を追求する生は形式を破壊して超越しようとするが、そのような純粋で直接的な生が、新しい形式を見出すことができずに無差別的なカオスを招来してしまう。そのような様子が、恋人に自殺された「僕」と、その恋人の妹「マルタ」という二人の登場人物のやりとりのなかで描かれている。

僕：「僕は、いろいろな形式を曖昧にぼかして混同してしまった。僕の生の形式は何ら生の形式ではない。」(AG.242／一九一)

マルタ：「私の理解が正しければ、あなたは形而上学的な基盤のうえにいろいろなカーストを新たに打ち立てようとしていらっしゃるのです。だからあなたの目にはたった一つの罪(Sünde)しか存在しないのです。いろいろなカーストを混同してしまうという罪しか。」

僕：「あなたは僕を驚くほど正しく理解してくださいました。僕は自分のことを十分明確に表現したかどうか分からなかったし、自己自身に対する義務という愚かな近代的個人主義と間違えられるのではないかと恐れていました。」(AG.247／一九八——強調引用者)

最終的にルカーチが目指すのは、市民的な職業倫理でもなければ、無形式的なロマン主義的主観のカオスでもなく、ブルジョア的−ロマン主義的生の肥大したデカダンスを克服しうる新しい形式と秩序である。このことは、多様なもののあいだに明確な境界を画定し区別することを前提とする。

「生」と「形式」の統一というジンメルの「文化」概念の観点から、ルカーチの『魂と諸形式』、ならびにルカーチのマン論をも(内在的な)手がかりの一つにして、丸山眞男の思想を分析しているものとして、笹倉秀夫『丸山眞男の思想世界』、みすず書房、二〇〇三年参照。本書において笹倉は、ルカーチにとってのマンに、丸山にとってのフルトヴェングラーを対応させている。同書、三五〇頁以降、とくに三五六頁以降参照。ただし、ルカーチとシュミットの場合、ロマン主義批判にもとづいて新たな形式として提起されたのが、それぞれ「共産党」と「カトリック教会」なのであった。本書第二章四参照。

(9) 蔭山宏『ワイマール文化とファシズム』、みすず書房、一九八六年、六四頁。

(10) 同書、二「ワイマール文化の一断面――〈等価性の世界〉の概念」参照。(その注16では、等価性は「アリストクラティーの崩壊」と言い換えられている。)このような蔭山の視点から、たとえば次の箇所は読まれるべきである。「エッセイは様式的に文学作品と等価(gleichwertig)でありうる、したがってここで価値の区別(Wertunterscheidungen)について語ることは不当である、というわけだ。それはそうかもしれない。しかし、それに何の意味があるのか?……巧みに書かれたものは芸術作品だ」――、それでは巧みに書かれた広告や今日のニュースのたぐいも文学なのか?ここに僕が見るのは、批評についてのこうした意見のなかで君を不愉快にするものだ。すなわちアナーキーだ。形式を否認すれば、自らを主権者だと思い込んでいる知性は、あらゆる可能性を駆使して自由に戯れにふけることができるというわけだ。しかしここで僕が芸術形式としてのエッセイについて語るとすれば、それは秩序(die Ordnung)の名においてである。……エッセイには形式がある、その形式が決定的な法律の厳しさをもって、他のすべての芸術形式からエッセイを区別する、こう感じないではおられないからなのだ」(SE: 4–5/一〇―一一)。

(11) ヴェーバーのいう「神々の闘争」とシュミットのロマン主義論との関連については、和仁、前掲書、一六一頁以降:佐野誠『近代啓蒙批判とナチズムの病理――カール・シュミットにおける法・国家・ユダヤ人』、創文社、二〇〇三年、第二章参照。この関連において、P・ビュルガーは、初期ルカーチとシュミットとの共通性について重要な指摘をしているが、しかしその際に、ルカーチにとっての「カオス」を、シュミットにとってのホッブズの万人の万人に対する「闘争」と対応させている。Cf. Peter Bürger, *Prosa der Moderne*, Suhrkamp, 1988, S. 417; Carlos Eduardo Jordao Machado, *ibid.*, S. 55. しかし、ルカーチの「カオス」あるいは「感情のアナーキー」はいうまでもなく、シュミットの「オッカジオナリスムス」でさえも、ホッブズの「闘争」(そこからシュミットは、オッカジオナリスムスに対抗して自身の「政治的なもの」の概念を練りあげた)とは共通性をもたない。ロマン主義的な無形式性の地平には、あらゆる価値が対立・葛藤することなく無差別に共存する「等価性の世界」(蔭山宏)がおとずれ、やがて

「型なし社会」（丸山眞男）が出現する。これこそ、ルカーチやシュミットが「形式」を重視した所以であろう。ヴェーバーの「神々の闘争」とその後のシュミットの「諸価値の僭主政」との異同に関する鋭利な分析を通じて、諸価値のあいだの対決・葛藤と序列化（Ordnung）との相克を抉り出したものとしては、内藤葉子「「神々の闘争」は「ヴェーバーの遺した悪夢」か？――シュミットの「価値の専制」論に照らして」、『現代思想 総特集＝マックス・ウェーバー』、二〇〇七年一一月臨時増刊号所収参照。ただし本章は、ある価値の選択はまったく序列化＝秩序を前提することなく可能なのかどうか、という問いを提起しておきたい。

（12） 和仁によれば、ここにシュミットは、（ここで意味するような）ロマン主義からキルケゴールが分かたれる点を見出した。つまり、キルケゴールには「悲劇性の概念」がある。前掲書、一六〇頁、注74; PR. 76, n. 81／八一、注16参照。そして、本章でこれから見るように、ルカーチはキルケゴールから〈区別・決断の倫理〉を引き出し、そして第四章で見るように、革命に参加するなかで彼は、この倫理は「悲劇的な葛藤」をともなうと考えることになる。

（13） ちなみにルカーチは、この市民的な生の形式としての倫理・義務を「定言命法」（SF. 146／一二五）とも呼ぶことによって、カント倫理学を示唆している。このことは、その義務が快不快の度外視を含むことと合致する。

（14） シュトルムが新しい世界を予感しつつも古い形式に固執していることを論証するために、ルカーチは、シュトルムが短編小説《ノヴェレ》を書いたが長編小説《ロマーン》は書かなかった点を指摘する。Cf. SF. 156ff／一三四以降, 161ff／一三八以降. ルカーチにおける長編小説《ロマーン》とロマン主義との関連については、後に『小説の理論』において明確化される。第二章三―二（三）参照。

（15） これは『トーニオ・クレーガー』の次の箇所を指していると思われる。「優れた作品というものは、つらい日常の重圧のなかからしか生まれないこと、人生を愛する者は創造などできないこと、真の創造者でいるためには（um ganz ein Schaffender zu sein）、死んだも同然でなければならないこと」（VIII 291–292／平野訳、四九頁）。同様の主張としては、たとえば次の箇所も参照。「小説（Novellen）を書く銀行家というのはたしかに珍しい。けれども犯罪なんかと縁のない、無疵で堅実な銀行家でありながら小説を書く——そんな人間はいないんだよ……」（VIII 299／平野訳、六二頁）。

（16）『ヴェニスに死す』（一九一二年）の主人公である市民的芸術家アシェンバッハは、美と醜・病気の混淆した死を迎える。そして、その最大の要因である「少年愛好」は、「戦時随想」において文化の一要素に数えられている（XIII 528）。このように、『考察』での市民性の現代化は、「戦時随想」での〈ドイツ文化は野蛮である〉という主張の継続を意識させることを意図しているように思われる。もちろん、それに成功しているかどうかは別の問題である。

（17）これは『ヴェニスに死す』からの引用であると思われる。「グスタフ・アシェンバッハは、疲労の極限にあって働く（am Rande der Erschöpfung arbeiten）ひと、過重な任務に喘ぐひと、すでに精根を磨り減らしているひと、かろうじて毅然としているひと、……業績のモラリストたち（Moralisten der Leistung）を描く詩人であった。こういうモラリストたちはたくさんいるが、かれらこそ時代の英雄たちなのである。かれらはアシェンバッハの作品のなかに自分自身を見出し、是認され、称揚され、謳歌されるのを見出し、詩人に恩義を感じて、その名を喧伝した」（VIII 453–454）。圓子修平訳、集英社文庫、二〇一一年、二一一—二一三頁。

（18）もっともマンは、現代のいわば市民的ブルジョアがプロテスタンティズムの倫理の産物であるという考えを、「全く独力で、読書に頼らず、直接的な洞察によって」獲得したと主張し、ヴェーバー、トレルチ、ゾンバルトからの影響を明確に否定する（XII 145–146／XI 一一九—一二〇）。実際にそうであれば、ルカーチによる禁欲的職業倫理への着目は、ヴェーバーの宗教社会学と並んでマンの小説にも由来すると推測することもできる。いずれにせよ、結果的にではあれ、ドイツ的市民のブルジョア化という問題が倫理をめぐるものであるという点について、ルカーチとヴェーバーの思想的関連が裏書きされる。なお、マンによれば、この「業績・努力の倫理」への着目は、「倫理家」（審美家ではなく）としてのニーチェからの影響による（XII 146／XI 一二〇）。マンの作品における「業績・努力の倫理家」という論点の意義について、『魔の山』を中心に論じているものとして、友田和秀「『魔の山』試論

——主人公ハンス・カストルプの形姿をめぐって」、『研究報告』第三号、一九八八年所収参照。

(19) この「倫理的悲劇」を象徴するものとして、デューラーの『騎士と死と悪魔』が挙げられる。

(20) 『ヴェニスに死す』にはこうある。「医師の配慮によって、少年アシェンバッハは学校へは行かずに、家庭教師について学んだ。孤独に、友人というものをもたずに彼は成長した。早くから彼は自分が、才能がないのではないが、その才能が実現するのに必要な肉体的基盤をもつことが稀な一族、——若いときにその最善のものをしめすのがつねであり、能力が稀にしか長つづきしない一族に属していることを自覚しなければならなかった。しかし彼が好んでいるモットーは「終わりまで耐えぬけ（Durchhalten）」というものだった、——彼が自分のフリードリヒ＝ロマンのなかに、彼にとっては受動的＝活動的な（leidend-tätig）美徳の総和と思われた、この命令語の聖化以外のなにものも見ていなかった」（VIII 451／圓子訳、一九頁）。「業績・努力の倫理家」（を描く）アシェンバッハは、才能とその肉体的・物理的基盤の乖離のなかに、つまり悲劇のなかにいる。

(21) 脇、前傾書、五〇頁以降参照。蔭山も、ルカーチ「市民を求めて」（一九四五年）を参照しながら次のように主張する。「ルカーチによると、世紀末から今世紀初頭にいたる時期のトーマス・マンは、「市民的生活形式」の崩壊のなかから、「感情のアナーキー（Gefühlsanarchie）」が大衆的拡《マッセンハフト》がりをもって噴出してくる時代の傾向を、もっとも誠実にうけとめた知識人の一人であった。当時のドイツにおいて、「市民」の「ブルジョア」への変質という方向で自己形成《ビルドゥング》するのを肯定せず、同時に旧来の「市民」、「古き良き時代」の賛美者にもならなかった一部の知識人にとって、時代の社会的圧力をともなない重くのしかかってくる「感情のアナーキー」にどう対処するか、という問題はさけてとおることのできない切実な関心事であった」。蔭山、前傾書、五八―五九頁。蔭山の主張に依拠してルカーチとマンの思想的関連に言及しているものとしては、小野紀明『現象学と政治——二十世紀ドイツ精神史研究』、行人社、一九九四年、二〇四頁以降参照。ルカーチとマンにおける市民のブルジョア化という共通した課題へのいちはやい着目として、笹倉秀夫『近代ドイツの国家と法学』、東京大学出版会、一九七九年、一二三一―一二三五頁参照。

（22）「文化と社会主義」からの引用を含む丸山眞男のテクストにおける概念的対照をいささか大雑把に用いるならば、身分や家族への帰属という「であること」の論理が立ち行かなくなった時点で、そのつどの業績・努力という「すること」の論理が重要にならざるをえない。しかし、マンが第一次大戦期に主張したのは、新しい「すること」の論理によって古い「である」社会（一九世紀的ドイツ市民性）を維持すること、「すること」の論理を「であること」の論理＝禁欲的倫理に接合させることであった、と考えることも可能である。これが、市民の没落、ブルジョア化、現代化、つまりアリストクラティックな身分制的社会構造の平準化にともなう二〇世紀的大衆の登場という歴史的状況に直面したマンの「退却戦」であり、英雄的で貴族的にも見えるが、しかしやはり一つの悲劇である。そして、等価性の世界＝型なし社会にあって、「すること」の論理は際限のない過度な自己規律に転化するか、さもなければただの戯れ、新しいものへの瞬時の便乗として空転し、結果的にその価値は形骸化を余儀なくされるであろう。事実、マンは第一次大戦以降、「業績・努力の倫理」からしだいに距離をとるようになる。この過程について、当時の時代情勢とのかかわりのなかでのマン自身の思想的変遷に即して論じているものとして、友田和秀『『魔の山』試論』、一一四頁以降参照。

（23）もちろん、キルケゴールにおいても、そのような区別と一義性は「禁欲」によってもたらされるものであり、したがって同時に「仮面」ないし「身振り《ジェスチャー》」の側面をも有していた、とルカーチはいう。しかし、その「身振り」が一つの形式として「魂」へ帰還し、両者が相互作用する可能性を、ルカーチはキルケゴールのなかにも見出そうとする。「身振りは魂に戻ってそれにはたらきかけ、この魂が逆にまた外にでて、魂を隠蔽しようとする身振りにはたらきかけ、魂は身振りを通して輝きだす。そして双方のどちらも、つまり身振りも魂も、一生を通じて、相手から隔離された堅固な純粋さに留まることはできない」（SF. 84／七五―七六）。

（24）本書第一章四―一参照。また、ヴェーバーの「抗争的多神論」との対照において、諸価値の対立の解消をもたらすジンメルの哲学の「存在論的な基礎前提」を「美的汎神論」として規定するものとして、野口雅弘『闘争と文化

——マックス・ウェーバーの文化社会学と政治理論』、みすず書房、二〇〇六年、第V章参照。

(25) Cf. K. Mannheim, "Preliminary Approach to the Problem," 1936 in *Ideology and Utopia: An Introduction to the Sociology of Knowledge*, trans. by Louis Wirth and Edward Shils, A Harvest Book, pp. 7–8. 高橋徹・徳永恂訳「英語版序文——問題の予備考察」、『イデオロギーとユートピア』、中央公論新社、二〇〇六年、一四—一六頁。

(26) 「対決」を通じてそれぞれの価値が「形式」へともたらされるという考えは、ヴェーバーのなかにも見出される。Cf. OE. 156–157／四七.『魂と諸形式』の著者が一九〇四年のこの論文を読んでいることは間違いないであろう。

(27) 戦争勃発によるハンガリーへの帰国を挟み、ハンガリーでの革命発生までの時期、一九一二—一九一四年と、一九一六—一九一八年にかけて執筆された、ハイデルベルクでのルカーチの美学構想が今日草稿として残され公刊されている。前者は『ハイデルベルク芸術哲学（一九一二—一九一四年）』*Heidelberger Philosophie der Kunst (1912–1914)*, Luchterhand, 1974 であり（著作集第一六巻）、後者は『ハイデルベルク美学（一九一六—一九一八年）』*Heidelberger Ästhetik (1916–1918)*, Luchterhand, 1975 である（著作集第一七巻）。前者には邦訳がある。城塚登・高幣秀知訳『芸術の哲学』、紀伊國屋書店、一九七九年。ただし、ルカーチはその一部を一九一八年に公刊している。Georg von Lukács, "Die Subjekt-Objekt-Beziehung in der Aesthetik," in *Logos*, Bd. 7, 1917/18. 池田浩士訳「美学における主体－客体関係」、『ルカーチ初期著作集』第一巻所収。この論考に関するテクスト・クリティークについては、高幣秀知『ルカーチ弁証法の探究』、未来社、一九九八年、三四—三八、一二〇—一二五頁参照。

(28) 本書第一章四—一参照。ロマン主義批判とドストエフスキーへの関心との関連については、第二章三—二（三）参照。

(29) 本書第四章参照。

(30) 本書第一章四—二で見たように、やがてルカーチはこれを克服の対象として「第一倫理」と呼ぶことになる。

(31) Unzeitgemässe Betrachtungen と Betrachtungen eines Unpolitischen との表面的な類似性に改めて注意が払われる

べきであろう。いうまでもなく、表面的な類似性は哲学的な類似性を何ら保証するものではない。

（32）しかし、ニーチェ自身は、「カオス」と「神々の闘争」をほぼ同義的にとらえている（UB. 333／二三〇, cf. 272／一五二―一五三）。これに対して本書は、すでに論じたように、ルカーチの歴史認識的問題として、諸価値の対決・葛藤を意味する「神々の闘争」とブルジョア的－ロマン主義的生がもたらす「カオス」（オッカジオナリスムス、等価性の世界）とを分析的に区別する。

（33）*The Rebirth of Classical Political Rationalism: An Introduction to the Thought of Leo Strauss*, Essays and Lectures by Leo Strauss, selected and introduced by Thomas L. Pangle, The University of Chicago Press, 1989, pp. 24-26. 石崎嘉彦監訳『古典的政治的合理主義の再生――レオ・シュトラウス思想入門』、ナカニシヤ出版、一九九六年、六七―六九頁。

（34）「記念碑的」、「骨董的」、そして「批判的」という歴史の分類を、「習慣」との関係のあり方を基準にして理解することも可能である。つまり、骨董的歴史は旧来の習慣を保存し、批判的歴史は古くなった第二の自然から新しい自然に向かい、そして記念碑的歴史は、これから見るように、習慣に反対する。もちろん、繰り返せば、この分類の理解は、歴史が生を支配する場合（歴史の過剰）ではなく、生が歴史を支配する場合にはじめて妥当する。「緊急の苦難（Noth）を知らぬ批判者、敬虔（Pietät）の念なき骨董家、偉大なものの能力をもたない偉大通、これらはのびっぱなしで雑草になった、自らの自然的な母なる大地から疎外された、それゆえ退化した植物である」（UB. 264―265／一四三）。

（35）そのときのマンの運命は、デカダンスの「最後の」道徳的帰結を「極限まで押し進めること（Auf-die-Spitze-Treiben）」によってデカダンスを克服することであった、と後にルカーチは分析する（TM. 519／四一八）。

（36）ここで極めて興味深いことに、ヴェーバーは講演「職業としての学問」（一九一七年）において、「合理化と主知化」、「世界の脱魔術化」を宿命とする現代では、「芸術」は「親密な」ものでしかない、換言すれば、私的領域に内奥化してしまい「記念碑的（monumental）」なものにはなりえないと主張している。「もし私たちが記念碑的な芸術信条（Kunstgesinnung）を無理強いして「発明」しようとするならば、ここ二〇年間の多くの記念碑（Denkmäler）における様な惨めな失敗作が生まれるだろう」（WB.612／七一—七二——強調引用者）。

(37) もっとも、すでに本書第一章五で説明したように、「古い文化と新しい文化」（一九一九年）以降、ルカーチは革命の目的をドイツ古典主義の遺産に連なる人間的自由の実現として理解していると考えられる。そして、そうした理念はさらにギリシア的な人間理解にまで遡りうると理解することもできよう。それにもかかわらず、ルカーチが「歴史」を重視していくことにかわりはない。いずれにせよ、ニーチェとの関連において、『魂と諸形式』に戻って確認されるべきは、ルカーチはすでにこの段階で、一九世紀的ドイツ市民性がもはや限界に達しているという限界状況の認識をもっていたことである。この末人的な認識の点においては、ルカーチはニーチェの弟子である。第一章四の冒頭で少し触れたように、この認識は第一次大戦の勃発によって——生まれるのではなく——強化・深刻化する。ルカーチが第一次大戦を限界状況としてとらえたもう一つの意味については、本書第四章四参照。

第四章　「悲劇」の問題：ルカーチの共産党入党の決断における倫理と政治

一　ルカーチにおける政治の自覚——倫理と政治の結合

前章で明らかになったように、ルカーチは、ヴェーバー的な宗教社会学的観点から、ジンメル的な「文化のパラドクス」、「文化の悲劇」、つまり現代における（ロマン主義的な）「無形式性」を、市民性と芸術のためにの芸術とのパラドクスとしてとらえ返し、そこに禁欲的職業倫理の消失とブルジョア的享楽の出現を見出した。それに対抗する精神的態度としてルカーチがキルケゴールに依拠しつつ獲得したのが、〈区別・決断の倫理〉である。

しかしその後、戦争と革命の勃発によって政治情勢が不穏なものになるとともに、やがてルカーチは美学や芸術そのものから距離をとるようになり、キルケゴールに加えてドストエフスキーにも依拠しつつ「倫理的」関心をいっそう強めていった（第一章参照）。さらに、ハンガリー革命政権への参加と、革命政権崩壊後のヴィーンでの亡命生活における思索の深化のなかで、マルクス主義へと傾斜したルカーチの思想は、以前からのロマン主義批判を基盤にしつつ、最終的に『歴史と階級意識』において（シュミット的な意味での）「政治的なもの」に到達した。自己意識としての「文化」はプロレタリアートの「階級意識」にとって替えられ、そしてそれを歴史と媒介する「形式」としての「共産党」による「指導」と「規律」が要求された。このもとで、革命における日々の「決断」が可能になると主張された（第二章参照）。かくして、共産党という組織において、〈区別・決断の倫理〉は「形式」への意志として結実したのである。

ところで、ルカーチの思想におけるこのような「文化」から「政治」へのシフト(1)は、彼自身の共産党入党の決断と密接に関係している。これから本章で見るように、ロシア革命の波を受けてハンガリーでも共産党の形成と革命政権の樹立が果たされるなかで、ルカーチは、ボルシェヴィズムの独裁という「暴力」の問題に個人的に直面することになる。ここにおいて、彼のなかで「政治」が急速に自覚されることになる。この政治の自覚とともに、『魂と諸形式』においてキルケゴールから引き出され、『小説の理論』を経由してドストエフスキーへと合流した〈区別・決断の倫理〉が、彼の共産党入党という実際の決断へと現実化する。そして、このプロセスのなかで、ジンメルやマンが自らの思想的課題として引き受けた、そしてルカーチも彼らの思想のなかに確認した、「悲劇的な葛藤」の契機が、いよいよルカーチ自身の〈区別・決断の倫理〉においても本質的なものとしてあらわれてくる。

まずは、この時期における美学の放棄と政治－倫理的関心との関連を、晩年に行なわれたインタヴューを参照することによって確認しよう。

ルカーチ：『ハイデルベルク美学』はまもなく放棄してしまいました。なぜなら、私は一九一七年に倫理的な諸問題に関心をいだき始めたからです。それで、こうした美学的な問いはもう無視してしまったのです。(GD.77／八八)

——中略——

インタヴュアー：さきほどあなたは、倫理的な諸問題に関心をいだき始めたので美学を放棄した、とおっしゃいましたね。この関心の結果としてどのような仕事が生まれたのでしょうか。

ルカーチ：著作という形式ではその頃どんな作品も生まれませんでした。倫理に対する関心は私を革命へと導いていったのです。

――中略――

インタヴュアー：あなたの理論的な活動は美学から始まりました。それから倫理への関心が出てきます。そのあとに政治への関心が続いたわけです。一九一九年からは政治的関心が支配的となります。

ルカーチ：私の見解によれば、この政治的関心は同時にまた一つの倫理的関心であったということを忘れてはなりません。「何をなすべきか？（Was tun ?）」、これが私にとってはつねに主要問題でしたし、この問いによって倫理的な問題性《プロブレマーティク》と政治的なそれとが相互に結びつけられたのです。（GD.85-86／九六―九七）

このインタヴューは、ルカーチが死の直前に書き記した自伝的なスケッチ「生きられた思想」を補足説明するという趣旨のもとに、一九七一年に行なわれたものである。引用箇所は、ヴェーバーが講演「職業《ベルーフ》としての学問」（一九一七年）のなかで「美学者」（WB.610／六八―六九）として紹介したルカーチが、あたかも師の警告を無視するかのように政治＝革命へと向かっていった様子を伝えている。しかしここでとくに注目すべきは、ルカーチに美学を放棄させ政治＝革命へと向かわせたのが「倫理に対する関心」であったこと、つまり「政治的関心は同時にまた一つの倫理的関心であった」というように、この時期の彼において倫理が政治と不可分の関係をもつようになったことである。このことは、彼がこの意味における倫理への関心をもつようになったのが「一九一七年」であったという事実、つまり彼の政治－倫理的関心がロシア革命を契機にしていたという事実からも分かる（しかし後述するように、ルカーチにおける倫理と政治の結合という問題を理解するには、さらに第一次大戦の勃発にまで遡ることが必要である）。

次に、この時期のルカーチの美学の放棄と（キルケゴール＝ドストエフスキー的な）政治－倫理的関心の高まりとのなかで、ルカーチの〈区別・決断の倫理〉がどのような意義をもつのか、ルカーチを美学者として紹介するヴェーバーの「職業としての学問」との関連において検討しよう。

周知の通り、ヴェーバーによれば、「世界の脱魔術化」の果てに「神々の闘争」という「多神論」的状況に到達した現代において、「職業」としての学問のなしうることは、神々のあいだに優劣をつけてその闘争に決着をつけることではなく、ある価値ないし目的が与えられていることを前提にして、それを実現するための手段の合理性を、あるいは手段の選択がもたらす結果を、整合的に明確化することだけである。こうした文脈において、ヴェーバーは、ある価値ないし目的を選択するのではなく前提とする「職業」としての学問の例として、ルカーチの美学構想を紹介するのである。

いかなる学問も絶対に無前提的ではなく、そしていかなる学問も、自らの諸前提を拒否する者に対して、自己自身の基本的価値を根拠づけることはできない。……すべての神学に、たとえばヒンドゥー教の神学にも妥当する前提は、世界は何らかの意味をもっているに違いないというものであり、そして、すべての神学の問いは、この意味が思考可能になるためにそれはいかに解釈されねばならないか、ということである。それはちょうど、カントの認識論が「学問的真理は存在し、そしてその真理は妥当する」という前提から出発し、そしてその次に、いかなる思考前提のもとでこのことは（意味ある仕方で）可能であるか、ということを問うたのと同様である。あるいは、現代の美学者らが（明示的に――たとえばG・フォン・ルカーチのように――、あるいは事実上）、「芸術作品は存在する」という前提から出発し、そしてようやく、いかにしてこのことは（意味ある仕方で）可能であるか、ということを問うのと同様である。（WB.610／六八―六九）

結局は体系化されることなく未完に終わったルカーチの美学構想の内容をよく知っていたヴェーバーは、そこに見出される「芸術作品は存在すべきか」という価値への問いの断念を際立たせ、それを高く評価する。したがって、ある価値を前提とする「職業」としての美学を放棄し、政治的実践に向かっていくルカーチが関心を寄せた「倫理」とは、諸価値の衝突を単に前提とするだけではなく、それら諸価値のあいだを明確に区別し、なおかつそれらから選択するという〈区別・決断の倫理〉であると考えられるのである(2)。

このことは別の観点から、つまりルカーチ自身の言動からも確認される。ルカーチは先に引用したインタヴューのなかで、一九一七年には倫理的な諸問題に関して「著作という形式ではどんな作品も生まれなかった」としているが、実際に彼がこの時期に「倫理」を主題とする諸論文を執筆し発表したのは一九一八年から一九一九年にかけてのことである。この年代は重要である。なぜなら、その間に彼はハンガリー共産党に入党しているからである(一九一八年一二月)。ルカーチにとって「何をなすべきか」という問いは、ロシアのボルシェヴィズムを受けいれて共産党に入党するか否かという具体的内容をともなっていたのである。そしてこの「何をなすべきか」という問いが倫理と政治を結びつけたとルカーチは説明している。この観点からも明らかになるのは、彼において倫理と政治の関係は行為の選択ないし決断の問題をめぐって考察されるということである。事実、これから見るように、彼は「倫理」をめぐる諸論文においてこの問題を扱う。

ところが、ヴェーバーの危惧に反して、ルカーチはそのなかで「政治」を自覚するようになり、さらにはヴェーバーがやがて「職業としての政治」(一九一九年)において主張することになる政治の「悲劇性」や、そこから政治家に要求される結果に対する「責任倫理」の意識についても、ルカーチはヴェーバーの同講演と同時期にその重要性を認識する。つまり、ルカーチもまた、政治的な決断と行動は「神々の闘争」のなかで何らかの「犠牲」

を払わざるをえないと考えるのである。

もちろん、『歴史と階級意識』の著者であるルカーチが後にこのような問いの立て方を、ヘーゲル的弁証法の見地から二元論的構成として、つまり主観主義的あるいは主意主義的として（自己）批判するであろうことは想像に難くない。「当時の私には、主観的な態度決定を客観的な現実性へと媒介するものは存在しなかった」（VTR. 6／一二―一三）。しかしながら、その一方でルカーチは別のテクストにおいて、当時の自らの思想的状況を次のようにも振り返っている。「この時期の甚だしい諸矛盾を「精神科学的」にそのつど一つの分母にくくって、一つの有機的な内在的・精神的発展を構成するならば、実際の真実から遠ざかることになると私は思う」（VLW. 12／四〇三）。この主張にしたがうならば、すでに獲得されていた〈区別・決断の倫理〉が「政治」といかにして不可分の関係をもつようになるのか、そしてそのなかでどのように「政治」が自覚されるのかという問題を、彼の個人的な思想発展の一段階として、後に止揚されることになる過渡的なものとして発展論的にとらえるのではなく、当時の時代状況が彼に突きつけた（と彼が考えた）問題として扱うことが要求されよう。こうした観点から、本章では、戦争と革命の時代に、ルカーチが「政治」を自覚するなかで「悲劇的な葛藤」を自らの倫理へと組み込むプロセスが解明される。

二　道徳的問題としてのボルシェヴィズム――意志と信仰

一九一四年に第一次世界大戦が勃発し、一九一八年にはオーストリア＝ハンガリー帝国が崩壊した。こうした状況下で、ハンガリーの民主的改革かそれともロシア革命の路線にしたがうかという差し迫った問題が浮上した。そして一二月、ルカーチはこの問題に応答するために「道徳的問題としてのボルシェヴィズム」と題したテクストを発表する。そのタイトルが示すように、そこではボルシェヴィズムを選択するか否かという問題は「道徳的」なものとして規定されている。ルカーチは、「決断（Entscheidung）」とは「意志すること（Wollen）」に他ならず、その意味において「道徳的」なものであると主張する（BMP.27／二八二）。

ボルシェヴィズムをめぐってこのような独自の問題設定を適用する正当性を、ルカーチはボルシェヴィズムに関する一般的な議論を二つに大別してそれぞれを切り崩すことによって、主張する。まず第一に、ボルシェヴィズムをめぐる論議のなかで最も多くもちだされる、「経済的および社会的な状況はただちに権力を掌握するに十分なだけ熟しているのかどうか」という問題は、「完全な確信をもってすでに前もって答える」ことなどできない問題である（BMP.27／二八二）。第二に、「ボルシェヴィズムの権力掌握は文化的および文明的な諸価値の殲滅をともなう」という批判に対しては、ボルシェヴィズムのような「重大な世界史的な価値の変革は、価値の殲滅なしには達成されえない」し、また同時にボルシェヴィズムは「来るべき新しい世代のために新しい諸価値を創造するほど強い」とルカーチは主張する（BMP.27–28／二八二―二八三）。そして、「状況が十分に熟していないということと、文化的諸価値の殲滅ということとが〔ボルシェヴィズムに対する〕決定的な反対の論拠でないのであれば、問いは別の仕方で立てられねばならない」とされる（BMP.28／二八三）。ここで彼が着目するのが、目標を「いかなる代償を支払ってでもただちに実現しようと意志すること」、つまり「道徳的あるいは歴史哲学的な理由から決断する」という側面なのである（BMP.27／二八二）。このようにルカーチにとってボルシェヴィズムとは、ここに至って「経済的」な問題でもなければ「文化的」な問題でもなく、あくまで「意志」あるいは「決断」にかかわるものであり、その意味で「道徳的」な問題なのである。

これとの関連においてルカーチはマルクスに言及する。ボルシェヴィズムを特殊道徳的な問題として設定するためには、「マルクスの歴史哲学を彼の社会学から意識的に切り離す」必要がある、というのである（BMP.28／二八三）。ルカーチによれば、マルクスの「社会学」はこれまでの階級闘争の歴史を「確認」するにすぎない。そこでは「歴史過程全体はこれまでつねに階級闘争によって、抑圧者と被抑圧者との闘争によって成り立ってきた」ことが確認されるだけである（BMP.32／二八六―二八七）。このような「純社会学的な必然性の観点のもとでは……これまでの被抑圧者が抑圧者となるだけである」。ブルジョア階級の解放闘争が新たな抑圧を生み出しただけであったように、プロレタリアートの勝利があらゆる階級抑圧の廃棄につながる保証はない。つまり、「真の――抑圧者と被抑圧者のない――自由を招来するためには、なるほどプロレタリアートの勝利は絶対に必要であるが、しかしそれは一つの前提にすぎない」（BMP.29／二八四）。最終目標である真の自由、言い換えれば「階級抑圧なき社会秩序」――ルカーチはこれを「純粋な社会民主主義」とも呼んでいる（BMP.30／二八五）――を実現するためには、「諸々の社会学的な確認と法則性とを越え、そしてこれらからは導き出しえない、民主的世界秩序を意志することが必要である」。そしてマルクスの「歴史哲学」はこの意志の側面に関係するものであり、それは「ユートピア的要請」を、すなわち「来るべき世界秩序のための道徳的傾向」をあらわすとされるのである（BMP.29／二八四）。かくして、「決断の瞬間――そしてそれはいまである――には、魂のない経験的な真理と、この人間的、ユートピア的、倫理的な意志することとの差異に留意することが不可避となる」とルカーチは主張するのである[3]（BMP.30／二八五）。

ここまでのルカーチの議論から、彼が何の躊躇もなくボルシェヴィズムを選択＝意志しているかのような印象が生じるかもしれない。しかしここまでの議論は、あくまでボルシェヴィズムを一つの問題としてとらえ、そしてその問題をどのように設定すべきかということに限定されている。事実、彼は次のように注意を促している。「以上に述べたことから、もしかすると……真の社会主義者のボルシェヴィズムに与する決断は一切の疑念から解放されているというような外見が生じるかもしれない」（BMP.28／二八三）。しかしながら、ボルシェヴィズムに与する決断には「道徳的なディレンマ」（BMP.30／二八五）がともなう、とルカーチは主張する。彼によれば、この「道徳的なディレンマは、二つの決断のいずれにも恐ろしい罪（Sünde）と測り知れぬ誤りの可能性とが隠れている、ということから生じる」（BMP.31／二八六）。ここでいわれている「二つの決断」とは、ハンガリーの改革の最終目標としての階級抑圧なき社会秩序を、民主主義の方法によって実現するという決断と、ボルシェヴィズム的なプロレタリアート独裁を通じて実現するという決断、この二つである。民主主義とボルシェヴィズムの双方に「罪」と「誤り」が隠れているかもしれない、というディレンマに彼は直面しているのである。

それでは、第一に、「民主主義の方法」によって最終目標を実現しようと意志することの「罪」と「誤り」とは何であると考えられるのか。この場合、「多数の人間がこの〔階級抑圧なき〕新しい世界をまだ意志していない」ということがありうるので、「われわれは彼らの意志に反して彼らを支配しようとは意志しない」という結論に到達せざるをえない。その場合に社会主義者は、彼の目標に同意しないような階級や党派とも協同しなければならなくなるので、「目標の純粋性と意志することのパトスとを損なわないような協同形態を見出す」ことが必須の課題となる。だが、ルカーチによれば、このような協同は「まっすぐで直接的な道からの逸脱」に他ならず、やがて「意志することのパトスに逆作用を及ぼす」ことになる。こうして民主主義は「妥協」を要求せざるをえないとされる。これに対して、「この妥協からの解放にこそボルシェヴィズムの魅力がある」とルカーチは述べる。

しかしながら、第二のボルシェヴィズム的な階級闘争の方法は、いうまでもなくプロレタリアートの独裁を要求する。したがって、その階級闘争のなかで「われわれはテロルと階級抑圧の側に立たざるをえない、なぜなら、いまやプロレタリアートの階級支配が出現するからである」。つまり、ボルシェヴィズムはプロレタリアート独裁という一つの階級抑圧によって階級抑圧なき社会を実現しようとするのである。かくして、ボルシェヴィズムをめぐる「道徳的ディレンマ」は次の問いへと定式化される。すなわち、「善を悪しき手段によって、自由を抑圧によって、闘いとることがゆるされるのか？」（BMP.30–31／二八五―二八六）。

ここまできてようやくルカーチ本人の「決断」が下されることになる。このテクストにおける彼の態度決定は、端的にいって、悪から善は生まれないというものである。

ボルシェヴィズムは、悪から善が生まれるという、嘘をつき通して真理に到達することが――『罪と罰』のなかでラズーミヒンがいうように――可能であるという、形而上学的想定にもとづいている。本稿の筆者（＝ルカーチ）は、こうした信仰を分かち合うことができない。そしてそれゆえに彼は、ボルシェヴィズム的な立場の根底に解決不可能な道徳的問題を見出すのである。（BMP.33／二八七）

これに対して民主主義は、人びとに「非常な断念と無私を要求するにすぎ」ず、そしてこの要求は「ボルシェヴィズムの道徳的問題とは対照的に解決不可能な課題ではない」とルカーチはいう（BMP.33／二八八）。こうして彼は、抑圧という非道徳的な手段よりも道徳的純粋性・厳格性[4]を、そしてそれゆえボルシェヴィズムという「性急な英雄行為（die plötzliche Heldentat）」（BMP.32／二八七）よりも民主主義的「妥協」を選択する。これは一つの「罪」であり、「たんなる断片ではなく社会民主主義全体を実現しようという主張を意識的に犠牲にする（opfern）」。この罪と犠牲によって堅持されるのは次の純粋で厳格な道徳性である。「ひとは悪を悪として、抑圧を抑圧として、階級支配を階級支配として、呼ばなければならない」（BMP.32／二八七）。

このテクストに関して最後に触れられるべきは、ボルシェヴィズムと民主主義とのあいだの選択という「道徳的」問題が、「信仰」の問題として総括されていることである。抑圧的な手段を拒否する代償として「妥協」を余儀なくされる者は、

> この〔現在の〕抑圧のあとに再び被抑圧者の権力闘争が続くことはなく、抑圧の自己絶滅が続くであろうということを信じていなければならない――そしてこれこそは、真の「不条理であるがゆえにわれ信ず（credo quia absurdum est）」なのである。それゆえ、二つの態度決定〔ボルシェヴィズムと民主主義〕のあいだの選択は――あらゆる道徳的な問いがそうであるように――信仰（Glaube）の問題なのである。（BMP. 32／二八七）

ルカーチにとって、何かを「意志する」ことはそれを「信じる」ことに他ならない。

以上のように、一九一八年のこの段階では、ルカーチはボルシェヴィズムに対して否定的であり、その「決断」の根拠は、悪から善は生まれないがゆえに非道徳的な手段を用いることはできないとする道徳的純粋性・厳格性のうちにある。ルカーチにとって「悪から善が生まれる」という想定は「解決不可能」な問題である。このように考えるルカーチにヴェーバーであれば、「善からは善のみが、悪からは悪のみが生まれるというのは、政治に関与する人間の行為にとっては決して真実ではなく、しばしばその逆が真実であること、……これが見抜けないような人間は実際は政治的に子供である」（PB. 554／九四）という、「職業としての政治」での言葉を投げつけるであろう。あるいは、権力や暴力という政治に固有の手段を用いるのを拒否するような人間は非政治的な人間である、というかもしれない[5]。しかしながら、「道徳的問題としてのボルシェヴィズム」が発表された同じ一二月に、ルカーチはハンガリー共産党に入党する。この態度決定の転換は、悪から善は生まれないという見解の変化を意

味している。それでは、その変化はいかにしてもたらされたのであろうか。

三　暴力をめぐる倫理的葛藤――政治の悲劇性

この間の事情をルカーチは、本章の冒頭で引用したインタヴューのなかで次のように回想している。

ルカーチ：白状しなければなりませんが、そしてまたこれについては証拠資料もあるわけですが、私はある動揺の後にようやく共産党に入党したのです。これは奇妙なことですが、しかし現実にはこういうことがよく起こるのです。歴史における暴力（Gewalt）の肯定的な役割については全くよく分かっていたにもかかわらず、……ここで暴力の問いが浮かびあがり、私が私自身の活動によって暴力を推進することになるという決断が浮かびあがってきたとき、人間の頭のなかの理論は実践と正確には合致しないということが明らかになったのでした。そして、私が一二月半ばに共産党に入党できるようになるためには、一一月に、ある一つの過程が経過しなければならなかったのです。

インタヴュアー：このときに『戦術と倫理』が生まれたのですか？

ルカーチ：そのときに『戦術と倫理』が生まれたのです。この論文が出版されたのは〔一九一九年〕一月でした。[6]これは一つの内面的な決算であり、それが私に共産党入党を可能にしてくれたのです。……ですから私は、自分の発展のなかにも動揺の一時期があったことを否定しようとは思いません。それは確かにほんの二、三週間続いたにすぎなかったわけですが、それでもそれはれっきとして存在したのです。（GD. 86-87／九八―九九）

ここで言及されている、共産党入党という決断の直前のわずかではあるが確かに存在した「動揺」についての「証拠資料」が、「道徳的問題としてのボルシェヴィズム」であり、その「動揺」の原因が、悪から善は生まれないとする道徳的純粋性・厳格性であることはもはやいうまでもないであろう。そしてルカーチもいうように、彼にボルシェヴィズムの選択を躊躇させたのは「暴力」の問題であった。暴力という道徳的に悪しき手段によって善き目的を実現するという見解を彼は受けいれることができなかったのである。しかし、この問題に関する「内面的な決算」として『戦術と倫理』が挙げられている。つまり、彼はこのテクストの執筆を通して、ボルシェヴィズムの暴力に対する態度を変更したのである。

この小冊子でルカーチはまず、政治思想史において古典的な、目的と手段の関係という問題を取りあげ、最終目標が社会的現実性の内部に存在する「内在」的関係と、最終目標がその彼岸に存在する「超越」的関係とを区別する（TE. 45／二〇）。そして前者のあり方を評価しつつ彼はそれを次のように説明する。

> 最終目標はユートピアとしてではなく、到達せざるをえない現実性（*die Wirklichkeit, die man erreichen muß*）としてカテゴリー化されるがゆえに、当面の利益を越えて最終目標を設定することは、現実性の捨象を意味するものではありえず、現実性に対して何らかの理想を無理に押しつけようとする試みを意味するものでもありえない。むしろそれは、社会的現実性の内部ではたらいている諸力――つまり最終目標を実現する方向に向かっている諸力――を認識し、それらを行為へと転化することを意味する。（TE. 46／二二）

したがって、それは超越的関係が陥ってしまうような「理想を欠いた現実政治《レアルポリティーク》」でもなければ、「実在的な内容をもたないイデオロギー」でもないとされる（*ibid.*）。このようにルカーチは、目的と現実とを内的に媒介する手段の使用をよしとするのであり、しかも、ここにおいて彼は、この考えがヘーゲルにしたがっているという（本章

注3参照)。かくして、プロレタリアートの階級闘争は「歴史の論理」に即応しつつ「超越的な目標設定を内在的なものへと変える」と主張されるに至る(TE.47/一二三)。

このような目的と手段の「内在的」関係に対する肯定的評価(およびヘーゲルに対する評価の逆転)から読みとられるべきは、それが善と悪との関係についてもつ含意である。ここにおいてルカーチは、悪から善は生まれないとする立場、換言すれば、悪しき手段によって善き目的を実現することを拒否する立場から、M・レヴィの言葉を借りれば「善はその反対物によって媒介されるときがあり、そして倫理的に「純粋」な目的は「不純」で本質的に非難されるに値する手段の使用を要求するときがあるとする立場」へと、つまり「「善」と「悪」との関係についての弁証法的な理解」へと移行しているのである。[7] この理解のもとでは、彼が固執していた「悪を悪として呼ぶ」立場は目的と手段との「超越的」関係にもとづくものとして退けられることになるであろう。ルカーチ自身も次のように述べている。「倫理とは、もはや自らの倫理が罪あるもの(sündhaft)として弾劾するすべてのことから遠ざかっていなければならぬという禁令ではなく、実践との動的な均衡であって、そこでは、(その個別性においては)罪あるものがときに正しい(richtig)行為の不可避的な構成要素となり、ときに倫理的な制約が(普遍的に妥当するものとして承認される場合には)正しい行為の障害となりうるのである」(GD.258/二九二)。そしてここで問われている問題をルカーチはこう規定している。「ここ〔『戦術と倫理』〕で私が投げかけているのは、ひとはいかにして非倫理的でありながらそれでもなお正しく(unethisch und *dennoch* richtig)行為することができるのかという、倫理的な葛藤(der ethische Konflikt)の問題です」(GD.85/九六——強調引用者)。こうしてルカーチは、「自らの倫理」の純粋性・厳格性・普遍妥当性に反する「非倫理的」な手段が「正しい」行為につながりうることを、そしてさらには正しく行為する際の「罪の不可避性」を容認し、それを「倫理的な葛藤」として引き受けるのである。道徳的に悪しき手段を用いざるをえない――「罪」を犯さざるをえない――状況が存在するからこそ、「倫理的な葛藤」は生じる。

さて、ここでいわれている非倫理的手段、道徳的に悪しき手段、つまり罪は、具体的には革命におけるプロレタリアート独裁という「暴力」を指す。それゆえ、この暴力をめぐる倫理的葛藤の問題は、ルカーチにおいても「政治」との関連において論じられることになる。「自己のうちである倫理的な決断を行なう個人は、何らかの戦術にしたがうかあるいはそれを拒否することによって、ある特別な行為の局面に、すなわち政治の局面に入り込む」（TE. 50／二八）。そして、政治に関する議論のなかでルカーチが問題にするのは、政治の局面に足を踏み入れた人間の「真剣さ[8]と責任意識（Ernst und Verantwortungsbewußtsein）」である。

まずルカーチは、政治に関与する人間は「自分がどのような状況のもとでどのように行為しているのかを知っていなければならない」と主張することによって、実践的決断を下す行為者に一定の学問（知）的認識を要求する。ただし、ここでいう「知る（Wissen）」とは、「現在の政治情勢とすべての可能な帰結とを完全に認識すること」でもなければ、「当事者が「自分の最善の知《ヴィッセン》と良心《ゲヴィッセン》」にしたがって行為する」という「純粋に主観的な思慮の結果」でもない。というのも、もし前者の場合であれば「いかなる人間の行為も最初から不可能であろう」し、後者の場合には「このうえない軽率と軽薄への道が拓かれ、いかなる道徳的基準も幻想となるであろう」からである。むしろここでの「知る」とは、「行為当事者は自分の行為の帰結を知りえたであろう（hätten wissen können）」という「客観的可能性（objektive Möglichkeit）」（ヴェーバーのいわゆる「客観性」論文から借用されたカテゴリー）[9]である。したがって、政治に関与する人間の「倫理的な葛藤」は、「自分の行為の帰結を知りつつ自分の良心に対してもその帰結の責任を負うことができたであろう（hätten verantworten können）かどうか」というかたちをとる（TE. 51／一二八）。

しかし、ルカーチはさらにこの「葛藤」を突き詰める。というのも、ここまでの議論はあくまで「可能性」の次元に留まるからである。ここにおいて、ルカーチは知（科学・学問）と倫理を区別する。彼によれば「科学・学問（Wissenschaft）は、認識は、ただ可能性を指摘することしかできない」（TE. 52／一二九）。しかし「倫理は個々人に問いかける（Die Ethik wendet sich an den einzelnen）」（TE. 50／一二七）。行為の結果についての「知」（＝予測）の「客観的可能性」を歴史的パースペクティヴから事後的に確定しえたとしても、「このように生まれる行為が必然的にすでに道徳的に誤りなく異論の余地のないものであるはずだ、ということには決してならない」（TE. 52／一二九）。かくして、ルカーチにとって政治に関する「倫理」は、むしろ行為の道徳的可謬性を認める「悲劇的な葛藤」と切り離せないものとなる。

いかなる倫理も、正しい行為のための処方箋をでっちあげ、人間の運命の克服しえない悲劇的な葛藤（der tragische Konflikt）を平坦にして否定するということを、任務にすることはできない。それとは反対に、倫理的な自覚はまさに、罪責（Schuld）を背負いこまずに行為することが不可能な状況——悲劇的な状況——が存在するということに、注意を促すのである。（TE. 52／一二九—一三〇）

このように、ルカーチが政治に関与する人間に求めるのは、免罪を可能にするような責任のあり方ではない。むしろ政治における「責任意識」は、無罪（unschuldig, innocent）であることが不可能であるような「悲劇的な状況」の存在をまず認めること、ここからしか出発しえない、と考えられている。彼にとって「倫理的な葛藤」は「悲劇的な葛藤」でもある。

では、罪を犯すことが不可避的であるような状況のなかでなおも「正しい」行為はいかにして可能になるとルカーチは考えているのか。

われわれが有罪（schuldig）となる二通りのやり方のどちらかを選択しなければならないような場合でも、正しい行為と誤った行為はある基準を有しているであろう。この基準とはすなわち犠牲（Opfer）である。……個々人は、二通りの罪のどちらかを選択しながら、より高い理念の祭壇のうえに価値の低い自分の自我を犠牲に供するとき、ついに正しい選択を行なう。（TE. 53／三〇）

すでに第一章四―二で見たように、市民的義務の遂行という「第一倫理」よりも、より高い理念のために自我を犠牲にするという「第二倫理」を優先する考えは、ドストエフスキー研究のなかで導き出されたものであった。しかし『戦術と倫理』において、この「犠牲」についてルカーチは、ロープシンの『蒼ざめた馬』を援用しつつ説明する。つまり、殺人行為は「無条件のゆるされざる罪」であり、殺人は行なわれることが「ゆるされ（dürfen）」ないが、しかしそれにもかかわらず行なわれ「ざるをえない（müssen）」ような場合、その殺人行為の「最終的な道徳的根底」つまり「正しさ」は、「自分の同胞（Geschwister）のために、単に自分の生命だけでなく、自分の純粋性、自分の道徳、自分の魂をも犠牲に供すること」のうちにある、というのである。殺人行為のこのような道徳性は、再び「悲劇的」なものとされる。「殺人はいかなる状況においても是認されえないということを何の疑いもさしはさまずに確固として知っている人間の殺人行為だけが――悲劇的にも――道徳的な性質のものでありうる」（TE. 52／三〇）。そしてこの「最大の人間の悲劇性（Tragik）」については、ヘッベルの戯曲『ユディト』からの（文字通りではない）引用をもって締めくくられる。「そしてもし神が私と私に課せられた行為とのあいだに罪を置かれたとして――私がこの罪から逃れることができるなら、私とは誰であるのか？」（TE. 53／三〇）

四　ルカーチの〈政治的神学〉──M・ヴェーバーとの関連において

第二章で見たように、シュミットは『ローマカトリシズムと政治的形式』において、ブルジョアジーとプロレタリアートの階級闘争にある種の「政治」を見出し、それは両陣営の「道徳的確信のパトス」によって基礎づけられると主張する（RK. 29–30, 46／一三三、一四二）。ところで、この「道徳的確信のパトス」から生じる「道徳的」なものとしての「政治」は、本章のここまでの検討から明らかなように、ルカーチの「道徳的問題としてのボルシェヴィズム」と『戦術と倫理』のなかにも出現している。つまり、この時期のルカーチにとって、階級闘争のなかでボルシェヴィスムはそれへの「意志」と「決断」の問題であり、その意味において「道徳的」問題であり、そして最終的に「信仰」の問題ですらある。かくして、ルカーチの思想においても〈政治的神学〉と呼ばれうるものが見出されうると考えられる。[10]

ここでは、ルカーチの〈政治的神学〉の側面に、ヴェーバーの思想との関連において光を当てることにしよう。というのも、この時期のルカーチの政治‐倫理的テクストは、ヴェーバーの思想との影響関係なしには成立しえなかったであろうからである。検討の対象となるヴェーバーのテクストは、ルカーチが間違いなく読んだであろう「社会科学《ヴィッツセンシャフト》と社会政策《ポリティーク》にかかわる認識の「客観性」」（一九〇四年）（以下「客観性」論文と略記）と、逆にルカーチからの影響すら指摘されることもある二つの有名なミュンヘン講演「職業としての学問《ヴィッツセンシャフト》」および「職業としての政治《ポリティーク》」である。[11]

四―一　知と信仰のあいだの神学

「職業としての学問」によれば、「神々の闘争」を学問が解決しえない状況において、学問は、ある目的を実現するための合理的な手段を、そして手段を選択したときに生じうる結果を、明確にそして整合的に説明することしかできない。現代において「知的誠実性（die intellektuelle Rechtschaffenheit）」とは、「実践的‐政治的な立場設定」と「政治組織や政党の立場についての学問的な分析」の区別、つまり「価値」の問題と「事実」の問題の区別を行なえるかどうかにかかっている（WB. 601–602／四八―四九）。つまり、学者が「知的誠実性」を維持する、言い換えれば「知の犠牲（Opfer des Intellekts）」を回避するためには、諸価値のあいだの選択を行為者の意志と決断に委ね、学問はその選択の役に立つことに留まらざるをえない[12]。ヴェーバーはトルストイに依拠しながら、学問は「われわれは何をなすべきか？（Was sollen wir tun？）」という問いにいかなる答えも与えないと主張する（WB. 598／四二―四三）。この問いに答えるのは「預言者」か「救世主」である（WB. 609／六六）。自分自身で主体的に決断できない者は、「預言者」あるいは「救世主」に服従する。かくして、ヴェーバーにとっても、「何をなすべきか？」という問いは、学問ではなく意志と信仰にかかわるのである。

それゆえ、ここで重要になるのが「神学」の存在である。「神学」は一つの学問として、「何をなすべきか？」という行為の決断にかかわる問いに答えてくれるのではないか、という期待が生まれる。この問題に関する議論を通じて、ルカーチの「道徳的問題としてのボルシェヴィズム」と『戦術と倫理』に見出される政治神学的性質が浮かびあがってくるように思われる。というのも、「神学」をめぐる議論をヴェーバーは、ルカーチを「美学者」として紹介する箇所を挟む前後で展開するからである。彼によれば、「神学（Theologie）」とは「宗教的救済の知的合理化」である。したがって、現代において神学も一つの学問であるかぎり無前提的ではありえず、特定の前提を有する。神学の場合、それは「世界は何らかの意味をもっているに違いない」という前提であるが、さらに「一定の「啓示」が救済のための重要な事実として――しがたってまた、意味ある生の遂行をはじめて可能にするような事実として――ただ信じられるべきであること」が前提とされる。しかしながら、この前提それ自体は、神学にとって、もはや「学問《ヴィッセンシャフト》」の「彼岸」にある。それは、通常の意味での「知《ヴィッセン》」ではなく「所有《ハーベン》」である[13]。したがって、「啓示」を前提とする「信仰者」は最終的に、「不条理であるにもかかわらずではなく、不条理であるがゆえにわれ信ず（credo non quod, sed quia absurdum est）」の境地に到達する。学問（知）と信仰のこの緊張・対立は「架橋不可能」であり、信仰は学問にとって「知の犠牲」に他ならない（WB. 610-611／六八―七〇）[14]。したがって、ある行為の選択・決断が信仰の問題である――とルカーチも主張したが――場合、それは神学的性質を帯びると考えられるのである。

四―二　決断・犠牲・責任

さて、理性によって調停することの不可能な「神々の闘争」においては、信念にもとづいてある価値を選択しなければならない。しかし、そのとき、その選択は他の諸価値を「犠牲」にせざるをえない。たとえば、学問ではなく宗教的救済や政治的実践を選択するならば「知の犠牲」は不可避であり、逆に「知的誠実性」を堅持するならば魂の救済や政治への関与は断念せざるをえない[15]。このような「神々の闘争」における「犠牲」をヴェーバーは強調するのだが、しかしこうした考えは、すでに「客観性」論文にあらわれており、「職業としての学問」を経由して「職業としての政治」にまで一貫している。

それでは、まず「客観性」論文を見てみよう。そこでは、次のような議論が展開される。少し長くなるが引用しよう。

われわれ〔学者〕は、もしある考えられた目的を達成する可能性が与えられているように見える場合、その際に必要とされる手段を適用することが、あらゆる出来事のあらゆる連関の結果として、もくろまれた目的のありうべき達成の他にもたらすであろう諸結果を、もちろんつねにわれわれのそのときどきの知識の限界内においてではあるが、確定することができる。そうすることでわれわれは〔意志する〕行為者に、彼の行為のこのように意志されなかった諸結果と、意志された諸結果とを比較秤量する可能性を与える。これによってわれわれは、意志された目的の達成が、それとは別の諸価値をおそらく損なうかたちで何を「犠牲にする（kosten）」のか、という問いに答えることができるのである。大多数の場合、目指されたいかなる目的も、このような意味で何かを「犠牲にする」か、少なくとも犠牲にしうるから、責任をもって（verantwortlich）行為する人間の自己省察は、行為の目的と諸結果との比較秤量を避けて通ることはできない……。ところでしかし、その比較秤量それ自体に決断（Entscheidung）を下すことは、もちろんもはや学問・科学《ヴィッセンシャフト》のなしうる課題ではなく、意志する人間（der wollende Mensch）の課題である。すなわち、意志する人間が、自分自身の良心と自分の個人的な世界観とにしたがって、問題となっている諸価値を考量し、選択するのである。学問・科学《ヴィッセンシャフト》は、彼を助けて、あらゆる行為が、もちろん事情によっては行為しないこともまた、その帰結において特定の価値への加担を意味し、そしてそれによって通常――このことは今日とくによく誤認されていることだが――それとは別の価値に敵対することになる、ということを意識させることができる。しかし、選択をするのは意志する人間の仕事である。（OE. 149–150／三一―三二）

「意志する人間」の行為の決断が「責任ある」ものになるには、自らの決断が結果としてどのような「犠牲」をもたらすかを意識することが必要である。この考えがルカーチの『戦術と倫理』に決定的な影響を与えていることは明らかであろう。すでに見たように、何らかの「犠牲」が不可避的な状況にある人間の倫理的葛藤を、ルカーチは「悲劇的葛藤」という。いずれにせよ、ここでの「責任」がやがて政治家に必要な「責任倫理」へと発展することはいうまでもない。

諸価値の調停不可能な衝突における犠牲という考えは、「職業としての学問」にも引き継がれている。「比喩的にいえば、君たちが特定の立場をとることを決心するとき、君たちはその特定の神に仕え、それ以外の神を侮辱することになる。なぜなら、君たちが自己に忠実であるかぎり、君たちは必然的にこれこれの究極の内的な意味のある帰結に到達するからである」。このことを理解したとき、特定の神に仕えて行為する人間には「責任感」が備わる（WB. 608／六三―六四）。それでは、同様の議論は「職業としての政治」においてどのように展開されるのであろうか。

ここでもヴェーバーは、「諸々の究極的な世界観は衝突しあい、最終的にそれらのなかから選択しなければならない」ことを確認するが、さらにここが「政治の故郷である倫理的な場所」だと主張する（PB. 548／八二）。それゆえ、諸価値の対立とそこでの選択の不可避性をめぐって、学問と政治ではなく倫理と政治の関係が主題化される。

「職業としての学問」では、「何をなすべきか？」という問いに答えを与えるのは学問に携わる者ではなく「預言者」か「救世主」である、とヴェーバーは主張していた。これとの関連において「職業としての政治」で重要になるのは、「カリスマ的」支配への着目である。というのも、ここでヴェーバーはカリスマ的支配を、支配する者の「啓示、英雄性、あるいはその他の指導者的資質に対する、全く人格的な帰依と信頼(Vertrauen)」にもとづく支配と定義し、その事例として「預言者」と並んで政治指導者を挙げているからである(PB. 507–508/一一一―一一三)。つまり、カリスマ的な人格への信頼にもとづく支配と服従の関係において宗教と政治は類似するという〈政治的神学〉が、ここに出現する。[16]

しかしながら、意志、決断、信仰などの点において類似的にとらえられる宗教と政治のあいだに、ヴェーバーは区別を設定する、つまり政治の固有性を強調する。それは「権力」ないし「暴力」という手段に求められる。ヴェーバーはここでも目的‐手段の関係に着目する。彼によれば、諸価値の衝突が調停不可能である以上、意志され選択された当初の目的と、ある手段を用いた行為のもたらす結果とが齟齬をきたすことは避けられないが、とくに暴力を用いるからこそ、とりわけ政治的行為においては、結果が意図せざるものでありうることの自覚が要求される。「政治的行為の最終的な結果は、しばしば、いやほとんど規則的に、その当初の意味とまったく適合せず、しばしばほとんどパラドクスの関係に陥る」。これをヴェーバーは、「すべての行動、とりわけ政治的行動が実際に巻き込まれている悲劇性(die Tragik)」と呼ぶ(PB. 547/八一)。

暴力の行使が引き起こすパラドクスは倫理にかかわる。というのも、それが道徳的には悪しき手段だからである。意志された目的がどれだけ神聖なものであろうと、それを暴力によって実現しようとするとき、その結果は道徳的には問題含みのものにならざるをえない。「政治に、すなわち手段としての権力と暴力性とに関与する人間は、悪魔の力と契約を結ぶ」(PB. 554/九四)。この手段と契約を結ぶ政治家は、「この手段に特有の結果に引き渡されてしまう」(PB. 556/九七)。したがって、政治の領域では、善からは善のみが、悪からは悪のみが帰結するというのは決して真実ではない。政治が悪魔との契約であること、そしてその結果への「責任倫理」の重要性をヴェーバーは何度も強調する。「およそ政治を営むことを意志する者、まして政治を職業として営むことを意志する者は、例の倫理的パラドクスと、その圧力のもとで自分自身から生じうることに対する責任を、自覚していなければならない。私は繰り返すが、彼はあらゆる暴力性のなかに潜んでいる悪魔の力に関与するのである」(PB. 557/九九—一〇〇)。

権力ないし暴力という手段に政治の固有性を見出すヴェーバーは、この観点から政治と宗教(魂の救済)の違いをたとえば次のように説明する。

> 自分の魂の救済と他人の魂の救出を求める者は、これを政治の道を通って求めはしない。政治には、それとは全く別の課題、つまり暴力によってのみ解決できるような課題がある。……マキアヴェッリは、私の思い違いでなければ『フィレンツェ史』のある見事な一節で、自分たちの魂の救済よりも父なる都市(Vaterstadt)の偉大さのほうを高しとした市民たちを、一人の英雄の口を借りて賞賛している。〔改行〕父なる都市や「祖国(Vaterland)」は今日では万人にとって一義的な価値ではないかもしれない。しかし諸君がこれに替えて、「社会主義の将来」や「国際平和」を口にされる場合、いま申したのと同じような問題が出てくる。なぜなら、暴力的な手段を用い、責任倫理の道を通って行なわれる政治的な行為、この行為によって追求されるすべてのものは、「魂の救済」を危うくするからである。(PB. 557-558/一〇〇—一〇一)

このようなヴェーバーの主張の背景にあるのは、周知の通り、彼が「革命」という名の「カーニヴァル」と罵倒する同時代の政治的変動に対する、そしてそのなかに蔓延している「責任感」の欠如に対する彼の危機感であった(PB. 546/七八)。しかしながら、まさにヴェーバー的な政治倫理に照らしてみるならば、ボルシェヴィスムを「意志」、「決断」、そして「信仰」の問題として受けとめたルカーチも、少なくとも政治の悲劇性のなかで「同胞」のために「自分の魂」を犠牲にするという自己意識においては、そしてその犠牲に対する責任の自覚においては、必ずしも政治的にナイーヴというわけではない（もっとも、両者のあいだに、その犠牲によって実現しようと意志する政治的目的の違いはあるが）。

四―三　人間学的性悪説

ところで、すでに見たように、ルカーチは暴力の行使を「罪（Sünde）」あるいは「罪責（Schuld）」の概念で表現し、政治の「悲劇性」を「罪の不可避性」として規定した。これらは一般的に神学的な概念である。つまり、ルカーチは、宗教的救済とは区別される政治の固有性を、他ならぬ神学的観点から理解しているのである。このことは、最終的に、なぜ暴力が不可避的なのか、なぜ政治はたとえ悪であっても必要なのか、という根本的な問題に由来する。そして、この問いをめぐってルカーチもヴェーバーも独自の議論を展開している。まずはヴェーバーの側から見てみよう。

ヴェーバーの場合、「世界の脱魔術化」による「神々の闘争」という歴史的条件についての認識と並んで、いわゆる人間学的な性悪説が根本にあると考えられる。

責任倫理家は、まさにかの人間の平均的な欠陥を考慮に入れる、――彼には、フィヒテが正しく語ったように、人間の善性と完全性とを前提にする権利はない……。（PB. 552／九〇）

人間は何かしらの欠陥をもち、道徳的に悪しき存在であり、不完全な存在である。言い換えれば、人間は非合理的な存在である。それゆえ、人間の行為は、理性では予測しえない意図せざる結果をもたらす。善からは善のみが、悪からは悪のみが生まれるとはかぎらない。善なる目的を実現するために、悪しき手段に訴えざるをえない場合がある。これをヴェーバーは「世界・現世（die Welt）の倫理的非合理性」と呼ぶ（PB. 553／九二）。そして、この非合理性はキリスト教において「原罪」というかたちをとり、それが暴力の倫理的正当化をゆるす。「原罪による世界・現世の堕落は、罪と、魂を危険に陥れる異端者とに対する矯正手段として、倫理への暴力性の挿入を比較的容易にゆるした」（PB. 555／九六）。このように、ヴェーバーにとって、暴力の不可避性、政治の必要性の源泉は、人間の罪業による「世界・現世の堕落」という神学的考えにある。(17) 講演「職業としての政治」は次のように締めくくられる。「自分が世界・現世に提供しようと意志しているものに比べて、世界・現世が、自分の立ち位置から見てあまりに愚かであったりあまりに卑俗であったりしても、挫けないという自信がある者、どんなことに直面しても「それでもなお！（dennoch!）」ということのできる自信がある者、この者だけが政治への「天職《ベルーフ》」をもつ」（PB. 560／一〇五―一〇六）。

それでは、ルカーチが暴力の不可避性を神学的に説明する理由は何であろうか。彼の場合、それは第一次大戦の勃発に関係する。

五　罪業が完成した時代――倫理と政治のゆくえ

ルカーチは晩年の自伝的スケッチにおいて、第一次大戦とそれ以前の戦争とを比較してこう記している。「〔第一次大戦は〕生を規定する一つの契機ではなく、生を普遍的に、その外延的ならびに内包的な全体性において規定するもの〔であった〕……。もはや、古い戦争の時代のようには、生のこの新しい現実性のかたわらで生きることはできなかった。この戦争は普遍的なものであった。すなわち、生はこの戦争のなかに解消されたのである。

この解消を肯定しようと否定しようと」(GD. 254–255／二八八)。そして、この戦争を契機に生まれたのが、ドストエフスキー研究の序論的意義を付与された『小説の理論』(一九一六年)であったとルカーチはいう。この作品を通じて、彼の悲劇的認識は美学の領域を離れて現実政治へとその重点を移すのである。初版からおよそ四十五年後(一九六二年)に公刊された第二版に付した「前書き(Vorwort)」において、彼はその間の事情を説明する。少し長くなるが引用しよう。

> この研究〔『小説の理論』〕の成立を引き起こした契機は一九一四年の戦争勃発であった。……私の根本的な立場は、戦争の激烈で全面的な、とりわけ最初はあまり明言されなかった拒否、なかんずく戦争の熱狂の拒否であった。私は一九一四年の晩秋のマリアンネ・ヴェーバー夫人との会話を思い出す。彼女は個々の具体的な英雄行為を私に説明することによって、私の拒絶を論駁しようとした。私はただ「善いものであればあるほど悪いのです」とだけ答えた。[18] このとき……私はほぼ次のような結論に到達した。中欧諸国〔=ドイツとその同盟国〕がロシアを打倒する見込みは十分あり、それが帝政《ツアーリスムス》の崩壊につながりうる、それは了解しよう。西欧がドイツに勝利する蓋然性もいくぶんあり、その結果としてホーエンツォレルン家とハプスブルク家が没落しても、同様に私は了解する。しかしその場合に次の問いが生じてくる。すなわち、だれがわれわれを西欧文明(Zivilisation)から救ってくれるのか。……したがってこの書は世界情勢に対する不断の絶望のなかで生まれたのである。(VTR. 5–6／一一―一二)

ここから明らかなように、ルカーチが第一次大戦のうちに見出したのは、ロシアやドイツでの旧秩序の存続はもちろん悪であるが、したがってその意味ではそれを打破する西欧文明は善であるが、しかしその西欧文明(民主主義)は他方で階級抑圧を維持しており、さらにそれが戦争という暴力の形態をとる以上、それもまた一つの悪である、というディレンマである。つまり「善いものであればあるほど悪い」のである。このディレンマは、戦争という罪深き行為が生の普遍的な現実性となったという、先に見た彼の時代診断に対応している。というのも、彼は『小説の理論』のなかで最終的に、「戦争という現在」（GD. 256／二八九）をフィヒテの言葉を借りて「罪業が完成した時代（die Epoche der vollendeten Sündhaftigkeit）」（VTR. 168／一五二）として特徴づけるからである。(19) このように、彼は第一次大戦のなかで、戦争という暴力が生を全面的に規定してしまい、その罪ある状態の「かたわらで」生きることは不可能であり、何らかの悪と手を結ばざるをえないという認識に至ったのである。「罪業が完成した時代」、それは限界状況における「罪の不可避性」の時代に他ならない。

さて、ルカーチはその後――革命の挫折という経験を契機に――ヘーゲル的弁証法の論理をさらに先鋭化させ、『歴史と階級意識』において「倫理」という問題設定を放棄することになる。それにもかかわらず、後に彼が自らのスターリニズムとの関係について弁明するとき、「政治と倫理」という問題が、そして〈政治的神学〉が再び回帰してくるのである。(20)

〔スターリンによる〕一連の裁判を私は忌まわしいものとみなしていました。そして、次のように自分にいいきかせることで自分を慰めたのです。つまり、……このときの最も重要な問題はヒトラーの殲滅だったのです。ヒトラーの殲滅は、西側には期待すべくもなく、ただソヴィエトにのみ期待できたのです。そしてスターリンは唯一存在する反ヒトラー勢力でした。……スターリンはこれらの裁判を絶対に必要としていなかった、というかぎりでは、私はその状況を今日では別の仕方で理解しています。（GD. 174-175／一九七）

三〇年代の一連の裁判について、人びとは、これらの裁判がすでに、始まりつつある第二次世界大戦の影のなかで行なわれたということを顧慮していません。こういったからといって、私はこれらの裁判を弁護しようと思っているのではありません。しかし、私が弁護しようと思っているのは、しかもそのうえ正当に弁護しようと思っているのは、これに関して立派な人びとのとった態度です。このとき、モスクワでたとえ何が起ころうとも自分はモスクワに対するヒトラーの攻撃を支持しないであろう、といった人びとがいたのです。（GD.190／二一五）

ルカーチによれば、ナチズムが台頭しつつある当時、その殲滅を「西側」に、つまり西欧民主主義に期待することはできないが、「唯一存在する反ヒトラー勢力」であるスターリンによる裁判も「忌まわしい」ものとみなさざるをえない。つまりナチズム、民主主義、スターリニズム、どれもすべて等しく「暴力」的なものなのである。こうして、ナチズムという一つの暴力を殲滅するためには別の暴力に訴えざるをえないという「倫理的な葛藤」が生じる。そしてこの悲劇的な状況においてなお「正しく」行為する、つまりヒトラーを殲滅するには、スターリニズムが悪であることを認めたうえでそれを選択すること、言い換えれば、自分の道徳的純粋性をヒトラー殲滅という「より高い理念の祭壇のうえに犠牲に供する」こと、この責任倫理が要請される。ここで問われているのは、たんにスターリン裁判にどのような態度をとるのかということではなく、そうした態度に倫理的・悲劇的葛藤が織り込まれているかどうかということなのである。したがって、スターリニズムを直接的な善として選択する態度を彼は弁護しないであろう。繰り返していえば、彼が第一義的に弁護するのは、二つの罪のあいだで選択しなければならないという悲劇的な状況の存在に自覚的であった「立派な人びと」なのである。

ここで最終的な問いが生じる。すなわち、なぜヒトラーの殲滅が「このときの最も重要な問題」であったと彼は考えることができたのか。ヒトラーや民主主義という悪ではなくスターリンという悪を選択することが、なぜ

「正しい」行為となり、それが「同胞」のためになるとルカーチは考えたのか。

インタヴュアー：同志ルカーチ、あなたは戦争〔＝第二次大戦〕が始まったとき、ドイツの進撃の時期に、ドイツの勝利はありうるとお考えでしたか？

ルカーチ：いいえ、いいえ。私はずっと、ヒトラーよりも偉大な人物であるナポレオンをすでにかつて殲滅していたロシアが、ヒトラーをも殲滅するであろうことを信頼していました。

インタヴュアー：するとそれは、何よりもます、ロシアによせた信頼（Vertrauen）だったのですね？

ルカーチ：ロシアによせた信頼です。（GD.179／二〇二一一二〇三）

ここにおいて、ルカーチは一九一〇—二〇年代に直面した「信仰」の問題につれ戻される。

第一次世界大戦に「罪業の完成」を見たルカーチは、もはや罪を回避することは不可能であるという絶望のなかで政治の「悲劇性」の認識を得た。この認識を前提として、彼は民主主義（戦争）よりもボルシェヴィズム（革命）を、そしてヒトラーよりもスターリンを選択した。ナチズムとスターリニズムの両者を同時に悪として批判する可能性は、政治の悲劇性によって閉ざされている。今日から振り返って見れば、スターリンが唯一効果的な反ヒトラー勢力であったのかどうか、あるいはスターリン裁判を批判することがそのままヒトラーを擁護することになるのかどうか、ルカーチのオルターナティヴ設定の妥当性については、大いに疑問の余地があろう。しかし、ここで確認されるべきは、たとえその両者を同時に悪として批判することができたとしても、その批判自体もまた別の悪に関与せざるをえず、決して無垢（unschuldig, innocent）なものではありえないということが、政治の「悲劇性」の意味だということである。

注

（1）もちろん、ルカーチにとって「文化」概念は、「文化戦争」や「文化革命」をめぐる議論におけるように、当初から政治的な意味をもつものであった。また、より高次での魂の自己実現、魂（主）と形式（客）の総合といったかたちで表現されてきた文化的理念が、カントからマルクスに至るドイツ哲学の人間学的理念として、ルカーチの思想において革命の目的として引き継がれていることも、すでに見た。つまり、歴史における主‐客の総合・同一性としてのプロレタリアートの自己意識が目指す革命の目的は、階級なき「自由の国」の実現である。しかし、ここで「文化」から「政治」へのシフトという場合、これまで「文化」概念によって思考されてきた事柄をめぐり、単なる観念の次元においてではなく、現実の政治との接触において思考されるようになる、つまり暴力、犠牲、決断にともなう責任、闘争などの「政治的」要素の重要性がルカーチの思想において増大する、ということが意図されている。

（2）「職業としての学問」に先立って、一九一六年八月四日付のルカーチ宛の手紙において、ヴェーバーはすでに、ルカーチの美学体系からの離反とドストエフスキーへの傾斜という事実に言及し、そのことへの「憎しみ」を表明している。Cf. *Briefwechsel 1902–1917*, S. 372. この手紙の内容を踏まえるならば、一九一七年の講演での「美学者」という紹介自体にも、ルカーチへのヴェーバーの叱責もしくは警告の意図が隠されていると推測することが可能である。

（3）ここで興味深くかつ示唆的なのは、マルクスの社会学と歴史哲学との区別を曖昧にするのに大きく貢献したのは「マルクスのヘーゲル主義」であるとルカーチが主張していることである（BMP. 29／二八四）。

（4）ここで単に道徳的「純粋性」ではなく「厳格性」という用語が付加されるのは、第一に、単なる純粋性はロマン主義との親和性を連想させやすいのではないかという危惧からである。すでに論じたように、ルカーチの〈区別・決断の倫理〉は、市民的義務をいたずらに拒絶するようなロマン主義的主観ではなく、それを克服しうる新しい形式と秩序への意志である。しかし、第二に、悪から善は生まれない、悪からは悪のみが生まれるという道徳観は、明らかにカント的倫理学の厳格性（そしてこの意味での純粋性をも）を反映していると思われるからである。それゆえ、ここでのルカーチは、ふたたび市民的な職業倫理の段階に逆戻りしたとも考えられる。

（5）ここで「道徳的純粋性・厳格性」という用語が用いられる場合、即座にヴェーバーのいう「信条倫理」が連想されよう。しかし、ここで見落としてならないのは、ヴェーバーにおいてボルシェヴィズムは概して信条倫理の一例として取りあげられているのに対して、すでに見たようにルカーチは道徳的純粋性においてボルシェヴィズムを拒否している（そして後にはそれを「責任倫理」において選択する）、という点である。この相違点は、ある目標ないし価値を選択することは信仰（「不条理なるがゆえにわれ信ず」）の問題であるとする二人の共通点と密接に関連しているように思われる。

（6）しかし、『戦術と倫理』を収めた *Georg Lukács Werke*, Bd. 2 によれば、ハンガリー語で書かれたこの小冊子が最初に出版されたのは「一九一九年五月末」である。Cf. *Georg Lukács Werke*, Bd. 2, Luchterhand, 1968, S. 723.

（7）Michael Löwy, *Georg Lukács: Romanticism to Bolshevism*, p. 137.

（8）（本書第二章でロマン主義的なものとして論じられた）娯楽や遊びに対する「真剣さ」の擁護に、『政治的なものの概念』におけるシュミットの「政治的なもの」の是認の本質を見て、彼にとって政治的なものは「道徳的なもの」に他ならないことを指摘したものとして、cf. Leo Strauss, "Anmerkungen zu Carl Schmitt, Der Begriff des Politischen," 1932 in Leo Strauss, *Gesammelte Schriften*, Bd. 3, hrsg. von Heinrich und Wiebke Meier, J. B. Metzler, 2001, S. 232ff. 添谷育志・谷喬夫・飯島昇藏訳「カール・シュミット『政治的なものの概念』への注解」、『ホッブズの政治学』、みすず書房、一九九〇年所収、二三〇頁以降。

（9）Cf. OE. 178ff／八九以降.

（10）〈政治的神学〉については、cf. Heinrich Meier, *Carl Schmitt, Leo Strauss und "Der Begriff des Politischen": Zu einem Dialog unter Abwesenden*, J.B. Metzler, 1988. 栗原隆・滝口清栄訳『シュミットとシュトラウス——政治神学と政治哲学との対話』、法政大学出版局、一九九三年。

（11）ヴェーバーの講演へのルカーチの影響を強調して両者の思想的関係について論じているものとして、cf. Zoltan Tar and Judith Marcus, "The Weber-Lukács Encounter," in Ronald M. Glassman and Vatro Murvar eds., *Max Weber's Political Sociology: A Pessimistic Vision of a Rationalized World*, Greenwood Press, 1984; Zoltán Tarr, "Sozialismus, Revolution und Ethik: Einige Bemerkungen zur Weber-Lukács-Beziehung," in Jung (Hg.), *Diskursüberschneidungen – Georg Lukács und andere*. この時期のヴェーバーとルカーチの関係についてのよりバランスのとれた整理として、cf. Arpad Kadarkay, *Georg Lukács: Life, Thought, and Politics*, Basil Blackwell, 1991, pp. 187ff; 初見『ルカーチ』、二三四頁以降。ルカーチの影響一般について、ヴェーバーの側からの証言としては、やはり次を参照。Marianne Weber, *Max Weber: Ein Lebensbild*, J.C.B. Mohr, 1926. 大久保和郎訳『マックス・ウェーバー』、みすず書房、一九八七年; Paul Honigsheim, *On Max Weber*, Free Press, 1968. 大林信治訳『マックス・ウェーバーの思い出』、みすず書房、一九七二年。

（12）一九〇四年の「客観性」論文においてすでに、「信仰」、「価値判断」、「実践的政治」などと区別される「学問・科学《ヴィッセンシャフト》」のあり方について同様の議論がなされている。Cf. OE. 149ff／三〇頁以降.

（13）「あらゆる学問的「達成」は新しい「問うこと」を意味し、そして「打ち破られ」時代遅れとなることを意志する」（WB. 592／三〇）。もっともヴェーバーがこう主張するのは、彼が現代を「世界の脱魔術化」、「知性主義的合理化」の時代としてとらえ、そのもとで学問が「専門分化」を余儀なくされていると考えているからであるが。

（14）知と信仰（意志、決断）、知的誠実性と知の犠牲、理性と啓示の対立・衝突が「神学－政治的」問題であることについて、cf. Leo Strauss, *Natural Right and History*, The University of Chicago Press, 1953, pp. 74ff. 塚崎智・石崎嘉彦訳『自然権と歴史』、昭和堂、一九八八年、八四頁以降。併せて次も参照。Leo Strauss, *Liberalism Ancient and Modern*, The University of Chicago Press, 1968, chap. 9. 石崎嘉彦・飯島昇藏訳者代表『リベラリズム 古代と近代』、ナカニシヤ出版、二〇〇六年、第九章。

（15）「職業としての学問」においてヴェーバーは学問（知）の側に立つのだが、しかしこれ自体が根底的には一つの意志であり決断であることをヴェーバーは認める。「このような諸事情のもとで、学問は誰かにとって「天職《ベルーフ》」になる価値があるかどうか、そして学問それ自身が客観的に価値のある「職分《ベルーフ》」をもつかどうか、――これもまた一つの価値判断であって、この点については教室で何も発言しえないのである。というのも、教える者にとってはこの点を肯定することが前提だからである。私個人もすでに自分の仕事を通じてこの問いに対して肯定をもって答えている」（WB. 608-609／六四―六五）。さらに彼は次のことまで認める。「いかなる学問も、その前提を拒否する者に対して、自己自身の価値を根拠づけることはできない」（WB. 610／六八）。

しかし、一歩教室の外に出れば学者・教師であることをやめるので、そのときには彼は宗教や政治に対して別の態度をとることも可能になる。「職業としての政治」において「知的誠実性」ではなく「責任倫理」が強調されるのは、このためである。

ただし、ヴェーバー自身の政治的態度決定についていえば、彼が自らの思想に果たしてどこまで忠実であったかは検討の余地があるであろう。今野元『マックス・ヴェーバー――ある西欧派ドイツ・ナショナリストの生涯』、東京大学出版会、二〇〇七年参照。同書は、「知性主義」のもとでドイツの「政治的近代化」を追求した「西欧派ドイツ・ナショナリスト」としてヴェーバーを規定しつつ、彼の生涯を政治史的文脈に即して丹念にかつ詳細に辿ることによって、現実政治への参画の道を不断に模索した「政治評論家」としての彼の一面にも十分な光を当てている。今野によれば、たとえば本書第三章でも扱われた「プロテスタンティズムの倫理と資本主義の「精神」」は、純粋に学問的なテクストというよりも、「ヴェーバーのカトリック教徒（ないしポーランド人）批判と、アメリカ体験を含むプロテスタンティズムとの対決とが合体することで誕生した、文化的プロテスタンティズムの政治的マニフェスト」であり、「この論文が有しているドイツ国民教化の意図は明白である」。同書、一七四頁（強調引用者）。このようなヴェーバー研究にしたがえば、彼の思想（学問的内容）と行動（実際の政治的活動）がどれだけ整合的であるのかについて、相応の慎重さが要求されるであろう。「ヴェーバーのミュンヘン大学での教育活動も現実政治に即応したもので、彼はそこでしばしば政治指導者としての使命感に駆られ、自分が二年前の講演「職業としての学問」で提示していた「教壇禁欲」の誡律を自ら逸脱していった。要するにヴェーバーは、教育の場を利用して政治活動を継続していたのである。また左派自由主義陣営の情熱的な論客としてのヴェーバーの経歴を知る学生たちが、彼の政治分析を純粋な学問的業績として見ることもなかっただろう」。同書、三五三頁。

それに対して本書は、全体を通じて、ヴェーバーのテクスト（講演を含む）を、彼の側の事情から（内在的に）ではなく、ルカーチの思想を理解するための参照枠として分析するにすぎない。

(16) そもそも学問（知）の立場からすれば、政治と宗教は意志、信仰、価値判断、決断などの要素において同一の次元に属すると考えられる。したがって、「伝統的」支配も「合法的」支配も、それぞれ古くから続く習俗への信念と合理的に制定された法への信念によって支えられている、とヴェーバーは考える。ここで、シュミットが『政治的神学』において決断としての主権概念に神学と政治（学）の類似性を見出していることを想起しても無駄ではないであろう。もっとも、いやだからこそ、ヴェーバーが「伝統的」支配および「合法的」支配ではなく「カリスマ的」支配を選択したかどうかは別の問題である。いずれにせよ、これとの関連において、第一次大戦に直面したヴェーバーの思想における、政治と宗教の類似性ゆえの競合関係に関する議論に着目するものとして、次を参照。亀嶋庸一「マックス・ウェーバーにおける戦争と政治――〈宗教社会学〉への試論として」、『年報政治学』2007-I所収同「マックス・ウェーバーの思想世界——〈二〇世紀〉への問い」、『現代思想総特集＝マックス・ウェーバー』、二〇〇七年一一月臨時増刊号所収。

（17）第二章ですでに見たように、シュミットは『政治的なものの概念』の注のなかで、「敵」概念との関連においてルカーチの『歴史と階級意識』および『レーニン』に言及するが、ここで重要なのは、この注を挟む前後の箇所で、政治的理念と人間学的性悪説、政治的理論と「神学的な罪の教義」との関連が主題化されていることである。Cf. BP. 59ff／七〇以降.

（18）一九一四年八月一四日付のマリアンネ宛の手紙のなかで、ジンメルはルカーチの戦争批判に言及しているが、ここには戦争に対するマリアンネとジンメルの共通の立場が窺える。「ついに、ついにとうとう、日々の要求と理念の要求が同一のものになりました……。このことはもちろん「直観的」にしか、あるいはむしろ実際の体験のなかでしか把握されえません。もしルカーチがこの体験をもたないのだとすれば、それを彼に実演してやることはできません。ですから、彼が結局その体験のうちに「軍国主義」を見るのは、確かに完全に筋が通っています。しかし、私たちにとっては、その体験はまさに一切の軍国主義からの解放なのです。なぜなら、それは軍国主義からその自己目的性（これを軍国主義はまさに平和時には想定しているように見えますが）を剥ぎとり、生の全体的高揚の一つの形式および手段にするからです」（BD. 133）。

（19）この特徴づけと、彼の「文化革命」の構想との連関については、第一章四の冒頭および四—一参照。

（20）新カント派的な二元論的世界からヘーゲル的な弁証法的世界への移行という理解は、ルカーチ自身の自己認識において明確に示され、ルカーチ研究においても彼の思想的変遷についての基本的な理解として共有され続けている。本書もこの理解を根本から否定するわけではないが、そこには汲み尽くせない彼の思想の側面に光を当てたい。

第五章　「革命」の問題：自由の創設と暴力──ルカーチとR・ルクセンブルク

前章では、共産党入党の決断をめぐって展開した、ルカーチの思想における倫理と政治の結合のプロセスについて検討した。そのなかで、一方において、政治の「悲劇性」という認識が獲得され、他方において、「文化」の問題から「形式」という時代の課題は引き継がれながらも、革命をどう実現するかという具体的で現実的な「戦術」の問題が彼にとって切実なものになる。事実、『戦術と倫理』の公刊以降、ハンガリーでの革命政権の樹立とその崩壊、それにともなうヴィーンでの亡命生活の期間、彼はアクチュアルな政治論文を立て続けに発表する。そして、そうした現実政治とのかかわりのなかでマルクス主義について独自の理解に到達し、その成果として公刊されたのが『歴史と階級意識──マルクス主義弁証法に関する諸研究』である。

本章では、共産党入党から『歴史と階級意識』に至る時期のルカーチの革命論を、文化の観点からでもなければ、またマルクス主義思想史研究の観点からでもなく、より包括的な観点から、つまり現代の政治思想研究において最も重要な争点の一つである「公共性」の観点から分析する。というのも、公共性をめぐる政治思想研究において、現在でも中心的な位置を占めているH・アレント自身は、公共性を他ならぬ「革命」という政治的現象との強い結びつきにおいて論じているからである。彼女にとって、諸々の革命の経験は、現代世界における公共性の再生という課題に取り組むうえで、非常に重要な手がかりを与えてくれるものなのである。したがって、彼女の革命論を手がかりにルカーチの思想を分析することは、その現代的な意義と問題点との解明に役立つように思われる。

一　政治的自由の再生としての革命——アレントの革命論

革命という政治的現象についてアレントは『革命について』において次のように述べている。「近代の革命を理解するうえで決定的なのは、自由の理念と新しい始まりの経験とがその出来事において結合しているということである」（UR. 34／三八）。ここでの「自由」は内面の自由や選択の自由ではなく、古代のポリスに見られたような「政治的自由」ないし「公的自由」のことである（UR. 159／一九〇）。それは抑圧や生命の必然性からの「解放」を条件とするが、しかしそれから自動的に帰結するものではなく、「他者がその場に居合わせて、人間の諸活動を見、判断し、そして最終的にそれらを記憶する」場合にのみ現われる（UR. 34–37／三九―四二）。したがって、それは集会所、広場《アゴラ》、ポリスなど人びとが集まることのできる「公的空間」を必要とする（UR. 37, 159／四二、一九〇）。アレントが近代の革命のうちに見出したのは、こうした古代ギリシア・ローマの根本経験としての「自由‐内‐活動（In-Freiheit-Handeln）」であった（UR. 40／四五）。ここから彼女は革命を「自由の創設」として、さらには「自由の公的な現われの空間を保証する政治的共同体の創設」として規定する（UR. 160／一九一）。しかし、それは古代的な自由の単なる復古ではなく、一つの「新しい始まり」でもある。彼女によれば、革命は政治体の権威が無傷の場合には不可能である（UR. 148, 202／一七八、二四一）。つまり革命は過去の伝統との断絶を前提とする。[1] そして、この歴史的断絶は近代化によってもたらされたとされる。したがって、アレントにとって革命とは、古代の政治的自由ないしそれを可能にする公的空間を、近代的な条件のもとで新しく創設しようとする試みなのである。革命の精神とは、「〔近代の〕大衆社会のただなかで誰もがそのときの公的事柄に参加することができるような新しい統治形態への希望」に他ならない（UR. 341／四二〇）。革命は「近代に特有の」現象なのである（UR. 34／三八）。

革命に関するアレントの議論をよりよく理解するには、『革命について』を彼女のもう一つの著作『人間の条件』と関連づけて読解することが有効である。というのも、後者においては、彼女が政治的自由の再生の条件と考える近代化に関する議論が主題的に展開されているからである。二つの著作の内容を総合的に分析するならば、アレントの思想において、古代との断絶をもたらした近代化には大別して二つの側面、つまり社会化と世俗化の側面があると考えられる。ところが、この社会化と世俗化は、革命の前提条件でありながら、同時に革命の実現を困難なものにするものとして描かれる。

第一に、社会化とは、家政的な活動力が公的空間へと侵入し、古代ポリスの前提であった私的領域と政治的領域との境界が取り払われることによって、国民を政治的な組織形態とする一つの家族としての「社会」が出現する過程である（VA. 38–43／四九―五四）。こうして成立した社会においては、人間の複数性に対応する「活動」に替わって生命の維持にのみ役立つ「労働」が公的空間の相貌を規定する（VA. 59／七一）。その結果として「われわれの活動と言論の能力は、私的領域と親密圏へと追いやられ、明らかにその特質は損なわれてしまった」（VA. 61／七四）。そして、生命の必然性が公的領域を支配するのに応じて、革命の目的は自由の創設から貧困という「社会的問題」の解決に転換してしまう（UR. 73–74／八九―九〇）。この場合、革命は暴力を用いらざるをえなくなるとアレントは主張する。なぜなら、生命の必然性からの解放には暴力が不可欠だからである[2]。必然性が私的領域に属していた古代ポリスにおいては、この暴力は前政治的なものと考えられていた（VA. 41／五二）。しかし、近代になってこの暴力は必然性とともに政治的領域に入り込み、革命の現象と結びつくと、他ならぬ「政治的領域、すなわち人びとが真に自由でありうる唯一の領域を破壊した」のである(UR. 146)。

第二に、世俗化とは、世俗的権力が教会の権威から解放され、世俗的権威が宗教的認証を喪失する過程である(UR. 207–209/二四七―二四九)。このなかで「宗教、権威、伝統の太古のローマ的三位一体」が崩壊する(UR. 150/一八〇)。その結果として、近代の統治形態はその安定性を保証する権威の「超越的で彼岸にある正当性」を奪われてしまう。そのため、過去の伝統に頼らずに新しい権威を確立することが革命の課題となる(UR. 207–208/二四七―二四九)。ここにおいて革命は、統治形態を基礎づけるものとして新しい絶対者を探求するという「絶対者の問題」に衝突してしまう(UR. 205/二四四)。つまり、絶対者の必要性は新しい統治形態の基礎づけにおける独裁的暴力の行使を正当化し、人間の複数性という政治の相対的性質は神的な絶対性に置き換えられてしまうのである(UR. 46–47/五二―五三)。

ここから次のように理解することができよう。つまり、アレントが革命の諸経験に着目するによって提起しているのは、近代的条件のもとでポリス的な政治的自由はいかにして再生されるのか、そしてそのとき暴力は不可避的であるのかという問いなのである。彼女の診断によれば、周知の通り、アメリカ革命とは対照的にフランス革命は結局社会的問題と絶対者の問題に躓いて挫折し、革命と暴力の結びつきを自明のものにしてしまった。その結果として、ロシア革命においてもフランス革命に倣って暴力が行使されたと彼女は主張する。「根本的に変化した条件と状況において、あたかも昔の劇をもう一度世界史の舞台で上演することが問題となっていたかのように、ロシア革命の人びとは意識的にフランス革命の経験にあわせて行動した」(UR. 70/七九)。

このように公共性という観点からロシア革命を痛烈に批判するアレントは、しかしながら、そのなかでR・ルクセンブルクのボルシェヴィズム批判を例外的に取りあげる。彼女はそれを「ロシアで実際に起こっていたことに対する驚くべき洞察」として高く評価する(UR. 340/四一九)。そして、彼女はルクセンブルクに依拠しつつ、ロシア革命においても「評議会」という全く新しい制度が民衆のなかから「自然発生的に(spontan)」生じ、そこでは各人による公的生への参加が目指され、したがって評議会のなかには確かに政治的自由は存在していたのだが、ボルシェヴィキ党の独裁がそれを抑圧してしまったのだと主張するのである(UR. 338-342/四一七—四二二)。

したがって、本章では、革命に関するアレントの問題設定を共有しつつ、その枠組みのなかでルカーチの革命論を分析するために、アレントが高く評価したルクセンブルクの革命観に対する批判が当時のルカーチの革命論の基盤をなしている事実を重視し、ルカーチのルクセンブルク批判を主題的に扱う[3]。なぜなら、彼の批判は、革命の相次ぐ挫折の経験に由来するものであり、ルクセンブルクの革命論の枠組みでは革命の現実的な課題とその困難さを理解しえず、したがって革命と暴力の関係を適切に扱うことはできないという認識を示していると考えられるからである。この認識にもとづいて、彼は革命の実現にとっての暴力の必要性を改めて容認する。そこで以下では、まずルクセンブルクの「ロシア革命のために」(一九一八年)におけるボルシェヴィズム批判の論理を確認し(二)、その批判に対して、ルカーチが革命の挫折の原因をどのようにとらえ返し、そしてどのようなディレンマに直面するのかを明らかにし(三)、そこから、この時期のルカーチが革命における暴力行使をどのような論理にしたがって改めて肯定するのかを解明する(四)。そして最後に、アレント的な「公共性」の観点から、ルカーチ政治思想の問題点について検討する(五)。

二　R・ルクセンブルクのボルシェヴィズム批判──自由による自由の創設

ルクセンブルクがボルシェヴィズムを批判するのは、革命の民主的なあり方を擁護するためである。その際に彼女は「すべての革命時代の歴史的な経験」に訴える（RR. 354／三三）。ボルシェヴィズムは民衆の政治参加よりも党の看板を優先するが、歴史的経験が示しているのは、むしろ「民衆感情の生き生きとした流動体」が絶えず革命に「新しい精神」を吹き込むということである（RR. 354／三四）。もちろん、民主的な制度も人間の制度であるかぎり限界と欠陥をもっている。しかし、社会制度の欠陥を正すことのできる「生き生きとした泉」は、「きわめて広汎な人民大衆の活動的な、妨げられることのない、精力的な政治的生」以外にはありえない（RR. 355–356／三六）。それゆえ、ボルシェヴィズムに見られる民主主義全般の否定は、革命に対する矯正力の「泉を埋める」ことに等しい（*ibid.*）。そして、民衆の活動的な政治的生の実質は「自由」によって構成される。ルクセンブルクは、民衆の「公的生と政治的活動」を保証するものとして「出版の自由」と「結社と集会の権利」を挙げ（RR. 358／三九）、これらの自由について次のように説明する。

政府の支持者のためだけの自由、ある政党の党員のためだけの自由は──彼らの数がどんなに多くても──決して自由ではない。自由とは、つねに、異なった考え方をする者たち（die Andersdenkenden）の自由のことである。それは、「公平」の狂信主義のゆえにではなく、政治的自由の活性力、治癒力、および浄化力が、異なった考え方をする者たちの自由というこの本質にかかっているからであり、もし「自由」が特権となれば、その効果が失われるからである。（RR. 359, Anm. 3／四一）

「政治的自由」の本質をなす「異なった考え方をする者たち」の自由が、民衆の「公的生」を実質的に構成する。つまり公的生は、異なった考え方をするという意味での他者の存在を構成的な条件とするのである。

とはいえ、ルクセンブルクはこのような公的生を民衆が容易に送れるとは考えていない。なぜなら、革命主体である民衆は、ブルジョアジーの支配のもとですでに精神的に堕落してしまっているからである。したがって、革命の実現にはまず何よりも「数世紀にわたるブルジョア的階級支配によって貶められてきた大衆の全面的な精神的変革」が必要となる。[4]（RR. 360–361／四三）。この「精神的変革」とは、「利己主義的な本能」から「社会的本能」への、「怠惰」から「大衆のイニシアティヴ」への転換を意味する（RR. 361／四三）。そして、彼女は「レーニンほどこのことをよく知り、切々と語り、執拗に繰り返している者はいない」という（RR. 361／四三）。しかし、「レーニンは手段を完全に間違えている」と彼女は異議を唱える（*ibid.*）。レーニンがとった「命令、工場監督官の独裁的暴力、過酷な処罰、恐怖政治」といった手段は「一時的な緩和剤」でしかない（RR. 361–362／四三）。このような独裁理論の前提にあるのは、「出来あがった処方箋が革命政党の鞄のなかにあって、あとはそれをただ精力をあげて実現すればよい」という考えである（RR. 359／四一）。しかしながら、革命の実現は「完全に未来の霧のなかにある」（*ibid.*）。それゆえ大衆は政党の綱領に全面的に依拠することはできず、実際に革命のなかで多くを経験し学ばねばならない。「ただ経験だけが訂正し、新しい道を拓くことができる」（RR. 360／四二）。そして、こうした大衆の「政治的な訓練と教育」の場、換言すれば「政治的経験の泉」をなすのが彼らの公的生なのである（RR. 359／四〇）。再生への唯一の道は、「公的生という学校そのもの、無制限の極めて広汎な民主主義、公的な意見（öffentliche *Meinung*）」である（RR. 362／四三）。公的生のなかで異なった考え方をする者たちが「自由な意見闘争（Meinungskampf）」（RR. 362／四五）を通じて公的な意見を形成することで、政治的な訓練と教育が蓄積されていく。かくして、ルクセンブルクは次のように主張する。「これ〔＝大衆の精神的堕落〕に対しては、過酷なテロルの措置は無力である。逆に彼らはいっそう腐敗する。唯一の解毒剤は、大衆の理想主義と社会的活動、つまり無制限の政治的自由である」(5)（RR. 361, Anm. 1／四四）。革命を促進するのは、独裁的暴力ではなく、公的生のなかでの他者との自由な討論なのである。

もっとも、ルクセンブルクも革命における暴力的な措置をすべて拒絶しているわけではない。「社会主義は一連の暴力的措置を前提としている」（RR. 360／四二）。しかし、このようにいうとき、彼女は現行の社会秩序の「解体」と新しい社会秩序の「建設」とを区別する（*ibid.*）。「解体」とは、私有財産を廃止することによって、形式的な平等と自由の下に隠れている経済的な不平等と不自由を除去すること、つまりブルジョア的経済構造の破壊である（RR. 363／四七―四八）。これは彼女にあっても「独裁」という形をとる。しかし、「〔ブルジョア民主主義に替わる〕社会主義的民主主義は、社会主義経済という下部構造がつくりだされたときにはじめて、それまで一握りの社会主義独裁者たちを忠実に支持してきたお行儀のよい民衆のために用意されたクリスマスプレゼントとして、約束の地で始まる、というものではない」（RR. 363／四八）。革命の実現は、ブルジョア的な経済＝「下部構造」を解体するだけでは十分でなく、「社会主義的民主主義」という新しい社会秩序の建設という積極的な行為をも必要とする。そして、「否定的なもの、つまり解体は命令することができるが、建設という肯定的なものは命令することができない」（RR. 360／四二）。革命における暴力は経済的問題に限定され、新しい社会主義的社会の建設の「前提」にすぎない。したがって、彼女のいう「独裁」は「極めて広汎な公共圏における、人民大衆の極めて活動的な、妨げられることのない参加のもとでの、無制限の民主主義における独裁」なのである（RR. 363／四七）。

このように、ルクセンブルクにとって革命は単に経済的不自由の解体だけでなく、政治的自由を保証する新しい社会の建設をも目的とする。しかも、その実現手段自体が民衆の公的生における政治的自由である。したがって、彼女の考える革命は〈自由による自由の創設〉と特徴づけることができる。しかし、ここにおいて、自由のないところで自由という手段を調達することはいかにして可能なのかという難問が生じる。より特定化すれば、大衆の精神的堕落という条件下で彼らの公的生をどう維持するのかという問題である。ところが、彼女の革命論の枠組みのなかでこの問題は生じえない。なぜなら彼女の革命論の根底には次のような独特の歴史観があるからである。

社会主義的な社会システムは、ただ歴史的産物であるべきであり、またそうありうるのであって、それは、経験という独自の学校から、期が熟すなかで、生きた歴史の生成から、生まれてくる。生きた歴史は、究極のところ有機的自然（organische Natur）の一部であり、したがって有機的自然とちょうど同じように、現実の社会的要求とともにつねにその充足のための手段も、課題と同時にその解決ももたらすという素晴しい習慣をもっているのである。そうだとすると、社会主義は、その本性（Natur）からして、押しつけられえないものであり、指令によって導入されえないものであるということは明らかである。（RR. 360／四二――強調引用者）

「歴史」は「自然」の一部であるかぎり、政治的自由という「現実の社会的要求とともにその充足の手段ももたらす」のであり、したがって大衆の公共精神のないところにも彼らの公的生は自然に現われるのである。(6) ルカーチのルクセンブルク批判はこの点を焦点にして展開されることになる。(7)

三　ルカーチのディレンマ――革命の挫折と物象化

ルカーチから見てルクセンブルクの革命論の根本的な誤りは、「歴史的発展の有機的な性格の過大評価」にある（GK. 453／四五四）。これは資本主義から社会主義への移行を「自然成長（Hineinwachsen）」とみなす歴史の方法に由来する（GK. 455／四五六）。この方法のもとでは、「必然の王国」から「自由の王国」への飛躍は「運命のプレゼント」としてとらえられざるをえない（SA. 138／二四一）。もちろん彼も「R・ルクセンブルクは革命の時期の必然的な逆戻り、修正、過誤について全く明瞭に認識していた」ことを認める（GK. 455／四五六）。しかし、彼によれば、「発展のなかの有機的な要素を過大に評価する彼女の傾向は、「現実の社会的要求とともにつねにその充足のための手段も、課題と同時にその解決も」もたらされるという――独断的な――確信のなかにのみ示されている」（*ibid.*）。そして、彼女が「自然成長」的な歴史の方法を採用するのは、彼女が経済と政治・イデオロギーとを区別しているにもかかわらず、両者の関係については「古典的な見解」を無批判的に受け継いでいることに起因する（SA. 137／二三九）。その見解とは、大衆の活動は経済危機の「自動的な帰結」として「自然発生的に」生じ、大衆の意識は経済状態の「表現」でしかないというものである（SA. 137／二四〇）。

こうした革命の有機的な性格ないし自然発生性に対する過大評価を、ルカーチもまた「経験」に訴えて論駁する。「ここ数年の革命の経験は革命の自然発生性の限界を非常に鮮明に示した」（SA. 140／二四三）。ここでの経験とは、ロシア革命に端を発したヨーロッパ各地での一連の革命の挫折に他ならない[8]。彼によれば、革命の挫折の原因は「プロレタリアートのイデオロギー的危機」のうちにある（SA. 139／二四三）。つまり、革命を実現するための経済的・社会的な諸前提はすでに与えられていたにもかかわらず、プロレタリアートの階級意識は依然として資本主義的なままであったのである（GK. 486／五〇六）。こうした状況においては、資本主義的経済構造の解体という前提が整ったとしても、そこから大衆の革命的な建設行為が自然発生すると想定することはもはやできないのである。プロレタリアートのイデオロギー的危機は、政治・イデオロギーと経済との関係についての「経済主義的」な見解を否定する（GK. 482／四九八）。それゆえ、彼の考える革命も単に資本主義的経済の破壊ではなくプロレタリアートの「イデオロギー的変革」を要求することになるが（cf. GK. 492, 435, 503／五一四、四二四、五三一）、しかし彼の場合「イデオロギー的変革は、確かに経済的な危機の結果として……生じてきたものではあるが、しかしながらその経過は決して客観的な危機そのものと自動的・「法則的な」平行関係をもつことはない」とされる（GK. 487／五〇七）。ここにおいて、大衆の精神的変革は自然発生性に委ねられることなく、それ自体で一つの独立した革命の課題となる。かくしてルカーチは、ルクセンブルク批判とは別に、革命の挫折の原因をさらに深く追及していく。

ルカーチによれば、その原因は資本主義の構造に見出される。そのとき、プロレタリアートのイデオロギー的危機は「プロレタリアートの意識の物象化」としてとらえ返される（GK. 487／五〇六）。物象化とは、資本主義の原理が「すべての「自然的限界」を止揚し、人間相互の関係全体を純社会的関係へと転化する」ことによって成立した近代社会に特有の現象である（GK. 361／三一五）。こうした「社会化」の所産である近代資本主義社会では、「商品」が社会的関係の「普遍的カテゴリー」となる（GK. 260／一六六）。商品構造の本質は、人間的関係が物的関係の性質を帯び、なおかつその構造のなかで生きる人間の意識もその物的性質にとらわれることによって、物的関係の出自である人間的関係の痕跡がすべて人間の意識から隠されてしまう、ということのうちにある。このように人間の意識が社会的関係の物的性質にとらわれている状態が「物象性」に他ならない（GK. 257／一六二）。そして、商品構造を本質とする社会的関係が「普遍的」であるということは、プロレタリアート自体も資本主義社会の産物でしかないことを意味する。それゆえ、プロレタリアートもブルジョアジーと同様にその意識が物象化されることを免れない（GK. 332／二七三）。このように革命主体そのものが現行社会の構造にとらわれたままであったことが、革命を敗北に追いやったとルカーチは考えるのである。

それでは、物象化現象は実際どのようにして「自由」の創設行為としての革命を困難なものにするのか。ルカーチによれば、人間相互の関係が商品関係としての物的性質を帯びることによって、そこに生きる人びとは人間の特性と能力を外界のさまざまな対象と同様な「物」として「所有し」「譲渡する」ようになる（GK. 275／一八七）。その結果として、人間は相互に孤立化され抽象的な個人としてアトム化される（GK. 265／一七二）。現行の資本主義社会における自由とは、「物象化されかつ物象化する財産によって孤立化された個人の自由」、つまり「利己主義の、自己閉鎖の自由」である（GK. 492／五一四）。

このように自由を利己主義的な閉鎖性へと変形する物象化の効果が最もグロテスクに示されるのは、ジャーナリズムにおいてであるとルカーチは主張する（GK. 275／一八七）。この観点から、彼はすでに「報道出版の自由と資本主義」（一九一九年）において「出版の自由」を批判していた。これによれば、出版の自由は、資本主義的社会秩序の典型的な産物以外の何ものでもない。なぜなら、その成立の社会的な基盤は「意見（Meinung）が商品になる」ことのうちに存するからである（PuK. 154／三二一）。それゆえ、出版の自由とは、市場での自由競争のなかで意見という商品を「生産」し「販売」する自由でしかないのである（PuK. 154–155／三二一）。さらに「意見表明の自由（Meinungsfreiheit）」も「見せかけの自由」である。なぜなら、それは意見を「購入」できる者だけのための自由だからである（PuK. 155／三二一）。それに対して、意見を生産・販売する者は「肉体労働者」と同一の状態にある。なぜなら、彼らの自由は「餓死するか、それとも資本家たちに有利な条件で強制労働をするかの選択の自由」でしかないからである（PuK. 155／三二一―三二二）。このように、資本主義社会における大衆の政治的自由は、商品構造と切り離しては存在しえず、それは実質的には資本家の特権か、生命維持を基本的な活動様式とする労働者の自由でしかない。こうした事態は裏を返せば、商品構造の原理が公的領域の全体に浸透していることを示している。つまり、自由な意見闘争は経済的な自由競争にとって替えられ、公的な討論という言語を媒体とする人間的関係は、商品を媒体とする物的関係によって駆逐されるのである。[10] 経済的自由による政治的自由の浸蝕、これが物象化現象の内実である。

このような物象化現象はルカーチに次のようなディレンマを突きつける。すなわち、大衆の政治的自由が私的―経済的自由にすり替えられてしまっている状況のなかで政治的自由を再生しようとする場合、その手段として他ならぬその政治的自由に頼ることはもはやできないというディレンマである。ルクセンブルクが革命に対する矯正力の泉とみなしたものは、ルカーチの眼にはすでに枯渇してしまったものとして映らざるをえない。それでは、このような状況において革命はどのような仕方でなされるべきであるとルカーチは考えるのであろうか。この文脈においても、経済的なものを利用したブルジョアジーの支配に対抗する政治的形式としての党の意義が論じられることになる。

四　敵との闘争と前衛党――自由の抑圧による自由の創設

ルカーチは、革命の現実的な状況として「革命の純粋にプロレタリア的な性格」を前提にすることは「幻想」である、という（GK. 479／四九四）。プロレタリアートのイデオロギー的危機が示しているのは、労働者大衆の行動が「必然的にプロレタリア革命の方向へと規定されていることは決してないし、またありえない」ということ、あるいは「彼らの運動は、確かに――事情によっては――革命を促進することもありうるが、しかしそれと同じだけ容易に、反革命的な方向をもとりうる」ということである（GK. 480／四九五）。それゆえ現在は、経済過程が自然発生的に大衆運動を引き起こすという安定的な社会状態にあるのではなく、社会的な諸勢力の「根本的な編成替え（Umgruppierung）」がなされていると認識されるべきである（GK. 483–484／五〇一）。経済主義的な観点からは把握しえないこうした状況において革命を実現するには、経済的な変革だけであとは自然発生性に任せるのではなく、政治的な措置が必要となる。それは、社会の編成替えによって解放された諸勢力を、それらが純粋にプロレタリア的であるかどうかにかかわりなく、「プロレタリア革命のために（für）動員する」ことであり、逆からいえばそれらの勢力を「反革命へと組織化されつつあるブルジョアジーに対抗して（gegen）結集する」ことである（GK. 449–450／四四八―四四九）。

この革命のための、あるいは反革命に対抗する動員・結集の具体的な様相を、ルカーチはメンシェヴィキとボルシェヴィキとの闘争を例にして描写する。彼によれば、「メンシェヴィキは公然とあるいは隠然とブルジョアジーの陣営へと移行し（*übergehen*）、革命的なプロレタリアートやその他の本能的に反抗的な階層に対して敵対的な前線に立っている」(GK. 466／四七二)。したがって、革命の過程においてて「まず最初にプロレタリアートが分裂し、内面的に二つに引き裂かれたまま闘争に移るだろう」ということが認識されねばならない(GK. 465／四七一)。つまり、プロレタリアートのイデオロギー的危機は、階級闘争における「区別」を曖昧にし、本来は対立・衝突するはずの陣営のあいだでの「移行」を促進するのである。この流動的かつ無節操な政治状況においては、闘争の形態を「討論」としてとらえるべきではない。なぜなら、この状況において「討論」はただのお喋りとして無際限に続くだけだからである。かりに討論を通じて一定の結論が導き出されたとしても、それはつねに「多義的(mehrdeutig)」であり、したがって「義務づけ」を免れる(GK. 478／四九一)。したがって、カオスのなかに革命と反革命との区別をもうけて「一義性」を打ち立てる必要性が強調されることになる(GK. 450／四四八)。

また、物象化によって言語を媒体とする関係が商品関係にとって替えられているなかで、メンシェヴィキが「革命についての見解の正しさによって「説得」されうるなどと当てにすることは空しい希望でしかない」(GK. 465／四七一)。それゆえ、メンシェヴィキとボルシェヴィキとの内面的分裂を「意見の相違」とみなしてはならない(GK. 465／四七〇)。しかし他方において、それを単に経済的利害の対立としてとらえるならば、経済主義的見解の轍を踏むことになる。革命を実現するためには、それをあくまで政治的な対立としてとらえなければならない。かくしてルカーチは、メンシェヴィキを「「異なった意見(andere Meinung)」をもつ革命家たちの一つの思潮」としてではなく、「革命の敵(Feind)」として規定するべきだと主張する(GK. 467／四七四)。革命の友と敵の区別こそが、物象化現象のもとで革命を実現するために必要な政治的動員・結集つまり「集団化(Gruppierung)」(GK. 467／四七三)の基準なのである。彼にとって革命と反革命の対抗関係とは、公的生のなかで意見の異なった者たちが行なう自由な討論でも、経済市場での自由競争でもなく、友と敵の闘争なのである。[11]

こうした革命の友と敵の闘争の担い手としてルカーチが挙げるのは「組織」である。その理由を彼は次のように説明する。

〔革命の実現に必要な〕人的素材は、必然的に、資本主義社会のなかで教育され、その社会によって堕落させられている人間から成り立っている。……資本主義が存続するかぎり、人間の内面的な変革を期待することはすべてユートピア的な幻想であろう。まさしくそのために、こうした事態がひとを堕落させるような結果を阻止し、そうした結果の不可避的な発生をただちに訂正し、それによって生じた弊害を除去するのに適している、組織的な予防措置と保証が探求され発見されなければならないのである。(GK. 512–513／五四四)

そのために、組織は物象化の影響を免れた存在でなければならない。しかしそれは、「非常に高度の階級意識」をもち(GK. 498／五二二)、「正しい理論」にもとづいて行動する存在(GK. 504／五三四)、つまり「革命的階級のうちで最も意識的な部分である前衛」に他ならない(GK. 497／五二二)。ここにおいてルカーチは、現行社会の彼岸に立ち、新しい社会秩序の創設を基礎づける〈絶対者〉が革命の実現には不可欠であることを承認しているのである。[12]

したがって、ルカーチは革命の民主的なあり方を批判する。すでに見たように、ルクセンブルクにとっては、民衆の活動的な政治的生のもとで民主的な制度は革命的な役割を果たしうる。彼女は議会制度に対して次のように一定の肯定的評価を与える。「われわれはいかなるブルジョア的議会においても、ときおり「民衆の代表」の極めて愉快な跳躍を体験するのであり、そしてその跳躍は突然「新しい精神」によって活性化され、全く予期しなかった発言を引き起こすのである」(RR. 354／三四)。これに対してルカーチは、彼女が指摘した議会の革命的な変化は「事実の確認」としては正しいという（GK. 455／四五七）。しかし、この変化は決して自然発生的に生じたのではない。ここでも意識の物象化、つまりイデオロギー的危機が考慮されなければならない。「純粋に「民主的な」権力集団は、崩壊の時代にある程度おのずから生じ、すべての権力を強奪したけれども、同じように――この集団を担っている［イデオロギー的に］不明瞭な階層の逆行的な運動のために――突然あらゆる権力を剥奪されてしまうのである」（GK. 485／五〇四）。したがって、その議会での変化は、「当時最も強烈に革命を前進させていた諸要素の革命的な組織が、革命を阻止する諸要素を議会の諸団体からつねに暴力的に遠ざけ、これらを革命の立場にふさわしいかたちに改造した」ことの結果としてみなされなければならない（GK. 455-456／四五七――強調引用者）。大衆の公共精神が利己主義へと堕落し、言語を媒体とした人間的関係そのものが消失している状況においては、意見を自由に交換し討論する場である議会の革命的変革を、公的な討論そのものを通してもたらすことは不可能である。それは、革命と反革命の敵対関係のなかでの、組織による「暴力的」な、つまり非言語的な動員・結集によってもたらされざるをえないのである。

ルカーチは「評議会」の樹立の仕方についても同じ論理にもとづいて議論を展開する。彼によれば、現状において言葉による批判はブルジョアジーにとって耐えうる「空文句」にとどまる以上、討論という闘争形態は評議会の創設を妨げるものでしかない（FP. 98／九二）。評議会はむしろ友と敵の闘争のなかで「ブルジョアジーの抵抗から引き離して奪う」べきものなのである。（FP. 103／九八）[13]。このように考えるならば、ルクセンブルクは「革命の現実的な状態において諸勢力の集団化を誤って評価した」ことになる（GK. 467／四七三）。ルカーチにとって政治を構成する他者は、異なった意見をもつ存在ではなく敵である。この観点から革命の過程における「自由」の位置は次のように規定される。「自由はそれ自体で一つの価値であることはできない。自由はプロレタリアートの支配に奉仕しなければならず、しかしプロレタリアートの支配が自由に奉仕してはならない」(GK. 469／四七六―四七七)。革命において問題となるのは、「いかにして「自由」が革命的で反革命的でない機能を保つべきか」である(GK. 467／四七四)。つまり自由・不自由ではなく、革命・反革命の対立軸が決定的なのである。かくしてルカーチは、「ボルシェヴィズムの「自由の抑圧」の革命的な性格」を承認する(*ibid.*)。彼の考える革命は〈自由の抑圧による自由の創設〉なのである。

五　政治的なものと社会的なものの境界

ルカーチはルクセンブルクが信じた公的生を営む民衆の存在を「幻想」として退けた。しかし、その代替案として彼が提示した前衛党もまた、自由な主体が存在しないところに自由を創設することはできるのかという解決不可能なディレンマを解決してしまうという意味において、革命主体の「神話」であるということができる。[14] それは、敵対関係の一義的な区別にもとづく、党員への組織的規律の義務づけである。そこで最後に、この神話がもたらす暴力肯定の論理に潜む問題点とそこから導き出される課題について若干考察することによって、本章の結びに替えたい。

これまで見てきたように、ルカーチの革命論において、暴力は生命の必然性や経済構造の解体といった社会的問題の解決のためではなく、政治的自由のための公的空間の創設行為にとって必要なものとみなされている。このような暴力の必要性の根底にあるのは、物象化論から導出された、現行の資本主義社会において公的‐政治的自由は現われることができないとする診断である。この診断は、革命の性質に決定的な転換をもたらすように思われる。つまり、自由は社会の彼岸へと追いやられ、それによって革命の「終局目的」と化すのである。ここにおいて革命は、アレントの枠組みを用いるならば、もはや自己目的的な「活動」ではなく、目的‐手段の戦術的連鎖のもとでの「制作」として表象される。それとともに自由の抑圧は、自由の王国を「作る」という目的を達成するための手段として正当化されうることになる。[16] そして、活動から制作への転換は、革命が友と敵の闘争としてとらえられることによってさらに確実なものとなる。アレントによれば、「制作がある対象を生み出す手段であるように、活動が目的のための手段となってしまう」事態は、「本来的な共同性（das eigentliche Miteinander）」が破壊され、戦争時のように人びとが「相互に友と敵に分かれて（für-oder gegeneinander）」行動する場合に起こる（VA. 221／二九三）。その場合、活動は「一定の目標を自分自身のために、そして敵に対抗して、達成するために暴力手段を用いる」ことでしかなくなるのである（*ibid.*）。

さらに、アレントは「官僚制化」と暴力とのつながりを指摘する。「公的生の官僚制化が進めば進むほど、暴力の魅力は増大する」（CR. 178／一五九）。なぜなら、官僚制とは「すべてのひとが政治的自由、つまり活動するための権力を奪われている統治形態」に他ならないからである（*ibid.*）。そして近代の歴史における官僚制化の過程は「党の官僚機構の勃興」によって著しく促進された（CR. 178／一六〇）。この党の官僚制化こそロシア革命において評議会を崩壊させ、革命を挫折に追いやった原因なのである。アレントはルクセンブルクから次の箇所を引用する。「普通選挙、無制限の出版と集会の自由、自由な意見闘争がなければ、あらゆる公的な制度のなかでの生は死滅して見せかけの生となり、そこには官僚制だけが活動的な要素として残る」（RR. 362／四五一―四六, cf. UR. 340／四五五）。

このようなアレント‐ルクセンブルク的な立場からすれば、友と敵の闘争の担い手とされる前衛党は、党の官僚制化を具現するものに他ならず、結局は革命の成功を妨げるものでしかないであろう。しかしながら、ここで注意すべきは、ルカーチの前衛党論が官僚制批判を踏まえているという点である。[17] 彼において党の官僚制化はその物象化として問題化される。しかもこの問題の深刻さは、官僚制化が単に「西欧的な組織形態」（GK. 473／四八五）や「ブルジョア的な党」（GK. 495／五一九）だけでなく「共産党」自体にも及ぶという点にある。「この傾向〔＝物象化〕は……共産党においてもさらに影響を与えざるをえない。この傾向は、あらゆる共産党が合目的的な行為を必要としていることが、硬直化、官僚主義、腐敗などの危険を必然的に含んでいる広汎な即物的な分業を押しつければ押しつけるほど、ますます強くなる」（GK. 513／五四四）。このように、ルカーチの前衛党論は、官僚制批判にもとづきながらも同時に官僚制化を促進しうるという逆説的な論理を内に含んでいるのである。このことは、官僚制批判が決して容易ではないことを示唆しているといえる。

また、友と敵の闘争という革命の規定を批判する際にも一定の注意が必要である。ルカーチがそのような闘争を呼びかけざるをえなかったのは、物象化現象のもとで意見が商品化し公的な討論が形骸化していると彼が考えたからである。この考えにしたがうならば、公的空間における討論が革命を推進するのではなく、まず討論の場となる公的空間が創設されねばならない。この革命は公的空間の内部での討論ではなく、公的空間をめぐる闘争である。異なった意見を交換しあう公的生は、敵を排除することによってはじめて可能となる。つまり近代社会において新たに公的な言論が成立するとき、そこではつねにすでに誰かが沈黙を余儀なくされていることになる。こうした状況において、公的生の起源にある暴力的な闘争を前政治的ないし政治外的なものとして議題から除外するとすれば、それは単なる知的怠慢という以上に、その根源的暴力を忘却するという形でそれに加担することになりかねない。

しかし、翻ってルカーチの革命論の枠組みのほうに目を向けるならば、革命における暴力行使の容認は社会的なものの全体化という認識に由来している。なるほど一方において、政治的関係が経済的‐社会的関係から切り離されえない状況のなかで、ルクセンブルクがしたように、両者を理念的に区別することによって政治的領域の自律性を確保しようとすれば、革命の現実的な課題とその困難さを見落とすことにもなりうる。しかし他方において、ルカーチが考えたように、近代社会では言論の活動は商品関係に完全に依存してしまうのであろうか。社会構造は分化するのではなく、経済的‐社会的関係へと一元化する結果として、政治的自由の再生の可能性は近代社会の絶対的な外部に求めざるをえないのであろうか。

いずれにせよ、資本主義社会において、政治的自由を可能なかぎり暴力的手段に頼ることなく再生しようとするとき、その社会において政治的なものと社会的なものとがどのような関連において構造化されているのかについての分析が要求される。その構造的関係性についてのイメージによって、政治的なものについての理解がシュミット的なものになるか、それともアレント的なものになるかは大きく規定されるように思われる。

注

（1）「〔近代の革命においては〕「ローマを再び」創設することではなく、「新しいローマ」を創設することが問題であった。すなわち、西洋の歴史を永遠の都市〔＝ローマ〕の創設に結びつけ、さらにこの創設をギリシアとトロイの有史以前の歴史に結びつけていた糸は断ち切られて、もはや結び直すことはできなかった」（UR.273／三三七—三三八）。

（2）アレントはこのような暴力を「根源的暴力」と呼び、それを制度的に表現したものが奴隷制であるという。「人間はこのような〔生命の必然性からの〕解放を、他人を犠牲にする暴力によって、すなわち自分の代わりに生命の重荷の一部を背負うよう他人に強制することによって、成し遂げた。これが奴隷制経済の本来的な意味である」（UR.

145／一六九）。

（3）共産党入党から『歴史と階級意識』に至る時期のルカーチの革命論については、伝記的研究、マルクス主義思想史的研究、フランクフルト学派的研究などが大半を占めており、本章の問題視角に直接結びつくものは決して多くないが、アレント－ハーバーマス的な公共性概念を参照基準にしてルカーチを取り扱っているものとして、cf. Rüdiger Dannemann, "Das Verdinglichungsproblem und Habermas' Versuch einer Reformulierung," in ders.(Hg), *Georg Lukács — Jenseits der Polemiken: Beiträge zur Rekonstruktion seiner Philosophie*, Sendler, 1986; Oskar Negt und Alexander Kluge, *Öffentlichkeit und Erfahrung: Zur Organisationsanalyse von bürgerlicher und proletarischer Öffentlichkeit*, Suhrkamp, 1972; Joseph G. Fracchia, *Die Marxsche Aufhebung der Philosophie und der philosophische Marxismus: Zur Rekonstruktion der Marxschen Wissenschaftsauffassung und Theorie-Praxis Beziehung aufgrund einer Kritik der Marx-Rezeption von Georg Lukács, Karl Korsch, Theodor Adorno und Max Horkheimer*, P. Lang, 1987.

（4）ルクセンブルクにおいて大衆の精神的堕落という問題は、ブルジョア社会のなかでのプロレタリアートの「ルンペン化（Verlumpung）」の問題として扱われる。「あらゆる革命において非常に重要な問題の一つを形づくっているのは、ルンペンプロレタリアートとの闘争である。……ルンペンプロレタリア分子は、ブルジョア社会に深くくい込んでおり、単に特定の階層としてだけではなく、つまり社会秩序の壁が崩壊する時代にとくに厖大化する社会的なクズ（Abfall）としてだけではなく、社会全体を統合する要素としてくい込んでいるのである。ドイツでの――そして多かれ少なかれその他のすべての国家での――事の成り行きは、ブルジョア社会のあらゆる階層がいかに簡単にルンペン化に堕するかを示している。……プロレタリア革命は、いたるところでこうした敵および反革命の道具と闘わなければならないだろう」（RR. 361, Anm. 1／四四―四五）。

（5）プロレタリアートの「ルンペン化」の問題に対しても彼女は同じように解答する。「とはいえやはり、この点においても、テロルは切れ味の悪い、それどころか両刃の剣である。過酷な軍法会議はルンペンプロレタリア的な悪行の噴出に対して無力である。それどころか、戒厳状態の支配が続けばかならず専横をもたらし、そしていかなる専横も社会を堕落させるようにはたらく。プロレタリア革命の手中にある唯一の有効な手段は、ここでも次のものである。すなわち、政治的・社会的性質の最も根本的な措置、大衆の生の社会保障の急速な変革、および——革命的理想主義の鼓舞である。革命的理想主義は、ただ無制限の政治的自由のなかで、大衆の集中した活動的生によってのみ、長く維持されうるものである」（RR. 361, Anm. 1／四五）。

（6）彼女の革命論が決定的な点において「自然」とのアナロジーに依拠しているという事実は、次の箇所においても確認される。「病気の感染と病原菌に対して日光の自由なはたらきが最も有効な消毒と治療の手段であるのと同様に、革命そのものとその修復の原理、革命によって呼び起こされた大衆の精神的生、活動性、および自己責任、つまり革命の形式としての極めて広汎な政治的自由——これが唯一の治療し消毒する太陽である」（RR. 361, Anm. 1／四五）。

（7）ルクセンブルク批判が展開されるテクストとして本章で検討されるのは、「大衆の自然発生性、党の行動性」（一九二一年）と、『歴史と階級意識』所収の「ローザ・ルクセンブルクの『ロシア革命批判』についての批判的注釈」（一九二二年）である。

（8）ルカーチに決定的な影響を与えた革命の挫折の経験としてまず挙げられるのは、彼自身も参加した革命によって樹立されたハンガリー評議会共和国の崩壊（一九一九年八月）である。しかし、彼のルクセンブルク批判の直接の契機となったのは、一九二一年三月に中部ドイツで自然発生した労働者の蜂起（「三月行動」）の敗北である。当時、彼の戦術論的課題の一つは、周知の通り、レーニン主義的な前衛党論とルクセンブルク主義的な自然発生論とをいかに調停するかということにあったが、これを境に彼はレーニン主義的な立場へと傾斜していく。当時のルカーチの思想的変遷を、彼を取り巻く（党内外の）政治情勢と連関させて詳細に論じたものとして、cf. Jörg Kammler, *Politische Theorie von Georg Lukács: Struktur und historischer Praxisbezug bis 1929*, Luchterhand, 1974; Antonia

Grunenberg, *Bürger und Revolutionär: Georg Lukács 1918–1928*, Europäische Verlagsanstalt, 1976; 池田浩士『初期ルカーチ研究』、合同出版、一九七二年；同『ルカーチとこの時代』、一九七五年、インパクト出版会、二〇〇九年．池田も述べているように、ルカーチは『歴史と階級意識』をまとめるにあたって、それまでに書いてきた政治論文のどれを収め、どれを除外するかの態度決定をしており、また収める論文についても修正を施している場合がある。たとえば、本章で扱う「報道出版の自由と資本主義」、「議会主義の問題によせて」、「大衆の自然発生性、党の行動性」は『歴史と階級意識』には収められていない。しかし、このことは、それらの論文と『歴史と階級意識』とのあいだの連続性をルカーチが否定していることをただちに意味するわけではない。（池田もむしろ一貫性を主張しているように思われる。『初期ルカーチ研究』、二二一―二三頁；『ルカーチとこの時代』、八八―八九頁参照。諸論文の取捨選択やテクストの修正は、レーニンやコミンテルンからの批判を意識した連続性の隠蔽（否定ではなく）を意図したものであると解釈することも可能であり、少なくとも本研究の問題視角から見るならば、両者のあいだの連続性が際立つように思われる。事実、ルクセンブルクに関する二つの論文は、「本質的な変更なしに」（VLW. 18／四〇九）『歴史と階級意識』に収められている。

（9）人間関係が「純社会的な」ものに転化することによって近代資本主義社会が成立する過程を、ルカーチは「社会の社会化過程」と呼ぶ（GK. 192／五六）。

（10）ハーバーマスはルカーチのいう物象化を「生世界のコンテクストの物象化」として理解している。それは「労働者たちが規範と価値を介してではなく、交換価値という非言語化された媒介を介して、自分たちの相互行為を調整するときに生じる」。Jürgen Habermas, *Theorie des kommunikativen Handelns*, 1981, Bd. 1, Suhrkamp, 1995, S. 480. 徳永恂・平野嘉彦他訳『コミュニケイション的行為の理論』中、未来社、一九八六年、一一八頁。

（11）ここにおいても、ルカーチの革命論とシュミットの「政治的なもの」の概念との共通性が見出される。ルカーチはこう主張する。意見を交換する「討論」という形式においては、「事象に即して（sachlich）鋭く分離し、相互に排除しあっている」集団が「平和に並んで生活することができてしまう」(GK. 475-477/四八八―四九一)。この主張と、シュミットの次の主張を比較せよ。「自由主義は、それに特徴的な精神と経済のディレンマにおいて、敵を、商売の側面からは競争相手に、精神の側面からは討論の相手に解消しようとしてきた」。「闘争という政治的概念は、自由主義的な思考にあっては、経済的な側面では競争に、他方「精神的な」側面では討論と化す」(BP. 28, 70/一七―一八、九一)。シュミットの友と敵の区別としての政治的なものの概念が、ルカーチの敵概念をも含意していることについては、本書第二章一―二参照。

(12) もちろんルカーチは党と大衆の「相互作用」を強調する。しかしそれにもかかわらず彼が組織を「予防措置」ないし「前衛」としてとらえるとき、それがいかに絶対的な存在であるかがかえって浮き彫りにされる。

(13) ここまでの「評議会」樹立に関する議論は、「議会主義の問題によせて」(一九二〇年)において展開されているものである。

(14) Andrew Arato and Paul Breines, *The Young Lukács and the Origins of Western Marxism*, The Seabury Press, 1979, pp. 107 and 156-160.

(15) ルカーチはハンガリー共産党入党を決断する際に「戦術」という観点を獲得した。ルカーチにおける戦術と暴力肯定との関係については、本書第四章も参照。

(16) 活動を制作に置き換え、新しい政治体を「作る」という表象を生み出したのはプラトンの政治哲学であるとアレントはいう。しかし彼女によれば、制作にともなう暴力が政治的領域の全体に侵入したのはやはり近代の革命においてである。近代の革命と暴力との結びつきは、生命の必然性や貧困だけでなく制作の観点からも強化されたのである。Cf. VA. 288-291/三五七―三六〇, PF. 139/一八九―一九〇. 暴力と目的-手段のカテゴリーとの関係、および暴力と制作との内在的結びつきの詳細については、cf. PF. 110-112/一四九―一五二; CR. 106, 150-151/九四、一三三―一三四.

（17）「官僚制とは、生と労働の様式が、そしてそれに対応して意識もまた、資本主義経済の一般的な社会的－経済的諸前提に適応する、ということを意味する」（GK. 273／一八五）。ルカーチの官僚制批判がヴェーバーの分析を前提にしていることはいうまでもない。

結論

本書は、一九一〇―二〇年代におけるルカーチ政治思想の形成過程を解明し、その特質と問題点を分析してきた。最後に、それらについて総合的に検討しよう。

まず、ルカーチ政治思想が形成された時代背景が確認されなければならない。二〇世紀政治思想として彼の思想をとらえ直す必要があるのは、その背景に、身分制的な階層秩序の平準化・水平化があり、「全体戦争」としての第一次大戦は、この状況と連動する政治的出来事であったと考えられるからである。とくにドイツにおいては、世紀の変わり目に急激な工業化が果たされた結果として、アリストクラティックな社会構造が崩壊し、それまで教養市民層の自己意識の基盤であった「文化」が「大衆」の侵入に晒されるという「文化の危機」の意識が、知識人たちによって共有される。それと同時に、その文化の危機の意識は、「西欧文明」による「ドイツ文化」の侵食というかたちで外側へとナショナリスティックに投影される。ここから、西欧文明に対してドイツ文化を防衛する戦争として第一次大戦を賛美する「文化戦争」論が展開されることになる。「文化」は、戦争に積極的に関連するという意味において、政治的な概念として通用するに至る。

ルカーチは、ジンメルやTh・マンらに見られたそうした戦争熱を冷徹に批判した。しかし、彼もまた彼らと同様に、第一次大戦にある種の限界状況を認める。彼にとってその戦争は、ドイツを含む西欧文明の危機を意味するのである（「罪業の完成」）。彼が「西欧」対「ドイツ」の対立を相対化し西欧全体の限界を認識することができたのは、彼が「ロシア」の革命と文学に新しい世界の理念を見出したからである。ここから、一九世紀的西欧文明に替わる新しい文化が「ロシア」に求められ、革命が政治的テーマとして認識される。

社会構造の平準化と一九世紀的西欧文明の崩壊という時代状況について、ルカーチは第一次大戦以前にすでに『魂と諸形式』において論じていた。つまり、ニーチェの文明批判、ジンメルの文化哲学、ヴェーバーの宗教社会学、マンの小説などの影響を受けながら、彼は「市民性」と芸術のパラドクス、禁欲的職業倫理とロマン主義的生の乖離、あるいは一九世紀的ドイツ「市民性」の没落と「ブルジョア」の出現というかたちで、自らの時代の問題を感受していたのである。この問題設定にしたがえば、市民性の没落にともなって、禁欲的職業倫理から解放されたロマン主義的主観は、内面世界の戯れのなかで流転し続け、「感情のアナーキー」に陥る。この無秩序においては、本来対立・葛藤するはずの諸価値が美感的‐経済的消費財として無差別に享受され、平和的に共存してしまう。つまり、二〇世紀に出現する大衆社会とは、諸価値の区別・対決（「神々の闘争」）が不在の「等価性の世界」に他ならない。

一九世紀的西欧文明の崩壊、言い換えれば市民性の没落と、社会構造の民主化にともなう大衆社会＝等価性の世界の到来という時代背景のなかで、それではルカーチはどのような思想的課題に直面したのであろうか。ここで重要なのが、なかでもジンメルの「文化」概念である。というのも、そこにおいて文化は生と「形式」の総合を意味するからである。ルカーチがジンメルから引き継ぎ、そしてシュミットのロマン主義批判とともに確認した現代の思想的課題とは、一九世紀的な市民的＝禁欲的な生の形式を喪失したロマン主義的主観を克服しうる、新しい「形式」と「秩序・序列」を発見することである。大衆社会における「文化の危機」、「文化の悲劇」とは生の「無形式性」なのである。したがって、「等価性の世界」とは「型なし社会」でもある。そこでは、区別され決断されるべき諸価値が輪郭を失い、相互移転を際限なく繰り返して流動化する。ここから、そのような無形式性と無秩序を克服し、区別・決断を可能にする「政治的」な――シュミット的な意味における――形式を発見することが、ルカーチの思想的課題となる。

このような時代背景と思想的課題を受けて、ルカーチの政治思想は形成される。次に、そのようなルカーチ政治思想の特質はどのようなものであるかを検討しよう。

第一に、西欧文明に対抗する新しい文化形成、換言すれば「文化革命」の構想における「西欧」・「ドイツ」・「ロシア」の連関である。限界に達した「西欧文明」に対抗する理念としてルカーチが掲げたのは、「ドイツ文化」ではなく、革命家の魂の問題＝心理学としての「ロシア」文学（ドストエフスキー）にあらわれる「新しい世界」であった。そして、その新しい世界の実現は、第一次大戦ではなくロシア革命に期待される。もっとも、その後の『歴史と階級意識』に至る過程において、彼の思想のなかで「西欧」対「ロシア」の対立という認識枠組みはしだいに影を潜め、革命の目的である人間的自由の理念は、カント以降の古典期ドイツ哲学の系譜に連なるものとして理解されるようになり、その意味では普遍的でヒューマニスティックな性質をもつようになる。しかし、そうした思想形成の端緒が「西欧」に対抗する「ロシア」という理念に導かれていたという事実は、彼の思想を単に「西欧」マルクス主義として理解しようとする認識枠組みにおいては見落とされてしまうであろう。

第二に、ヴェーバーの「職業としての政治」において主張されるような政治的倫理が、ルカーチの思想のなかにも形成される。もともとルカーチにとって、「倫理」への関心はカントの倫理学、キルケゴールの哲学、ヴェーバーの宗教社会学、マンの小説などから引き継がれたものであるが、なかでもキルケゴール的な「区別・決断」がルカーチ自身の思想の本質的な構成要素となる。さらに、第一次大戦を「罪業の完成」としてとらえ、現実の革命に関与するなかで、プロレタリアート独裁における暴力の問題が彼の倫理的関心の対象となる。そこにおいて、倫理と「政治」——ヴェーバー的な意味における——が結合する。つまり、諸価値の等価性に抗して、一方においてルカーチは、諸価値のあいだの対立・葛藤を堅持し、それらのあいだで区別し選択する実践的態度の重要性を主張する。しかし、他方において、暴力をともなう政治的実践は何らかの「犠牲」をもたらさざるをえないという「罪の不可避性」、言い換えれば「政治の悲劇性」が認識されるに至る。ここから、暴力という罪が結果的にもたらす犠牲への「責任」の自覚をルカーチは政治の局面において強調するのである。

第三に、〈政治的神学〉の側面である。ヴェーバーは「職業としての学問」において、知と信仰、学問と政治の対立を、「知的誠実性」と「知の犠牲」の観点から論じた。つまり、知的誠実性を堅持するならば、学問は魂の救済や生の意味を追求したり、ある特定の価値を選択したりしてはならない、というのである。もしそうした場合は、「知の犠牲」は不可避である。この知と信仰の根底的な対立を、言い換えれば信仰の根底的な非合理性を、ヴェーバーは「不条理なるがゆえにわれ信ず」の言葉で表現する。しかしながら、学問のなかにあって「神学」は啓示への信仰を前提とする。したがって、ある価値への信仰は神学的な性格をもつ。また、ヴェーバーにとって、知（学問）の立場からすれば、宗教と政治は、意志、決断、価値判断、信仰の実践的性格の点において類似している。ここに〈政治的神学〉が出現する。

ルカーチもまた、「道徳的問題としてのボルシェヴィズム」および『戦術と倫理』において、ある価値や行為の選択・決断を「意志」と「信仰」の問題として規定し、それを「道徳的」なものとして特徴づけた。しかも彼は、意志され選択された行為がどのような結果をもたらしうるかに関する「知（学問）」と、意志および信仰それ自体とを明確に区別した。この知と信仰の差異は、彼においても「不条理であるがゆえにわれ信ず」と表現される。したがって、プロレタリアート独裁における暴力の容認と共産党入党の決断は、彼に固有の〈政治的神学〉として理解されうるのである。

このことを、直接的にルカーチをめぐってではなく、マルクス主義の階級闘争論一般に関してではあるが鋭く指摘したのが、シュミットである。そもそも『政治的神学』において、主権概念を決断として定義し、この点において神学（この場合に決断は超越神の現世への介入である）と政治（学）（この場合に決断は君主の現行の法秩序への介入である）との類似性を見出していた彼は、『ローマカトリシズムと政治的形式』において、ブルジョアジーと闘争するプロレタリアートに特有の理念と確信のパトス、言い換えれば意志と信仰の存在を認めるのである。それを彼は「政治的」なだけでなく「道徳的」とも規定する。さらに、『政治的なものの概念』において、政治的な理念と神学的な「罪」の教義との関連が指摘される。この観点から見ても、暴力行使の決断を信仰の問題と考えるだけでなく、政治の悲劇性を罪の不可避性としてとらえるルカーチの思想に、〈政治的神学〉の側面を見出すことは十分に可能なのである。

以上のような、「西欧マルクス主義」という枠には収まりきらない、ヴェーバーあるいはシュミットとの思想的関連において浮かび上がる特質——政治的倫理と政治的神学——を含むルカーチの政治思想については、しかしながら、問題点も指摘されなければならない。

第一に、「文化」概念との関連についてである。エリアスが指摘したように、またルカーチ自身も批判していたように、ドイツにおける「文化」概念は、ロマン主義的な非政治性、観念性を帯び、外界の現実に対して閉鎖的な内面世界を示すという特徴を有していた。これに対して、ルカーチの「文化革命」の構想は、一方において、ハンガリーでの革命的実践のなかで、他方においてヴェーバーやマルクスの社会分析の影響下で、実践的にも理論的にも、現実との対決を通じて鍛えられていく。しかしながら、その出発点である「ロシア」への関心が、現実のロシアで革命の名の下に何が実際に起こっているかについての客観的・科学的分析ではなく、ドストエフスキー文学への関心にすぎなかったがゆえに、文化革命の目的は「魂から魂へと通じる道」の発見という、それ自体非常にロマン主義的な仕方で理解されてしまったのである。

もちろん、そのようなロマン主義的な観念性、主観性を脱却するために、ルカーチは、ヘーゲル的弁証法を取り入れつつ、現実のなかに客観的で具体的な政治的形式を見出そうとした。しかし、その過程のなかで彼は、革命の実現のための「戦術」という観点を獲得した。これが第二の問題点に関連する。というのも、ルカーチの思想のなかでやがて〈区別・決断の倫理〉がかつてほどの意義をもたなくなる事態は、目的と手段の関係を戦術的に把握するという思考様式によって準備されたと考えられるからである。つまり、〈区別・決断の倫理〉は価値と価値の対立・葛藤（「神々の闘争」）にかかわるのに対して、「戦術」はすでに選択された目的をいかに実現するかという手段の次元へと倫理的葛藤を引き下げる。そうであれば、『戦術と倫理』で強調される「犠牲」は、自らが選択した価値と敵対する価値の犠牲ではなく、価値を実現するための手段・方法をめぐる犠牲にすぎず、その結果として、犠牲に対する責任はその真剣さを軽減されてしまうのではないか。この意味において、ルカーチによる暴力行使の容認は、「罪業の完成」という政治神学的な認識や、社会的なものの全体化という近代理解に加えて、目的が手段を正当化するという政治思想の基本的な問題にも関連しているように思われる（アレント的に表現すれば、「活動」の消失と「制作」の台頭）。いずれにせよ、やがて『歴史と階級意識』において理論化されるプロレタリアートの階級意識のなかに、果たしてかつての「悲劇的葛藤」と「責任意識」はどこまで織り込まれているのであろうか。

この意味では、第四章で見たように、晩年のインタヴューにおいてルカーチが自らのスターリニズムとの関係を弁明するとき、「悲劇的葛藤」と見なされうるものが回帰するのは皮肉という他ない。しかし注意すべきは、政治は悲劇的であるからといって、政治的決断が免責されるわけでは決してない、ということである。それどころか、まさしく政治の悲劇性についての自覚こそが政治に結果責任を要求するのである。したがって、ヒトラーよりもスターリンを選択した彼の政治的決断は、悲劇的であったという理由で免責されるどころか、悲劇的であったからこそその責任が問われなければならない。スターリニズムがもたらした「犠牲」について晩年の彼はすでに知っていたのであるから、問責の必要はなおのことである。もし、そのとき犠牲に対する責任倫理を、あるいは自らの決断に対する主体的な距離を欠いていたとしたならば、ルカーチもまた、「神々の闘争」についてシュミットと同様の不十分な理解に、つまり「諸価値の僭主政」に陥ったのだと考えざるをえない(1)。

ルカーチ政治思想の第三の問題点は、知と信仰、学問と政治、ルカーチ的にいえば理論と実践との関係にかかわる。『戦術と倫理』をもって共産党に入党したルカーチは、自分の行為がどのような結果をもたらすかについての「客観的可能性」を認識するにとどまる学問（知）の立場から、政治の局面へと足を踏み入れた。この決断は、ヴェーバー的な観点から見れば、自分の魂の道徳的純粋性を犠牲にしただけではなく、「知の犠牲」をも払ったことになる。しかしながら、ヘーゲル的弁証法をマルクス主義の「正統性」を基礎づける「方法」として我がものとしたルカーチは、『歴史と階級意識』においてプロレタリアートの階級意識それ自体を歴史の「客観的可能性」として位置づける。それは「事後的」に認識されるであろうようなものではなく、「すでに存在している」（GK. 495／五一八）。理論と実践の総合を目指す彼にとって、もはや「知の犠牲」は問題とならない。理性的なものこそ現実的なものであり、現実的なものこそ理性的なものである。〈神学－政治問題〉は歴史哲学によって解消される。

第四に、第三のものにも関連するが、ルカーチの「歴史」志向的な「知」のあり方についてである。第三章六でも検討したように、ニーチェの「反時代的考察」にとっての模範は、「ギリシア的文化概念」であり、それは「新しい改善された自然《ピュシス》としての文化の概念」であった。それに対してルカーチは、『戦術と倫理』以降「歴史」に向かう。ヘーゲルの歴史哲学に依拠するルカーチにとって、歴史こそ現代における事物の秩序・序列（die Ordnung der Dinge）である。したがって、知は自然を探究するのではなく歴史と調和しなければならない。このような知は、しかし、すでに言及した戦術的観点とも結びつきつつ、政治の手段・道具に成り下がったのではないか。ここに、ルカーチ政治思想の全体主義的政治との親和性の本質があるように思われる。

以上、一九一〇—二〇年代におけるルカーチ政治思想の形成に見出しうる問題点を指摘した。最後に、残された課題を確認することによって本書を締めくくることにしたい。

ルカーチの政治思想の課題は、「等価性の世界」としての大衆社会のなかで流動的な無秩序を克服しうる新しい「政治的形式」を発見することであった。そして、それは彼にとって「媒介の形式」としての「党」であった。しかし、「プロレタリアートのイデオロギー的危機」に直面したルカーチは、党に「前衛」としての役割を与え、大衆への「規律」を期待する。ここでいわれている規律が「各構成員が無条件的に全人格を投入して運動の実践に没頭すること」である以上、それが全体主義的であることは改めて批判されるべきである。しかしながら、「形式」と「規律」の問題については、今日、別の観点から再検討される必要があるように思われる。ここでは、次の二点を指摘しておきたい。

第一に、ヴェーバーの影響という観点からの再検討である。というのも、周知の通り、ヴェーバーは一方において、「規律」をプロテスタンティズムの倫理の本質的要素として分析し、他方において、その宗教社会学や支配社会学において「ゼクテ」、「キルへ」、「政党」、「国家」、「身分」、「階級」などをめぐって組織類型論（とみなされうるもの）を展開しているからである。ヴェーバーの思想を組織における規律という観点から再構成し、それを方法的な参照基準にして、ルカーチの前衛党論を再検討する必要があるように思われる。このことはまた、シュミットのいうカトリック「教会（キルヘ）」による「再現前」や、ルクセンブルクの考える議会における政治的訓練などについての新たな理解にも貢献することが期待される。

なぜそのような再検討が必要であるように思われるのか。これは第二点目の、ルカーチ政治思想の形成の時代背景と課題とに関係する。繰り返せば、ルカーチが直面した時代的課題は、アリストクラティックな社会構造の平準化（近代化）に加えて、諸価値の対立・葛藤の溶解（現代化）にまで行き着いた「等価性の世界」に対して、無際限に流動化するカオスに歯止めをかけ、新しい「秩序・序列」を形成するのに必要な具体的で客観的な「形式」を発見することであった。マンハイムがこのようなルカーチの思想に、固有の意味での「保守性」を指摘したことは第二章で見た通りだが、このような時代状況を、ヴェーバー自身は禁欲的職業倫理からの資本主義の精神の解放という観点から把握していた。現代において、営利活動は「スポーツ」のごとき様相を呈し、そこには「精神のない専門人」と「心のない享楽人」という「最後の人間＝末人」が残される。これは、第三章で明らかにしたように、ブルジョア的‐ロマン主義的主体である。そして、同様の時代状況を、自らの経験にもとづきながら市民性の没落として描いたTh・マンは、それに対抗して「業績・努力の倫理」を提示した。それは本人も認めるように、ヴェーバーのいうプロテスタンティズムの倫理と共通する性質、つまり禁欲的規律の性質を有する。丸山的にいえば、マンにとってそれは、「である」社会において可能であった倫理を、「すること」の論理に接合させたものであると考えることもできよう。いずれにせよ、階級闘争の場面において、本来は対立・衝突すべき陣営が容易に「移行」しあうという流動的で無節操な政治状況に対抗して、「討論」の代替案としてルカーチが掲げた、組織における規律がどのような意味をもっているかは、そうした時代背景と思想的課題との観点から再検討されなければならないように思われる。

注

（1）シュミットのいう「諸価値の僭主政」が、彼がかつてロマン主義に見出した「オッカジオナリスムス」と果たして違うものなのかどうか、もし違うとしたならばどう違うかについて、ここで厳密に検討する余裕はないが、さしあたり価値への主体性のあり方の違いを指摘することができるかもしれない。つまり、後者は諸価値をすべて契機・きっかけにすぎないものとして無差別に受容するがゆえに、そこでの主体性は、その繊細な感受性に支えられた処世術を発揮して、責任ある判断を保留したまま際限なく流転を繰り返す（マンはそれを「便乗」といった）のに対して、前者は主体的に選択（シュミットは「措定（setzen）」という）した価値を最高位に諸価値の秩序・序列を形成する。しかしそこには、ヴェーバーが注意を向けた、自らの主体的決断が結果としてもたらす犠牲への責任倫理や、冷静な距離感が欠落しているのではないか。これとの関連において、藤田省三の「転向」研究が安藤英治に与えたインパクトについてのエピソードは、単に知的に興味深い以上に決定的な示唆を与えるように思われる。亀嶋庸一「安藤英治の「内なるウェーバー」の旅」、安藤英治聞き手、亀嶋編、今野元訳『回想のマックス・ウェーバー――同時代人の証言』、岩波書店、二〇〇五年所収、二四四―二四七頁参照。

あとがき

本書は、著者が二〇一三年一月に早稲田大学大学院政治学研究科より学位を授与された博士論文「一九一〇―二〇年代におけるルカーチ政治思想の形成――文化・形式・政治」に修正を加えたものである。

なぜルカーチの政治思想を研究対象に選んだのか。この問いは、つねに著者の脳裏から離れなかった。研究の過程で考えも少しずつ変わっていった。現在では、ある思想史家の次の言葉が最もよく代弁してくれると感じている（もっとも、その文脈や意図を無視していささか乱暴に引用するならば、であるが）。

過去は自覚的に対象化されて現在のなかに「止揚」されないからこそ、それはいわば背後から現在のなかに滑り込むのである。思想が伝統として蓄積されないということと、「伝統」思想のズルズルべったりの無関連な潜入とは実は同じことの両面にすぎない。一定の時間的順序で入って来たいろいろな思想が、ただ精神の内面における空間的配置をかえるだけでいわば無時間的に併存する傾向をもつことによって、却ってそれらは歴史的な構造性を失ってしまう。……新たなもの、本来異質的なものまでが過去との十全な対決なしにつぎつぎと摂取されるから、新たなものの勝利はおどろくほどに早い。過去は過去として自覚的に現在と向きあわずに、傍におしやられ、あるいは下に沈降して意識から消え「忘却」されるので、それは時あって突如として「思い出」として噴出することになる。（丸山眞男『日本の思想』、岩波新書、一九六一年、一一―一二頁）

われわれのあいだに長く続く「思想的座標軸の欠如」。このことを著者自身が痛感したのは、いわゆる冷戦の終焉にともなう自由主義の「勝利」のもとで、マルクス主義という「神学的理解の程度もきわめて高度に達したもの」が、外的な条件で急激に力をうしない、思想史の流れからは殆ど全く姿を没してしまう」（丸山、前掲書、四―五頁）様子を目の当たりにしたときである。そのなかにあって、藤原保信『自由主義の再検討』（岩波新書、一九九三年）の出現は、著者を勇気づけるとともに大きな課題を突きつけた。以来、「過去との十全な対決」とその歴史的構造化が研究の基本的枠組みになった、と言うことができるかもしれない。

このように研究がまとまり、さらには書物として出版することができたのも、本当に多くの方々のおかげである。

著者が学部四年生のとき、所属ゼミの教員であった藤原保信先生が亡くなって以来、指導教員を担当してくださり、卒業論文、修士論文、および博士論文の主査を務めてくださったのは、飯島昇藏先生である。先生には公私ともに言葉にできないほど大変お世話になった。博士論文を遅々として仕上げられずにいた著者に、折あるごとに叱咤激励のお言葉を投げかけてくださった先生がいなければ、本書は成立しなかった。

また、日本学術振興会特別研究員（ＰＤ）（二〇〇四年四月―二〇〇七年三月）の受入研究者になっていただき、さらにはご多忙にもかかわらず博士論文の審査をも引き受けてくださったのは亀嶋庸一先生である。先生の

「二〇世紀政治思想」研究は本書の導きの糸であった。また、先生のおかげで成蹊大学思想史研究会にも参加することができたことは、大きな刺激となった。

論文審査を引き受けてくださった齋藤純一先生からは、その独自の切り口から鋭利なご批判を頂戴した。審査員の先生方からのご批判に本書では十分に応えることができず、それらは今後の課題とせざるをえないが、それでも本書が論文の段階より少しでもよい方向へと修正されたことを願うばかりである。

松本礼二先生には、早稲田大学教育学部助手（二〇〇〇年四月—二〇〇三年三月）の指導教員を担当していただいただけでなく、その後の研究者としてのキャリア継続のためにさまざまなご配慮をいただいた。なお、本書における「文明化」と「文化」、「文化」と「形式」といった問題視角は、先生のもとで『丸山眞男講義録』（東京大学出版会）を読んだときに生まれたものである。

佐藤正志先生には、著者が大学院生であった頃にとりわけお世話になった。とくにホッブズの *The Elements of Law* の講読演習に参加できたことは、貴重な経験となっている。千葉眞先生には、ラクラウとムフの共著の訳業でお世話になり、また博士論文を出版することの意義についてもご助言をいただいた。石崎嘉彦先生には、先生が主催されている政治哲学研究会において、本書の一部のもとになる研究の報告機会を与えていただいた。高幣秀知先生は、いうまでもなくルカーチ研究の先駆者としてつねに著者の模範であった。先生による包括的な研究があればこそ、本書はルカーチの政治思想に対象を絞ることができた。

紙幅の都合上お名前を挙げることはできないが、他にも多くの先生方にお世話になった。そして、早稲田大学大学院政治学研究科での先輩・後輩諸氏からはたくさんの刺激をもらった。著者が政治思想（史）研究を続けることができたのは、同分野での多くの優れた研究者が身近にいたおかげである。

本書は、平成二五年度小樽商科大学研究成果刊行経費により出版される。本学での比較的恵まれた研究環境もまた、本書の成立には欠かせないものであった。

最後に、私事で恐縮であるが、両親と妻に感謝したい。

二〇一三年一一月

西永　亮

著者紹介
西永　亮（にしなが　りょう）
1972年生まれ
博士（政治学）［早稲田大学］
小樽商科大学准教授
主要業績：『岩波講座 政治哲学』第4巻「国家と社会」（共著，岩波書店，2014年）；『「政治哲学」のために』（共著，行路社，2014年）；レオ・シュトラウス『政治哲学とは何であるか？ とその他の諸研究』（共訳，早稲田大学出版部，2014年）；エルネスト・ラクラウ，シャンタル・ムフ『民主主義の革命――ヘゲモニーとポスト・マルクス主義』（共訳，ちくま学芸文庫，2012年）

初期ルカーチ政治思想の形成
――文化・形式・政治――

2014年3月31日　初版第1刷発行

著　者　西永　亮
発行者　山本 眞樹夫
発行所　国立大学法人小樽商科大学出版会
〒047-8501 小樽市緑3丁目5番21号
電　話 0134-27-5271　　ＦＡＸ 0134-27-5275
http://www.otaru-uc.ac.jp/htosho1/shupankai/
発売元　株式会社 紀伊國屋書店
http://www.kinokuniya.co.jp/

定価＝本体1,800円＋税
ISBN 978-4-87738-442-5 C3010 ¥1800E

文献目録

A　ルカーチの著作

1. 著作集

Georg Lukács Werke, Luchterhand und Aisthesis Verlag, 1962ff.

Politische Aufsätze, hrsg. von Jörg Kammler und Frank Benseler, Luchterhand, 1975–1979.

Georg Lukács Werkauswahl in Einzelbänden, hrsg. von Frank Benseler und Rüdiger Dannemann, Aisthesis Verlag, 2009ff.

『ルカーチ著作集』，白水社，1968–1969年．

池田浩士編訳『ルカーチ初期著作集』，三一書房，1975–1976年．

2. 書簡集・日記・自伝・インタヴュー類

Tagebuch 1910–11, Brinkmann & Bose, 1991.

"Curriculum Vitae," 1918 in *Werke*, Bd. 18.「履歴書」，『ルカーチ初期著作集』第4巻所収．

"Mein Weg zu Marx," 1933 in *Werke*, Bd. 18. 清水幾太郎訳「思想的自伝」，『歴史・人間・思想』（岩波講座現代思想，別巻），岩波書店，1957年所収．

Gespräche mit Georg Lukács: Hans Heinz Holz. Leo Kofler. Wolfgang Abendroth, hrsg. von Theo Pinkus, Rowohlt, 1967. 池田浩士訳『ルカーチとの対話——ホルツ，コフラー，アーベントロートとの対話』，合同出版，1968年．

Gelebtes Denken: Eine Autobiographie im Dialog, 1971, Red.: István Eörsi, Suhrkamp, 1980. 池田浩士訳『生きられた思想——対話による自伝』，白水社，1984年．

Briefwechsel 1902–1917, hrsg. von Éva Karádi und Éva Fekete, J. B. Metzler, 1982.

Selected Correspondence 1902–1920: Dialogues with Weber, Simmel, Buber, Mannheim, and Others, selected, edited, translated, and annotated by Judith Marcus and Zoltán Tar; with an introduction by Zoltán Tar, Columbia University Press, 1986.

3. 著作（年代順）

"Thomas Manns Roman *Königliche Hoheit*," 1909 in *Georg Lukács zum Siebzigsten Geburtstag*, Aufbau-Verlag, 1955.「トーマス・マンの長編小説『大公殿下』」，『ルカーチ初期著作集』第1巻所収．

Die Seele und die Formen: Essays, Egon Fleischel, 1911.『魂と形式』，『ルカーチ著作集』1所収．

"Von der Armut am Geiste: Ein Gespräch und ein Brief," 1912 in *Werkauswahl*, Bd. 1.「精神の貧しさについて——対話と手紙」，『ルカーチ初期著作集』第1巻所収．

"Ästhetische Kultur," 1912, übersetzt von Júlia Bendl, in *Lukács 1996: Jahrbuch der Internationalen Georg- Lukács-Gesellschaft*, Peter Lang, 1997.

"Th. G. Masaryk: Zur russischen Geschichts- und Religionsphilosophie. Soziologische Studien," in *Archiv für Sozialwissenschaft und Sozialpolitik*, 38, 1914.「T・G・マサリク『ロシアの歴史哲学と宗教哲学——社会学的研究』書評」，『ルカーチ初期著作集』第1巻所収．

Dostojewski: Notizen und Entwürfe, 1914/15, hrsg. von J. C. Nyíri, Akadémiai Kiadó, 1985.

"Zum Wesen und zur Methode der Kulturphilosophie," in *Archiv für Sozialwissenschaft und Sozialpolitik*, 39, 1915.「文化社会学の本質と方法によせて」,『ルカーチ初期著作集』第1巻所収.

"Solovjeff, Wladimir: Ausgewählte Werke, Bd. I," in *Archiv für Sozialwissenschaft und Sozialpolitik*, 39, 1915.「ヴラジミル・ソロヴィヨフ『選集』書評――『選集』第1巻」,『ルカーチ初期著作集』第1巻所収.

"Croce, Benedetto: Zur Theorie und Geschichte der Historiographie," in *Archiv für Sozialwissenschaft und Sozialpolitik*, 39, 1915.「ベネデット・クローチェ『歴史叙述の理論と歴史』書評」,『ルカーチ初期著作集』第1巻所収.

"Die deutsche Intelligenz und der Krieg," 1915 in *Zeitschrift für Germanistik*, Okt. 1990.

"Solovjeff, Wladimir: Die Rechtfertigung des Guten. Ausgewählte Werke, Bd. II," in *Archiv für Sozialwissenschaft und Sozialpolitik*, 42, 1916/17.「ヴラジミル・ソロヴィヨフ『選集』書評――『善の正当化』選集第2巻」,『ルカーチ初期著作集』第1巻所収.

Die Theorie des Romans: Ein geschichtsphilosophischer Versuch über die Formen der großen Epik, 1916, Deutscher Taschenbuch Verlag, 1994.『小説の理論――大叙事文学の諸形式についての歴史哲学的試み』,『ルカーチ著作集』2所収.

"Die Subjekt-Objekt-Beziehung in der Aesthetik," in *Logos*, 7, 1917/18.「美学における主体－客体関係」,『ルカーチ初期著作集』第1巻所収.

"Georg Simmel,"1918 in *Buch des Dankes an Georg Simmel: Briefe, Erinnerungen, Bibliographie*, hrsg. von Kurt Gassen und Michael Landmann, Duncker & Humblot, 1958.「ゲオルク・ジンメル」,『ルカーチ著作集』1所収.

"Der Bolschewismus als moralisches Problem," 1918 in *Politische Aufsätze I*.「倫理的問題としてのボリシェヴィズム」,『ルカーチ初期著作集』第4巻所収.

"Rechtsordnung und Gewalt," 1919 in *Werke*, Bd. 2.「法秩序と暴力」,『ルカーチ初期著作集』第3巻所収.

Taktik und Ethik, 1919 in *Werke*, Bd. 2.『戦術と倫理』,『ルカーチ初期著作集』第3巻所収.

"Die moralische Grundlage des Kommunismus," 1919 in *Politische Aufsätze I*.「共産主義の倫理的基盤」,『ルカーチ初期著作集』第4巻所収.

"Eine kulturelle Pressefehde," 1919 in *Politische Aufsätze I*.「ある文化的な紙上合戦」,『ルカーチ初期著作集』第4巻所収.

"Was bedeutet revolutionäres Handeln ?," 1919 in *Politische Aufsätze I*.「革命的行動とはなにか？」,『ルカーチ初期著作集』第4巻所収.

"Die tatsächliche Inbesitznahme der Kultur," 1919 in *Politische Aufsätze I*.「文化を本当に所有すること」,『ルカーチ初期著作集』第4巻所収.

"Die echte Einheit," 1919 in *Politische Aufsätze I*.「真の統一」,『ルカーチ初期著作集』第4巻所収.

"Wortmeldung auf dem ersten Kongreß der KPU," 1919 in *Politische Aufsätze I*.「ハンガリー共産党第一回大会での発言」,『ルカーチ初期著作集』第4巻所収.

"Alte und neue Kultur," 1919 in *Politische Aufsätze I*.「古い文化と新しい文化」,『ルカーチ初期著作集』第2巻所収.

"Pressefreiheit und Kapitalismus,"1919 in *Politische Aufsätze I*.「報道出版の自由と資本主義」,

『ルカーチ初期著作集』第4巻所収.

"Die Rolle der Moral in der kommunistischen Produktion," 1919 in *Werke*, Bd. 2.「共産主義的生産における倫理の役割」,『ルカーチ初期著作集』第3巻所収.

"Zur Frage des Parlamentarismus," 1920 in *Werke*, Bd. 2.「議会主義の問題によせて」,『ルカーチ初期著作集』第3巻所収.

"Die moralische Sendung der kommunistischen Partei," 1920 in *Werke*, Bd. 2.「共産主義政党の倫理的使命」,『ルカーチ初期著作集』第3巻所収.

"Selbstkritik," 1920 in *Politische Aufsätze II*.「自己批判」,『ルカーチ初期著作集』第4巻所収.

"Massenstreik und Arbeiterräte in Deutschland," 1920 in *Politische Aufsätze II*.「ドイツにおける大衆ストライキと労働者評議会」,『ルカーチ初期著作集』第4巻所収.

"Die kommunistische Partei und die politischen Arbeiterräte in Deutschland," 1920 in *Politische Aufsätze II*.「ドイツにおける共産党と政治的労働者評議会」,『ルカーチ初期著作集』第4巻所収.

"Spontaneität der Massen, Aktivität der Partei," 1921 in *Werke*, Bd. 2.「大衆の自然発生性,党の行動性」,『ルカーチ初期著作集』第3巻所収.

"Vor dem dritten Kongreß," 1921 in *Politische Aufsätze III*.「コミンテルン第三回大会を前にして」,『ルカーチ初期著作集』第3巻所収.

"Organisatorische Fragen der revolutionären Initiative," 1921 in *Werke*, Bd. 2.「革命的イニシアティヴの組織的諸問題」,『ルカーチ初期著作集』第3巻所収.

Geschichte und Klassenbewußtsein: Studien über marxistische Dialektik, 1923 in *Werke*, Bd. 2.『歴史と階級意識』,『ルカーチ著作集』9所収.

Lenin : Studie über den Zusammenhang seiner Gedanken, 1924 in *Werke*, Bd. 2. 渡邉寛訳『レーニン論』, こぶし書房, 2007年.

"L'art pour l'art und proletarische Dichtung," 1926 in *Politische Aufsätze V*.

"Carl Schmitt: Politische Romantik. II. Auflage," 1928 in *Werke*, Bd. 2.「カール・シュミット『政治的ロマン主義』第二版」,『ルカーチ初期著作集』第4巻所収.

Thomas Mann, 1948 in *Werke*, Bd. 7.『トーマス・マン』,『ルカーチ著作集』5所収.

Die Zerstörung der Vernunft, 1954, in *Werke*, Bd. 9.『理性の破壊』,『ルカーチ著作集』12・13所収.

"Vorwort von 1962" zu *Die Theorie des Romans*.「序」,『ルカーチ著作集』2所収.

"Vorwort von 1968" zu *Werke*, Bd. 2. 池田浩士訳「その判定は安んじて歴史にゆだねよう——『歴史と階級意識』新版への序文(一九六七)」, 池田編訳『論争・歴史と階級意識』, 河出書房新社, 1977年所収.

B ルカーチ以外の著作(二次資料も含む)

Adorno, Theodor W., "Kulturkritik und Gesellschaft," in *Prismen: Kulturkritik und Gesellschaft*, 1955, *Gesammelte Schriften*, Bd. 10, Suhrkamp. 渡辺祐邦・三原弟平訳「文化批判と社会」,『プリズメン——文化批判と社会』, ちくま学芸文庫, 1996年所収.

———— "Der Essay als Form," in *Noten zur Literatur I*, 1958, *Gesammelte Schriften*, Bd. 11, Suhrkamp. 三光長治訳「形式としてのエッセー」,『アドルノ 文学ノート』1, みすず書房, 2009年所収.

———— *Negative Dialektik*, 1966, *Gesammelte Schriften*, Bd. 6, Suhrkamp. 木田元・徳永恂・渡辺

祐邦・三島憲一・須田朗・宮部昭訳『否定弁証法』，作品社，1996年.
Albert, Karl, *Lebensphilosophie: Von den Anfängen bei Nietzsche bis zu ihrer Kritik bei Lukács*, Verlag Karl Alber, 1995.
Althusser, Louis, *Pour Marx*, Maspero, 1965. 河野健二・田村俶・西川長夫訳『マルクスのために』，平凡社，1994年.
Anderson, Perry, *Considerations on Western Marxism*, NLB, 1976. 中野実訳『西欧マルクス主義』，新評論，1979年.
Arato, Andrew; Breines, Paul, *The Young Lukács and the Origins of Western Marxism*, The Seabury Press, 1979.
Arendt, Hannah, *Elemente und Ursprünge totaler Herrschaft*, 1955, 4. Aufl., Piper, 1995. 大久保和郎・大島通義・大島かおり訳『全体主義の起原』1－3，みすず書房，1972–1974年.
———— *Vita activa oder Vom tätigen Leben*, 1960, 8. Aufl., Piper, 1996. 志水速雄訳『人間の条件』，ちくま学芸文庫，1994年．但し邦訳は英語版からのもの.
———— *Über die Revolution*, 1965, 4. Aufl., Piper, 1994. 志水速雄訳『革命について』，ちくま学芸文庫，1995年．但し邦訳は英語版からのもの.
———— *Men in Dark Times*, 1968, Penguin, 1973. 阿部齊訳『暗い時代の人々』，ちくま学芸文庫，2005年.
———— *Crises of the Republic*, Harvest/HBJ, 1969. 高野フミ訳『暴力について』，みすず書房，1973年.
———— *Between Past and Future*, 1961 with additional text, Penguin Books, 1977. 引田隆也・齋藤純一訳『過去と未来の間』，みすず書房，1994年.
Arnold, Heinz Ludwig, (Hg.), *Georg Lukács*, Edition Text + Kritik, 1973.
Benjamin, Walter, "Der Begriff der Kunstkritik in der deutschen Romantik," 1920 in *Gesammelte Schriften*, Bd. I・1, Suhrkamp. 大峯顕・高木久雄・佐藤康彦訳「ドイツ・ロマン主義における芸術批評の概念」，『ヴァルター・ベンヤミン著作集』4，晶文社，1970年所収.
———— "Zur Kritik der Gewalt," 1920/21 in *Gesammelte Schriften*, Bd. II・1, Suhrkamp. 野村修訳「暴力批判論」，『暴力批判論 他十篇』，岩波文庫，1994年所収.
———— "Bücher, die lebendig geblieben sind," 1929 in *Gesammelte Schriften*, Bd. III, Suhrkamp. 池田浩士訳「生きつづけてきた本」，池田編訳『論争・歴史と階級意識』所収.
———— "Das Kunstwerk im Zeitalter seiner technischen Reproduzierbarkeit," Zweite Fassung, 1935–1936 in *Gesammelte Schriften*, Bd. VII・1, Suhrkamp. 久保哲司訳「複製技術時代の芸術作品〔第二稿〕」，浅井健二郎編訳『ベンヤミン・コレクション1——近代の意味』，ちくま学芸文庫，1995年所収.
Benseler, Frank, et al.(Hgg.), *Jahrbuch der Internationalen Georg-Lukács-Gesellschaft*, Peter Lang und Aisthesis Verlag, 1997ff.
Bermbach, Udo; Trautmann, Günter,(Hgg.), *Georg Lukács: Kultur-Politik-Ontologie*, Westdeutscher Verlag, 1987.
Bernstein, J.M., *The Philosophy of the Novel: Lukács, Marxism and the Dialectics of Form*, Harvester, 1984.
Beßlich, Barbara, *Wege in den ›Kulturkrieg‹: Zivilisationskritik in Deutschland 1890–1914*, Wissenschaftliche Buchgesellschaft, 2000.
Bewes, Timothy; Hall, Timothy, eds., *Georg Lukács: The Fundamental Dissonance of Existence*

Aesthetics, Politics, Literature, Continuum, 2011.

Birkenmaier, Willy, *Das russische Heidelberg: Zur Geschichte der deutsch-russischen Beziehungen im 19. Jahrhundert*, Das Wunderhorn, 1995.

Bloch, Ernst, "Aktualität und Utopie: Zu Lukács' Philosophie des Marxismus," 1924 in *Gesamtausgabe*, Bd. 10, Suhrkamp. 池田浩士訳「現実性とユートピア——ルカーチのマルクス主義哲学によせて」, 池田編訳『論争・歴史と階級意識』所収.

Bohrer, Karl Heinz, *Die Kritik der Romantik: Der Verdacht der Philosophie gegen die literarische Moderne*, Suhrkamp, 1989.

Bolz, Norbert, *Auszug aus der entzauberten Welt: Philosophischer Extremismus zwischen den Weltkriegen*, Wilhelm Fink Verlag, 1989. 山本尤・大貫敦子訳『批判理論の系譜学——両大戦間の哲学的過激主義』, 法政大学出版局, 1997年.

Breines, Paul, "Marxism, Romanticism, and the Case of Georg Lukács: Notes on Some Recent Sources and Situations," in *Studies in Romanticism*, The Graduate School, Boston University, vol. 16, no. 4, 1977.

Breuer, Stefan, "The Illusion of Politics: Politics and Rationalization in Max Weber and Georg Lukács," in *New German Critique*, summer 1982.

Bürger, Peter, *Prosa der Moderne*, Suhrkamp, 1988.

Bulter, Judith, "Introduction" to György Lukács, *Soul and Form*, translated by Anna Bostock, edited by John T. Sanders and Katie Terezakis, Columbia University Press, 2010.

Congdon, Lee, *The Young Lukács*, University of North Carolina Press, 1983.

Corredor, Eva L., *Lukács after Communism: Interviews with Contemporary Intellectuals*, Duke University Press, 1997.

Dannemann, Rüdiger,(Hg.), *Georg Lukács — Jenseits der Polemiken: Beiträge zur Rekonstruktion seiner Philosophie*, Sendler, 1986.

——— "Das Verdinglichungsproblem und Habermas' Versuch einer Reformulierung," in ders. (Hg.), *Georg Lukács — Jenseits der Polemiken*, 1986

——— *Das Prinzip Verdinglichung: Studie zur Philosophie Georg Lukács'*, Sendler, 1987.

——— *Georg Lukács zur Einführung*, Junius, 1997.

——— "Ursprünge radikalen Philosophierens beim frühen Lukács: Chaos des Lebens und Metaphysik der Form," in *Lukács 2006/2007: Jahrbuch der Internationalen Georg- Lukács-Gesellschaft*, Aisthesis Verlag, 2007.

Elias, Norbert, *Über von den Prozeß der Zivilisation: Soziogenetische und psychogenetische Untersuchungen*, die Neuausgabe, Suhrkamp. 赤井慧爾・中村元保・吉田正勝訳『文明化の過程』上・下, 法政大学出版局, 1977–1978年.

——— *Studien über die Deutschen: Machtkämpfe und Habitusentwicklung im 19. und 20. Jahrhundert*, hrsg. von Michael Schröter, Suhrkamp, 1989. 青木隆嘉訳『ドイツ人論——文明化と暴力』, 法政大学出版局, 1996年.

Feenberg, Andrew, *Lukács, Marx, and the Sources of Critical Theory*, M. Robertson, 1981.

Fehér, Ferenc, "Am Scheideweg des romantischen Antikapitalismus. Typologie und Beitrag zur deutschen Ideologiegeschichte gelegentlich des Briefwechsels zwischen Paul Ernst und Georg Lukács," in Agnes Heller, et al., *Die Seele und das Leben: Studien zum frühen Lukács*, Suhrkamp,

1977.
———— "The Last Phase of Romantic Anti-Capitalism: Lukács' Response to the War," in *New German Critique*, no. 10, Winter 1977.
Feher, Zoltan Andor, *Georg Lukács's Role in Dostoevsky's European Reception at the Turn of the Century: A Study in Reception*, University of California, dissertation, 1978.
Fisch, Jörg, "Zivilisation, Kultur," Otto Brunner, Werner Conze, und Reinhart Koselleck (Hgg.), *Geschichtliche Grundbegriffe: Historisches Lexikon zur politisch- sozialen Sprache in Deutschland*, Bd. 7, Klett-Cotta, 1992.
Fracchia, Joseph G., *Die Marxsche Aufhebung der Philosophie und der philosophische Marxismus: Zur Rekonstruktion der Marxschen Wissenschaftsauffassung und Theorie-Praxis Beziehung aufgrund einer Kritik der Marx-Rezeption von Georg Lukács, Karl Korsch, Theodor Adorno und Max Horkheimer*, P. Lang, 1987.
Gassen, Kurt; Landmann, Michael, (Hgg.), *Buch des Dankes an Georg Simmel: Briefe, Erinnerungen, Bibliographie*, Duncker & Humblot, 1958.
Gay, Peter, *Weimar Culture: The Outsider as Insider*, Harper & Row, 1968. 亀嶋庸一訳『ワイマール文化』，みすず書房，1999年.
Geuss, Raymond, *Public Goods, Private Goods*, Princeton University Press, 2001. 山岡龍一訳『公と私の系譜学』，岩波書店，2004年.
Gluck, Mary, *Georg Lukács and His Generation 1900–1918*, Harvard University Press, 1985.
Goldman, Harvey, *Max Weber and Thomas Mann: Calling and the Shaping of the Self*, University of California Press, 1988.
Goldmann, Lucien, *Recherches dialectiques*, Gallimard, 1959. 川俣晃自訳『人間科学の弁証法』，イザラ書房，1971年.
———— *Marxisme et sciences humaines*, Gallimard, 1970. 川俣晃自訳『人間の科学とマルクス主義』，紀伊國屋書店，1973年.
———— *Lukács et Heidegger*, Denoël-Gonthier, 1973. 川俣晃自訳『ルカーチとハイデガー——新しい哲学のために』，法政大学出版局，1976年.
Grauer, Michael, *Die entzauberte Welt: Tragik und Dialektik der Moderne im frühen Werk von Georg Lukács*, A. Hain, 1985.
Gross, David L., "*Kultur* and Its Discontents: The Origins of a 'Critique of Everyday Life' in Germany, 1880–1925," in Gary D. Stark and Bede Karl Lackner eds., *Essays on Culture and Society in Modern Germany*, Texas A&M University Press, 1982.
Grunenberg, Antonia, *Bürger und Revolutionär: Georg Lukács 1918–1928*, Europäische Verlagsanstalt, 1976.
Habermas, Jürgen, *Theorie des kommunikativen Handelns*, Suhrkamp, 1981. 徳永恂・平野嘉彦他訳『コミュニケイション的行為の理論』上・中・下，未来社，1985–1987年.
———— *Philosophisch-politische Profile*, erw. Aufl., Suhrkamp, 1981. 小牧治・村上隆夫訳『哲学的・政治的プロフィール——現代ヨーロッパの哲学者たち』上・下，未来社，1984–1986年.
Heller, Agnes; Fehér, Ferenc; Márkus, György; Radnóti, Sándor, *Die Seele und das Leben: Studien zum frühen Lukács*, Suhrkamp, 1977.
Heller, Agnes, "Jenseits der Pflicht: Das Paradigmatische der Ethik der deutschen Klassik im Œuvre

von Georg Lukács, " in *Revue internationale de philosophie: revue trimestrielle*, 106, 1973.

———— ed., *Lukács Revalued*, Blackwell, 1983.

———— *Can Modernity Survive ?*, Polity Press, 1990.

———— "Das Verhältnis von Kultur und Ethik beim jungen Lukács," in *Lukács 2000: Jahrbuch der Internationalen Georg-Lukács-Gesellschaft*, Aisthesis Verlag, 2000.

Herf, Jeffrey, *Reactionary Modernism: Technology, Culture, and Politics in Weimar and the Third Reich*, Cambridge University Press, 1984. 中村幹雄・谷口健治・姫岡とし子訳『保守革命とモダニズム——ワイマール・第三帝国のテクノロジー・文化・政治』, 岩波書店, 2010年.

Hobsbawm, Eric, *Age of Extremes: The Short Twentieth Century, 1914–1991*, Michael Joseph, 1994. 河合秀和訳『20世紀の歴史——極端な時代』上・下, 三省堂, 1996年.

Hoeschen, Andreas, *Das »Dostojewsky«-Projekt: Lukács' neukantianisches Frühwerk in seinem ideengeschichtlichen Kontext*, Niemeyer, 1999.

Holzman, Michael, *Lukacs's Road to God: The Early Criticism against its Pre-Marxist Background*, University Press of America, 1985.

Honigsheim, Paul, *On Max Weber*, Free Press, 1968. 大林信治訳『マックス・ウェーバーの思い出』, みすず書房, 1972年.

Honneth, Axel, *Verdinglichung: Eine anerkennungstheoretische Studie*, Suhrkamp, 2005. 辰巳伸知・宮本真也訳『物象化——承認論からのアプローチ』, 法政大学出版局, 2011年.

———— *Reification: A New Look at an Old Idea*, with commentaries by Judith Butler, Raymond Geuss, Jonathan Lear, edited and introduced by Martin Jay, Oxford University Press, 2008.

Horkheimer, Max; Adorno, Theodor W., *Dialektik der Aufklärung: Philosophische Fragmente*, 1947, in *Adorno Gesammelte Schriften*, Bd. 3, Suhrkamp. 徳永恂訳『啓蒙の弁証法——哲学的断想』, 岩波文庫, 2007年.

Hughes, H. Stuart, *Consciousness and Society*, 1958, the Transaciton Edition, Transaction Publishers, 2002. 生松敬三・荒川幾男訳『意識と社会——ヨーロッパ社会思想1890–1930』, みすず書房, 1970年.

Jay, Martin, *Marxism and Totality: The Adventures of a Concept from Lukács to Habermas*, University of California Press, 1984. 荒川幾男・今村仁司・江原由美子・森反章夫・山本耕一・三浦直枝・宇都宮京子・浅井美智子・谷徹・桜井哲夫・大庭優訳『マルクス主義と全体性——ルカーチからハーバーマスへの概念の冒険』, 国文社, 1993年.

Joas, Hans, "Die Sozialwissenschaften und der Erste Weltkrieg: Eine vergleichende Analyse," in Wolfgang J. Mommsen(Hg.) unter Mitarbeit von Elisabeth Müller-Luckner, *Kultur und Krieg: Die Rolle der Intellektuellen, Künstler und Schriftsteller im Ersten Weltkrieg*, Oldenbourg, 1996.

Joós, Ernest, ed., *George Lukács and His World: A Reassessment*, P. Lang, 1987.

Jung, Werner, (Hg.), *Diskursüberschneidungen - Georg Lukács und andere*, Peter Lang, 1993.

Kadarkay, Arpad, *Georg Lukács: Life, Thought, and Politics*, Basil Blackwell, 1991.

Kammler, Jörg, *Politische Theorie von Georg Lukács: Struktur und historischer Praxisbezug bis 1929*, Luchterhand, 1974.

Karádi, Éva; Vezér, Erzsébet, (Hgg.), *Georg Lukács, Karl Mannheim und der Sonntagskreis*, 1980, übersetzt von A. Friedrich, Sendler, 1985.

Keller, Ernst, *Der junge Lukács. Antibürger und wesentliches Leben: Literatur-und Kulturkritik 1902–*

1915, Sendler, 1984.

Kennedy, Ellen, "Carl Schmitt and the Frankfurt School," in *Telos*, no. 71, 1987.

Kettler, David, *Marxismus und Kultur: Mannheim und Lukács in den ungarischen Revolutionen 1918/19*, Luchterhand 1967. 徳永恂訳『若きルカーチとハンガリー革命』,『ルカーチ著作集』別巻, 白水社, 1969年所収.

Krockow, Christian Graf von, *Die Entscheidung: Eine Untersuchung über Ernst Jünger, Carl Schmitt, Martin Heidegger*, Ferdinand Enke Verlag, 1958. 高田珠樹訳『決断——ユンガー, シュミット, ハイデガー』, 柏書房, 1999年.

Kutzbach, Karl Auguts, (Hg.), *Paul Ernst und Georg Lukács: Dokumente einer Freundschaft*, Verlag Lechte, 1974. このうちルカーチのエルンスト宛の手紙の一部の邦訳（ただし英訳版から）として,「パウル・エルンストへの手紙」,『ルカーチ初期著作集』第4巻所収.

Laclau, Ernesto; Mouffe, Chantal, *Hegemony and Socialist Strategy: Towards a Radical Democratic Politics*, 2nd ed., Verso, 2001. 西永亮・千葉眞訳『民主主義の革命——ヘゲモニーとポスト・マルクス主義』, ちくま学芸文庫, 2012年.

Laqueur, Walter, *Weimar: A Cultural History 1918–1933*, Weidenfeld & Nicolson, 1974. 脇圭平・八田恭昌・初宿正典訳『ワイマル文化を生きた人びと』, ミネルヴァ書房, 1980年.

Lauermann, Manfred, "Georg Lukács und Carl Schmitt – eine Diskursüberschneidung," in Werner Jung(Hg.), *Diskursüberschneidungen – Georg Lukács und andere*, Peter Lang, 1993.

Lichtheim, George, *George Lukács*, Viking Press, 1970. 古賀信夫訳『ルカーチ』, 新潮社, 1973年.

Lilla, Mark, *The Reckless Mind: Intellectuals in Politics*, New York Review of Books, 2001. 佐藤貴史・高田宏史・中金聡訳『シュラクサイの誘惑——現代思想にみる無謀な精神』, 日本経済評論社, 2005年.

Löwith, Karl, "Der Okkasionelle Dezisionismus von C. Schmitt," in *Gesammelte Abhandlungen*, Kohlhammer, 1960. 田中浩・原田武雄訳「シュミットの機会原因論的決定主義」,『政治神学』, 未来社, 1971年所収.

Löwy, Michael, trans. by Patrick Camiller, *Georg Lukács: From Romanticism to Bolshevism*, NLB, 1979.

———— "Der junge Lukács und Dostojewski," in Rüdiger Dannemann(Hg.), *Georg Lukács: Jenseits der Polemiken*, Sendler, 1986.

———— "Naphta or Settembrini ?: Lukács and Romantic Anticapitalism," in Judith Marcus and Zoltán Tarr eds., *Georg Lukács: Theory, Cultur, and Politics*, Transaction, 1989.

Lübbe, Hermann, *Politische Philosophie in Deutschland: Studien zu ihrer Geschichte*, Benno Schwabe & Co. Verlag, 1963. 今井道夫訳『ドイツ政治哲学史——ヘーゲルの死より第一次世界大戦まで』, 法政大学出版局, 1998年.

Luckhardt, Ute, *„Aus dem Tempel der Sehnsucht": Georg Simmel und Georg Lukács - Wege in und aus der Moderne*, Afra Verlag, 1994.

Lukacs, John, *Budapest 1900: A Historical Portrait of a City and Its Culture*, Weidenfeld & Nicolson, 1988. 早稲田みか訳『ブダペストの世紀末——都市と文化の歴史的肖像』, 白水社, 1991年.

Lunn, Eugene, *Marxism and Modernism: An Historical Study of Lukács, Brecht, Benjamin, and Adorno*, University of California Press, 1984. 兼松誠一訳『モダニズム・瓦礫と星座——ルカーチ, ブレヒト, ベンヤミン, アドルノの史的研究』, 勁草出版サービスセンター, 1991

年.

Luxemburg, Rosa, "Organisationsfragen der russischen Sozialdemokratie," 1903/04 in *Gesammelte Werke*, Bd. 1/2, 7. überarb. Aufl., Diez, 2000. 片岡啓治訳「ロシア社会民主党の組織問題」,『ローザ・ルクセンブルク選集』第1巻, 現代思潮社, 1969年.

——— "Massenstreik, Partei und Gewerkschaften," 1906 in *Gesammelte Werke*, Bd. 2, 5. Aufl., 1990. 河野信子・谷川雁訳「大衆ストライキ・党および労働組合」,『ローザ・ルクセンブルク選集』第2巻所収.

——— "Zur russischen Revolution,"1918 in *Gesammelte Werke*, Bd. 4, 1974. 伊藤成彦訳「ロシア革命のために」, 伊藤成彦・丸山敬一訳『ロシア革命論』, 論創社, 1985年所収.

Machado, Carlos Eduardo Jordao, "Die Formen und das Leben: Ästhetik und Ethik beim frühen Lukács (1910–18)," in *Lukács 1996: Jahrbuch der Internationalen Georg-Lukács-Gesellschaft*, Peter Lang, 1997.

——— "Die „Zweite Ethik" als Gestaltungapriori eines neuen Epos," in *Lukács 1997: Jahrbuch der Internationalen Georg- Lukács-Gesellschaft*, Peter Lang, 1998.

Mann, Thomas, *Gesammelte Werke in dreizehn Bänden*, Fischer Taschenbuch Verlag.『トーマス・マン全集』, 新潮社.

その他の邦訳：

ミヒャエル・マン編・塚越敏訳『市民・芸術・神話——トーマス・マンの世界』, 人文書院, 1972年.

『トーニオ・クレーガー　他一篇』平野卿子訳, 河出文庫, 2011年.

『ベニスに死す』圓子修平訳, 集英社文庫, 2011年.

Mannheim, Karl, "Seele und Kultur," 1918, übersetzt von Ernest Manheim, in *Wissenssoziologie: Auswahl aus dem Werk*, hrsg. von Kurt H. Wolff, Luchterhand, 1964. 樺俊雄訳「魂と文化」, 樺俊雄監修『マンハイム全集』1, 潮出版社, 1975年所収.

——— "Besprechung von Georg Lukács, »Die Theorie des Romans«," 1920/21 in *Wissenssoziologie*. 大河内了義訳「ルカーチ「小説の理論」批評」,『マンハイム全集』1所収.

——— "Das konservative Denken: Soziologische Beiträge zum Werden des politisch-historischen Denkens in Deutschland," 1927 in *Wissenssoziologie*. 森博訳『保守主義的思考』, ちくま学芸文庫, 1997年.

——— "Über Geschichte und Klassenbewußtsein," 1929 in *Georg Lukács, Karl Mannheim und der Sonntagskreis*, hrsg. von Éva Karádi und Erzsébet Vezér, 1980, übersetzt von Albrecht Friedrich, Sendler, 1985. 伊藤美登利訳「歴史と階級意識について」, 秋元律郎監訳『青年期マンハイムとその作品』, 梓出版社, 1995年所収.

——— *Ideologie und Utopie*, 1929, 8. Aufl., Vittorio Klostermann, 1995. 高橋徹・徳永恂訳『イデオロギーとユートピア』, 中央公論新社, 2006年.

——— "Preliminary Approach to the Problem," 1936 in *Ideology and Utopia: An Introduction to the Sociology of Knowledge*, trans. by Louis Wirth and Edward Shils, A Harvest Book.「英語版序文——問題の予備考察」,『イデオロギーとユートピア』所収.

Marcus, Judith, *Georg Lukács and Thomas Mann: A Study in the Sociology of Literature*, The University of Massachusetts Press, 1987.

——— and Tarr, Zoltán, eds., *Georg Lukács: Theory, Cultur, and Politics*, Transaction, 1989.

Márkus, György, "Die Seele und das Leben. Der junge Lukács und das Problem der »Kultur«," in Agnes Fehér, et al., *Die Seele und das Leben: Studien zum frühen Lukács*, Suhrkamp, 1977.

McCormick, John P., "Transcending Weber's Categories of Modernity ?: The Early Lukács and Schmitt on the Rationalization Thesis," in *New German Critique*, 1997.

———— *Carl Schmitt's Critique of Liberalism: Against Politics as Technology*, Cambridge University Press, 1997.

Meier, Heinrich, *Carl Schmitt, Leo Strauss und "Der Begriff des Politischen": zu einem Dialog unter Abwesenden*, J.B. Metzler, 1988. 栗原隆・滝口清栄訳『シュミットとシュトラウス――政治神学と政治哲学との対話』，法政大学出版局，1993年.

———— *Die Denkbewegung von Leo Strauss: Die Geschichte der Philosophie und die Intention des Philosophe*, J.B. Metzler, 1996.

———— *Warum Politische Philosophie ?*, J.B.Metzler, 2000.

———— *Das theologisch-politische Problem: Zum Thema von Leo Strauss*, J.B.Metzler, 2003.

———— *Was ist Politische Theologie ?*, in Jan Assmann, *Politische Theologie zwischen Ägypten und Israel*, Carl Friedrich von Siemens Stiftung, 3. erw. Aufl., 2006.

————石崎嘉彦・飯島昇藏・太田義器監訳『レオ・シュトラウスと神学－政治問題』，晃洋書房，2010年.

Merleau-Ponty, Maurice, *Humanisme et terreur, Essai sur le problème communiste*, Gallimard, 1947. 合田正人訳『ヒューマニズムとテロル――共産主義の問題に関する試論』，みすず書房，2002年.

———— *Les aventures de la dialectique*, Gallimard, 1955. 滝浦静雄・木田元・田島節夫・市川浩訳『弁証法の冒険』，みすず書房，1972年.

Mitzman, Arthur, *The Iron Cage: An Historical Interpretation of Max Weber*, Knopf, 1969. 安藤英治訳『鉄の檻――マックス・ウェーバー 一つの人間劇』，創文社，1975年.

Mohler, Armin; Weissmann, Karlheinz, *Die konservative Revolution in Deutschland 1918–1932: Ein Handbuch*, 6. Aufl., Ares, 2005.

Mommsen, Wolfgang J., *Max Weber und die deutsche Politik, 1890–1920*, 2. Aufl., J.C.B. Mohr, 1974. 安世舟・五十嵐一郎・小林純・田中浩・牧野雅彦訳『マックス・ヴェーバーとドイツ政治1890～1920』Ⅰ・Ⅱ，未來社，1993–1994年.

————(Hg.) unter Mitarbeit von Elisabeth Müller-Luckner, *Kultur und Krieg: Die Rolle der Intellektuellen, Künstler und Schriftsteller im Ersten Weltkrieg*, Oldenbourg, 1996.

Mosse, George L., *German Jews beyond Judaism*, Indiana University Press, 1985. 三宅昭良訳『ユダヤ人の〈ドイツ〉――宗教と民族をこえて』，講談社，1996年.

Mouffe, Chantal, ed., *The Challenge of Carl Schmitt*, Verso, 1999. 古賀敬太・佐野誠編訳『カール・シュミットの挑戦』，風行社，2006年.

Negt, Oskar; Kluge, Alexander, *Öffentlichkeit und Erfahrung: Zur Organisationsanalyse von bürgerlicher und proletarischer Öffentlichkeit*, Suhrkamp, 1972.

Nietzsche, Friedrich Wilhelm, *Sämtliche Werke*, Kritische Studienausgabe in 15 Bänden, Deutscher Taschenbuch Verlag / de Gruyter, Neuausgabe.『ニーチェ全集』，ちくま学芸文庫.

Nyíri, J. C. "Einleitung" zu Georg Lukács, *Dostojewski: Notizen und Entwürfe*, hrsg. von Nyíri, Akadémiai Kiadó, 1985.

Nyiri, Kristóf, "Zur Kulturkritik des frühen Lukács," in Udo Bermbach und Günter Trautmann (Hgg.), *Georg Lukács: Kultur-Politik-Ontologie*, Westdeutscher Verlag, 1987.

Parkinson, G.H.R., ed., *Georg Lukács: The Man, His Work and His Ideas*, Weidenfeld & Nicolson, 1970. 平井俊彦訳（抄訳）『ルカーチの思想と行動――ルカーチ研究Ｉ』，ミネルヴァ書房，1971年.

――― *Georg Lukács*, Routledge and Kegan Paul, 1977. 青木順三・針谷寛訳『ルカーチ』，未来社，1983年.

Pflaum, Michael, "Die Kultur-Zivilisations-Antithese im Deutschen," *Kultur und Zivilisation* in *Europäische Schlüsselwörter*, Bd. III, Max Hueber, 1967.

Quaritsch, Helmut, (Hg.), *Complexio oppositorum: Über Carl Schmitt*, Duncker & Humblot, 1988. 初宿正典・古賀敬太編訳（抄訳）『カール・シュミットの遺産』，風行社，1993年.

Redner, Harry, *Malign Masters: Gentile, Heidegger, Lukács, Wittgenstein: Philosophy and Politics in the Twentieth Century*, Macmillan Press; St. Martin's Press, 1997.

Ringer, Fritz K., *The Decline of the German Mandarins: The German Academic Community, 1890–1933*, Harvard University Press, 1969. 西村稔訳『読書人の没落――世紀末から第三帝国までのドイツ知識人』，名古屋大学出版会，1991年.

Rockmore, Tom, ed., *Lukács Today: Essays in Marxist Philosophy*, D. Reidel Pub. Co., 1988.

Schmitt, Carl, *Politische Romantik*, 1. Aufl., Duncker & Humblot, 1919. 橋川文三訳『政治的ロマン主義』，未来社，1982年.

――― *Die Diktatur: Von den Anfängen des modernen Souveränitätsgedankens bis zum proletarischen Klassenkampf*, 1921, 6. Aufl., Duncker & Humblot, 1994. 田中浩・原田武雄訳『独裁――近代主権論の起源からプロレタリア階級闘争まで』，未来社，1991年.

――― *Politische Theologie: Vier Kapitel zur Lehre von der Souveränität*, 1922, 2. Aufl., 1934, Duncker & Humblot, 1996. 長尾龍一訳『政治神学――主権論四章』，『カール・シュミット著作集』Ｉ，慈学社，2007年所収.

――― *Römischer Katholizismus und politische Form*, 1923, 2. Aufl., 1925, Klett-Cotta, 1984. 小林公訳『ローマカトリック教会と政治形態』，『カール・シュミット著作集』Ｉ所収.

――― *Politische Romantik*, 2. Aufl., 1925, Duncker & Humblot, 6. Aufl., 1998. 大久保和郎訳『政治的ロマン主義』，みすず書房，1970年.

――― *Die geistesgeschichtliche Lage des heutigen Parlamentarismus*, 2. Aufl., 1926, Duncker & Humblot, 1996. 稲葉素之訳『現代議会主義の精神史的地位』，みすず書房，2000年.

――― "Der Begriff des Politischen," in *Archiv für Sozialwissenschaft und Sozialpolitik*, 58, 1927.

――― "Das Zeitalter der Neutralisierungen und Entpolitisierungen," 1929 in BP. 田中浩・原田武雄訳「中性化と非政治化の時代」，『合法性と正当性』，未来社，1983年所収.

――― *Der Begriff des Politischen: Text von 1932 mit einem Vorwort und drei Corollarien*, Duncker & Humblot, 1963. 田中浩・原田武雄訳『政治的なものの概念』，未来社，1970年.

――― "Die Lage der europäischen Rechtswissenschaft," 1943–1944 in *Verfassungsrechtliche Aufsätze*, Duncker & Humblot, 1958. 初宿正典・吉田栄司訳『ヨーロッパ法学の状況』，成文堂，1987年.

――― "Die Tyrannei der Werte," 1967 in *Die Tyrannei der Werte*, Duncker & Humblot, korrigierte Aufl., 2011. 森田寛二訳「価値による専制」，『カール・シュミット著作集』Ⅱ，慈学社，2007年所収.

Schwabe, Klaus, *Wissenschaft und Kriegsmoral: Die deutschen Hochschullehrer und die politischen Grundfragen des Ersten Weltkriegs*, Musterschmidt-Verlag, 1969.

Sim, Stuart, *Georg Lukács*, Harvester Wheatsheaf, 1994.

Simmel, Georg, "Vom Wesen der Kultur," 1908 in *Gesamtausgabe*, hrsg. von Ottheim Rammstedt, Suhrkamp, Bd. 8. 酒田健一訳「文化の本質について」,『ジンメル著作集』12, 白水社, 1976年所収.

———— *Philosophische Kultur. Gesammelte Essais*, 1911, Gesamtausgabe, Bd. 14. 円子修平・大久保健治訳『文化の哲学』,『ジンメル著作集』7, 1976年所収.

———— *Der Krieg und die geistigen Entscheidungen. Reden und Aufsätze*, 1917, Gesamtausgabe, Bd. 16. 阿閉吉男訳『戦争の哲学』, 鮎書房, 1943年.

———— "Der Konflikt der modernen Kultur," 1918 in *Gesamtausgabe*, Bd. 16. 生松敬三訳「現代文化の葛藤」,『ジンメル著作集』6, 1976年所収.

Sontheimer, Kurt, *Antidemokratisches Denken in der Weimarer Republik: Die politischen Ideen des deutschen Nationalismus zwischen 1918 und 1933*, Nymphenburger, 1968. 河島幸夫・脇圭平訳『ワイマール共和国の政治思想――ドイツ・ナショナリズムの反民主主義思想』, ミネルヴァ書房, 1976年.

Steiner, George, *Martin Heidegger: With a New Introduction*, University of Chicago Press, 1989. 生松敬三訳『マルティン・ハイデガー』, 岩波現代文庫, 2000年.

Strauss, Leo, "Anmerkungen zu Carl Schmitt, Der Begriff des Politischen," 1932 in *Gesammelte Schriften*, Bd. 3, hrsg. von Heinrich und Wiebke Meier, J. B. Metzler, 2001. 添谷育志・谷喬夫・飯島昇藏訳「カール・シュミット『政治的なものの概念』への注解」,『ホッブズの政治学』, みすず書房, 1990年所収.

———— *Philosophie und Gesetz: Beiträge zum Verständnis Maimunis und seiner Vorläufer*, 1935 in *Gesammelte Schriften*, Bd. 2, hrsg. von Heinrich Meier unter Mitwirkung von Wiebke Meier, J. B. Metzler, 1997.

———— *Natural Right and History*, The University of Chicago Press, 1953. 塚崎智・石崎嘉彦訳『自然権と歴史』, 昭和堂, 1988年.

———— *Liberalism Ancient and Modern*, The University of Chicago Press, 1968. 石崎嘉彦・飯島昇藏訳者代表『リベラリズム 古代と近代』, ナカニシヤ出版, 2006年.

———— *The Rebirth of Classical Political Rationalism: An Introduction to the Thought of Leo Strauss*, Essays and Lectures by Leo Strauss, selected and introduced by Thomas L. Pangle, The University of Chicago Press, 1989. 石崎嘉彦監訳『古典的政治的合理主義の再生――レオ・シュトラウス思想入門』, ナカニシヤ出版, 1996年.

Susman, Margarete, *Die geistige Gestalt Georg Simmels*, J. C. B. Mohr, 1959.

Tar, Zoltan; Marcus, Judith, "The Weber-Lukács Encounter," in Ronald M. Glassman and Vatro Murvar eds., *Max Weber's Political Sociology: A Pessimistic Vision of a Rationalized World*, Greenwood Press, 1984.

Tarr, Zoltán, "Sozialismus, Revolution und Ethik: Einige Bemerkungen zur Weber-Lukács-Beziehung," in W. Jung (Hg.), *Diskursüberschneidungen – Georg Lukács und andere*, 1993.

Taylor, Charles, *The Ethics of Authenticity: The Malaise of Modernity*, Harvard University Press, 1991. 田中智彦訳『〈ほんもの〉という倫理――近代とその不安』, 産業図書, 2004年.

Terezakis, Katie, "Afterword: The Legacy of Form" to György Lukács, *Soul and Form*, translated by Anna Bostock, edited by John T. Sanders and Katie Terezakis, Columbia University Press, 2010.

Thompson, Michael J., ed., *Georg Lukács Reconsidered: Critical Essays in Politics, Philosophy and Aesthetics*, Continuum, 2011.

Vajda, Mihály, *Die Krise der Kulturkritik: Fallstudien zu Heidegger, Lukács und anderen*, Passagen Verlag, 1996.

Weber, Marianne, *Max Weber: Ein Lebensbild*, J.C.B. Mohr, 1926. 大久保和郎訳『マックス・ウェーバー』, みすず書房, 1987年.

Weber, Max, "Die „Objektivität" sozialwissenschaftlicher und sozialpolitischer Erkenntnis," 1904 in *Gesammelte Aufsätze zur Wissenschaftslehre*, 7. Aufl., J. C. B. Mohr, 1988. 富永祐治・立野保男訳, 折原浩補訳『社会科学と社会政策にかかわる認識の「客観性」』, 岩波文庫, 1998年.

———— "Die protestantische Ethik und der "Geist" des Kapitalismus," 1904–05 in *Gesammelte Aufsätze zur Religionssoziologie I*, 9. Aufl., J. C. B. Mohr, 1988. 大塚久雄訳『プロテスタンティズムの倫理と資本主義の精神』, 岩波文庫, 1989年. 1904–1905年に公刊された原論文は, *Die protestantische Ethik und der "Geist" des Kapitalismus: Textausgabe auf der Grundlage der ersten Fassung von 1904/05 mit einem Verzeichnis der wichtigsten Zusätze und Veränderungen aus der zweiten Fassung von 1920*, herausgegeben und eingeleitet von K. Lichtblau und J. Weiß, Beltz Athenäum, 3. Aufl., 2000. 梶山力訳・安藤英治編, 未来社, 1994年.

———— "Zwischenbetrachtung: Theorie der Stufen und Richtungen religiöser Weltablehnung," 1916, "Die Wirtschaftsethik der Weltreligionen: Vergleichende religionssoziologische Versuche," in *Gesammelte Aufsätze zur Religionssoziologie I*. 大塚久雄・生松敬三訳「世界宗教の経済倫理 中間考察——宗教的現世拒否の段階と方向に関する理論」,『宗教社会学論選』, みすず書房, 1972年所収.

———— "Wissenschaft als Beruf," 1917 in *Gesammelte Aufsätze zur Wissenschaftslehre*, 1988. 尾高邦雄訳『職業としての学問』, 岩波文庫, 1936年.

———— "Politik als Beruf," 1919 in *Gesammelte Politische Schriften*, 5. Aufl., J. C. B. Mohr, 1988. 脇圭平訳『職業としての政治』, 岩波文庫, 1980年.

———— "Einleitung," 1920, "Die Wirtschaftsethik der Weltreligionen," in *Gesammelte Aufsätze zur Religionssoziologie I*.「世界宗教の経済倫理 序論」,『宗教社会学論選』所収.

———— "Die protestantischen Sekten und der Geist des Kapitalismus," 1920 in *Gesammelte Aufsätze zur Religionssoziologie I*. 中村貞二訳「プロテスタンティズムの教派と資本主義の精神」,『世界の大思想』Ⅱ－7, 河出書房, 1968年所収.

———— *Wirtschaft und Gesellschaft: Grundriss der verstehenden Soziologie*, 5. rev. Aufl., Mohr, 1976. 世良晃志郎訳『支配の諸類型』, 創文社, 1970年; 世良晃志郎訳『支配の社会学』Ⅰ・Ⅱ, 創文社, 1962年.

青地伯水編著，友田和秀・國重裕・恒木健太郎共著『ドイツ保守革命——ホフマンスタール／トーマス・マン／ハイデッガー／ゾンバルトの場合』，松籟社，2010年.
秋元律郎『マンハイム 亡命知識人の思想』，ミネルヴァ書房，1993年.
————監訳（K.マンハイム著）『青年期マンハイムとその作品』，梓出版社，1995年.
————『知識社会学と現代——K.マンハイム研究』，新装版，早稲田大学出版部，2002年.
————・澤井敦『マンハイム研究——危機の理論と知識社会学』，早稲田大学出版部，1992年.
飯島昇藏「戦間期のレオ・シュトラウス——「政治的なもの」との出会い」，飯島編『両大戦間期の政治思想』，新評論，1998年所収.
生松敬三『ハイデルベルク——ある大学都市の精神史』，講談社学術文庫，1992年.
————『二十世紀思想渉猟』，岩波現代文庫，2000年.
池田浩士『初期ルカーチ研究』，合同出版，1972年.
————『ルカーチとこの時代』，インパクト出版会，2009年.
市野川容孝『社会』，岩波書店，2006年.
井上純一「ジンメルにおけるユダヤ的意識」，『立命館国際研究』第12巻第2号，1999年所収.
今村仁司『アルチュセール——認識論的切断』，講談社，1997年.
上山安敏『神話と科学——ヨーロッパ知識社会 世紀末～20世紀』，岩波現代文庫，2001年.
宇野重規『〈私〉時代のデモクラシー』，岩波新書，2010年.
大竹弘二『正戦と内戦——カール・シュミットの国際秩序思想』，以文社，2009年.
奥村隆『エリアス・暴力への問い』，勁草書房，2001年.
小野紀明『現象学と政治——二十世紀ドイツ精神史研究』，行人社，1994年.
————『二十世紀の政治思想』，岩波書店，1996年.
————『美と政治——ロマン主義からポストモダニズムへ』，岩波書店，1999年.
蔭山宏『ワイマール文化とファシズム』，みすず書房，1986年.
金田耕一『メルロ＝ポンティの政治哲学——政治の現象学』，早稲田大学出版部，1996年.
鏑木政彦「〈ヒエラルヒー〉から〈文化〉へ——近代ドイツにおける文化と政治に関する試論」，『政治思想研究』第7号，2007年所収.
————「個・全体・〈型〉——ジンメルとカッシーラーを手がかりに」，関口正司編『政治における「型」の研究』，風行社，2009年，第3章.
亀嶋庸一『20世紀政治思想の内部と外部』，岩波書店，2003年.
————「安藤英治の「内なるウェーバー」の旅」，安藤英治聞き手，亀嶋編，今野元訳『回想のマックス・ウェーバー——同時代人の証言』，岩波書店，2005年所収.
————「マックス・ウェーバーにおける戦争と政治——〈宗教社会学〉への試論として」，『年報政治学』2007－Ⅰ所収.
————「マックス・ウェーバーの思想世界——〈二〇世紀〉への問い」，『現代思想 総特集＝マックス・ウェーバー』，2007年11月臨時増刊号所収.
川崎修『アレント——公共性の復権』，講談社，1998年.
川出良枝「精神の尊厳性——近代政治思想における自律的名誉観念の生成」，『思想』2002年2月号所収.
姜尚中『マックス・ウェーバーと近代』，岩波現代文庫，2003年.
葛谷彩『20世紀ドイツの国際政治思想——文明論・リアリズム・グローバリゼーション』，

南窓社，2005年.
古賀敬太『カール・シュミットとカトリシズム――政治的終末論の悲劇』，創文社，1999年.
今野元『マックス・ヴェーバー――ある西欧派ドイツ・ナショナリストの生涯』，東京大学出版会，2007年.
齋藤純一『自由』，岩波書店，2005年.
――――『政治と複数性――民主的な公共性にむけて』，岩波書店，2008年.
笹倉秀夫「いわゆる「ヴェーバー問題」について――マックス・ヴェーバーにおける「自立人」・「小集団」・「国家」の連関構造」，『大阪市立大学法学雑誌』25巻3・4号，1979年所収.
――――『近代ドイツの国家と法学』，東京大学出版会，1979年.
――――『丸山眞男の思想世界』，みすず書房，2003年.
佐野誠『ヴェーバーとナチズムの間――近代ドイツの法・国家・宗教』，名古屋大学出版会，1993年.
――――『近代啓蒙批判とナチズムの病理――カール・シュミットにおける法・国家・ユダヤ人』，創文社，2003年.
――――『ヴェーバーとリベラリズム――自由の精神と国家の形』，勁草書房，2007年.
杉田敦『境界線の政治学』，岩波書店，2005年.
鷲見誠一編『転換期の政治思想――20世紀からの問い』，創文社，2002年.
髙幣秀知『ルカーチ弁証法の探究』，未来社，1998年.
竹島博之『カール・シュミットの政治――「近代」への反逆』，風行社，2002年.
谷喬夫『現代ドイツの政治思想――ナチズムの影』，新評論，1995年.
――――「C・シュミット――〈政治〉と〈神学〉の間」，藤原保信・飯島昇藏編『西洋政治思想史』Ⅱ，新評論，1995年所収.
――――「シュミットとハーバーマス――政治における近代とはなにか」，初宿正典・古賀敬太編『カール・シュミットとその時代――シュミットをめぐる友・敵の座標』，風行社，1997年所収.
徳永恂『現代批判の哲学――ルカーチ，ホルクハイマー，アドルノ，フロムの思想像』，東京大学出版会，1979年.
――――「ヘルマン・コーエンとゲオルク・ジンメルをめぐる「同化」の問題」上・下，『思想』2011年9・10月号所収.
富沢克・古賀敬太編著『二十世紀の政治思想家たち――新しい秩序像を求めて』，ミネルヴァ書房，2002年.
友田和秀「『魔の山』試論――主人公ハンス・カストルプの形姿をめぐって」，『研究報告』第3号，1988年所収.
――――『トーマス・マンと一九二〇年代――『魔の山』とその周辺』，人文書院，2004年.
内藤葉子「「神々の闘争」は「ヴェーバーの遺した悪夢」か？――シュミットの「価値の専制」論に照らして」，『現代思想 総特集＝マックス・ウェーバー』，2007年11月臨時増刊号所収.
中道寿一『カール・シュミット再考――第三帝国に向き合った知識人』，ミネルヴァ書房，2009年.
西永亮「革命における自由の創設と暴力――ルカーチのローザ・ルクセンブルク批判を手がかりに」，『年報政治学』2000，2001年所収.

――――「罪業が完成した時代の政治の悲劇性――ルカーチにおける政治と倫理」，『政治と倫理のあいだ――21世紀の規範理論に向けて』，昭和堂，2001年所収.
――――「「文化戦争」から「文化革命」へ――第一次世界大戦期ルカーチにおける西欧・ドイツ・ロシアの連関」，『年報政治学』2006－Ⅰ，2006年所収.
――――「ロマン主義批判と政治的形式――ルカーチとシュミット」，『政治思想研究』第10号，2010年所収.
――――「〈区別・決断の倫理〉と〈業績・努力の倫理〉――市民性の最後の門の前に立つルカーチとトーマス・マン」，『政治哲学』第12号，2012年所収.
野口雅弘『闘争と文化――マックス・ウェーバーの文化社会学と政治理論』，みすず書房，2006年.
野田宣雄『ドイツ教養市民層の歴史』，講談社学術文庫，1997年.
初見基『ルカーチ――物象化』，講談社，1998年.
浜田泰弘『トーマス・マン政治思想研究［1914–1955］――「非政治的人間の考察」以降のデモクラシー論の展開』，国際書院，2010年.
浜田義文『カント倫理学の成立――イギリス道徳哲学及びルソー思想との関係』，勁草書房，1981年.
平井正編著『文化と文明の哲学』，学文社，1976年.
深澤助雄「コスモスを無みする愛」，新潟大学人文学部『人文科学研究』第89号，1995年所収.
藤原保信『二〇世紀の政治理論』，岩波書店，1991年.
細見和之『アドルノ――非同一性の哲学』，講談社，1996年.
丸山眞男『日本の思想』，岩波新書，1961年.
――――『現代政治の思想と行動』，増補版，1964年，未来社.
――――・鶴見俊輔［座談］，「普遍的原理の立場」，1967年5月，『丸山眞男座談』第7冊，岩波書店，1998年所収.
ルカーチ，テーケイ他（羽場久浘子・松岡晋・家田修・南塚信吾・丸山珪一訳）『ルカーチとハンガリー』，未来社，1989年.
脇圭平『知識人と政治――ドイツ・1914～1933』，岩波新書，1973年.
和仁陽『教会・公法学・国家――初期カール＝シュミットの公法学』，東京大学出版会，1990年.

人名索引

（引用・参考文献のみの著者名は割愛されている）

〔ア　行〕

アドルノ, テオドール・W Adorno, Theodor W. 1, 79
アルチュセール, ルイ Althusser, Louis 1–2, 10
アレント, ハンナ Arendt, Hannah 9, 42, 161–165, 179, 181, 182, 193
安藤英治 197
池田浩士 184
ヴェーバー, マックス Weber, Max 7, 9, 11–12, 42–43, 87–88, 90–91, 97, 112, 114, 117–119, 121–123, 125, 127–129, 135, 139, 142–144, 146–150, 155–159, 186, 188, 190, 192, 194–196, 197
ヴェーバー, マリアンネ Weber, Marianne 151, 157, 160
エリアス, ノルベルト Elias, Norbert 13–15, 38–39, 192
エルンスト, パウル Ernst, Paul 33–34, 43–44, 64
奥村隆 38

〔カ　行〕

蔭山宏 90–91, 116–117, 120
カント, イマニュエル Kant, Immanuel 14, 36–37, 38–39, 53, 70, 118, 128, 155–156, 160, 189–190
キルケゴール, セーレン Kierkegaard, Søren 44, 80, 87, 98–101, 103, 110, 118, 121, 125–126, 128, 190
グラムシ, アントニオ Gramsci, Antonio 10
ゲーテ, ヨハン・ヴォルフガング・フォン Goethe, Johann Wofgang von 38
ゲオルゲ, シュテファン George, Stefan Anton 44
ゴイス, レイモンド Geuss, Raymond 3–4, 11
コルテス, ドノソ Cortés, Juan Donoso 78
ゴルドマン, リュシアン Goldmann, Lucien 76
今野元 158–159

〔サ　行〕

笹倉秀夫 116, 121
シュトラウス, レオ Strauss, Leo 3, 11, 123, 156–158
シュトルム, テオドール Storm, Theodor 86, 88, 91–96, 98, 102, 118
シュミット, カール Schmitt, Carl 4, 7–9, 12, 40, 47–51, 54–59, 61, 67–69, 72–74, 77–83, 90–91, 115, 116–118, 125,142, 156–157, 159–160, 181, 184–185, 189, 191–193, 195, 196–197
シュレーゲル, フリードリッヒ Schlegel, Friedrich 63
ショーペンハウアー, アルトゥル Schopenhauer, Arthur 96
シラー, フリードリッヒ・フォン Schiller, Friedrich von 38–39, 70
ジンメル, ゲオルク Simmel, Georg 6–8, 13, 16–27, 29–31, 35, 41–44, 47, 57, 59–61, 79, 85, 87–88, 90, 99, 115–116, 122, 125–126, 160, 188–189
スターリン, ヨシフ Stalin, Iosif 152–154, 193
セルバンテス, ミゲル・デ Cervantes, Miguel de 80
ソレル, ジョルジュ Sorel, Georges 55
ゾンバルト, ヴェルナー Sombart, Werner 28, 119

〔タ　行〕

ディルタイ,ヴィルヘルム Dilthey, Wilhelm 49, 53
デューラー, アルブレヒト Dürer, Albrecht 120
テレザキス, ケイティ Terezakis, Katie 3, 11
テンニース, フェルディナント Tönnies, Ferdinand 42
徳永恂 42–43
ドストエフスキー, フョードル Dostojewski, Fjodor 9, 17, 31–32, 43–44, 66, 81, 103, 122, 125–126, 128, 141, 151, 155, 189, 192
ドレフュス, アルフレッド Dreyfus, Alfred 42
トレルチ, エルンスト Troeltsch, Ernst 49, 119

〔ナ　行〕

ナポレオン・ボナパルト Napoléon Bonaparte 154
ニーチェ, フリードリッヒ・ヴィルヘルム Nietzsche, Friedrich Wilhelm 9, 11, 87, 96, 103–112, 119, 123–124, 188, 194
ノヴァーリス Novalis 63, 78

〔ハ　行〕

ハーバーマス, ユルゲン Habermas, Jürgen 182, 184
ハイデガー, マルティン Heidegger, Martin 4, 39–40, 76
バトラー, ジュディス Butler, Judith 2–4, 11
ヒトラー, アドルフ Hitler, Adolf 152–154, 193
ビュルガー, ペーター Bürger, Peter 117
フィヒテ, ヨハン・ゴットリープ Fichte, Johann Gottlieb 30, 36, 63, 70–71, 149, 152
藤田省三 197
プラトン Platon 6, 185
フルトヴェングラー,ヴィルヘルム Furtwängler, Wilhelm 116
ヘーゲル, ゲオルク・ヴィルヘルム・フリードリッヒ Hegel, Georg Wilhelm Friedrich 2, 33, 36, 50, 54–56, 64, 70–71, 73–74, 77, 83, 130, 137–138, 152, 155, 160, 192, 194
ヘッベル, フリードリッヒ Hebbel, Friedrich 141
ベルクソン, アンリ Bergson, Henri 53
ヘルダー, ヨハン・ゴットフリート Herder, Johann Gottfried 38
ベンヤミン,ヴァルター Benjamin, Walter 78
ボーラー, カール・ハインツ Bohrer, Karl Heinz 77–78
ホッブズ, トマス Hobbes, Thomas 6, 117, 156
ボナール, ルイ＝ガブリエル・ド de Bonald, Louis-Gabriel-Ambroise 56, 78
ホネット, アクセル Honneth, Axel 3–4, 11
ホブズボーム, エリック Hobsbawm, Eric 5

〔マ　行〕

マイアー, ハインリッヒ Meier, Heinrich 11, 156–157
マキアヴェッリ, ニッコロ Machiavelli, Niccolò 148
マルクス, カール Marx, Karl 1–2, 4–5, 9, 10–11, 24, 36, 41, 48–51, 53–56, 66, 70–71, 73–74, 77, 82–83, 125, 132, 155, 161, 182, 190–192, 194
丸山眞男 116, 118, 121, 196
マン, トーマス Mann, Thomas 4, 7–9, 16, 27, 40, 85–87, 93–99, 103, 109–111, 112–116, 119–121, 123, 126, 188, 190, 196
マンハイム, カール Mannheim, Karl 39, 51–56, 58, 61, 78–80, 122, 196
ミュラー, アダム Müller, Adam 53, 78
ムフ, シャンタル Mouffe, Chantal 4, 10, 77
メーストル、ジョゼフ・ド de Maistre, Joseph 56, 78

〔ラ　行〕

ラクラウ, エルネスト Laclau, Ernesto 4, 10
リンガー, フリッツ・K Ringer, Fritz K. 42
ルクセンブルク, ローザ Luxemburg, Rosa 9, 161, 164–171, 173, 176–179, 181, 182–184, 195
ルソー, ジャン＝ジャック Rousseau, Jean-Jacques 24, 38, 82, 88, 113
レヴィ, ミシェル Löwy, Michael 138, 156
レーニン, ウラジーミル Lenin, Wladimir 49–50, 68, 160, 167, 183–184
レッシング, ゴットホルト・エフライム Lessing, Gotthold Ephraim 38
ロールズ, ジョン Rawls, John 6

〔ワ　行〕

和二陽 79, 83, 117–118